陪着你，慢慢成长

——幼小科学衔接教育研究

主　编　陈　瑾
副主编　赵洋洋
编　委　兰　艺　　周　雪　　杨　琳　　王　永　　魏　佳
　　　　肖雅兰　　曾　琴　　张金惠　　李　斐　　王贵珍
　　　　刘家明　　熊　畅　　王　捷　　张琳玲　　刘　莉
　　　　文陈平　　曾　雪　　余　璐　　文　芳　　白　雪
　　　　黄敏洁　　何　琳　　杨　涛　　胡婷玉

西南交通大学出版社
·成　都·

图书在版编目（CIP）数据

陪着你，慢慢成长：幼小科学衔接教育研究 / 陈瑾主编. -- 成都：西南交通大学出版社，2024.6
ISBN 978-7-5643-9850-7

Ⅰ. G612

中国国家版本馆 CIP 数据核字第 2024UM1910 号

Peizhe Ni, Manman Chengzhang——Youxiao Kexue Xianjie Jiaoyu Yanjiu
陪着你，慢慢成长——幼小科学衔接教育研究

主　编 / 陈　瑾　　　　　　　　责任编辑 / 孟　媛
　　　　　　　　　　　　　　　　封面设计 / 曹天擎

西南交通大学出版社出版发行
（四川省成都市金牛区二环路北一段 111 号西南交通大学创新大厦 21 楼　610031）
营销部电话：028-87600564　　028-87600533
网址：http://www.xnjdcbs.com
印刷：成都蜀通印务有限责任公司

成品尺寸　170 mm×230 mm
印张　20　　字数　337 千
版次　2024 年 6 月第 1 版　　印次　2024 年 6 月第 1 次

书号　ISBN 978-7-5643-9850-7
定价　88.00 元

图书如有印装质量问题　本社负责退换
版权所有　盗版必究　举报电话：028-87600562

前 言

幼小衔接是指幼儿园教育与小学教育之间的衔接，是由幼儿园大班进入小学一年级的过渡阶段。这个阶段正是儿童结束幼儿园的教育生活，开始接受正规化小学教育的初期阶段，也是儿童心理发展的第一个转折期。本书从幼小衔接对于儿童发展的重要意义和价值出发，基于国家文件对于幼小衔接的专业指导和实施要求，尝试解决当前幼小衔接的现实问题，以期为科学衔接提供有效思路和方法。

一、儿童为本，调节成长"助推器"

从牙牙学语、蹒跚学步的稚童，到习文练字、品学兼优的学生，从天真烂漫、自由自在的幼儿园，到座次规整、书声琅琅的小学，这是儿童第一次面对人生的巨大变化和转折，能否良好地适应学段的过渡期、把握成长的关键期，直接影响着儿童未来几年乃至长期的学习与发展。

（一）提高心理素质

成功的幼小衔接经历对于儿童的心理发展能够发挥积极影响，儿童通过从幼儿园升入小学，在自我概念的建构、身份角色的定位和与他人的关系等方面逐步完成转变，学习和探索的主动性和积极性进一步增强，为其后续的学习和生活奠定了扎实的心理基础，能够有效助推儿童可持续发展。相反，如果因为准备不充分或两个学段脱节而导致儿童未能从缓坡渐入佳境，则儿童极有可能在心理上对于下一阶段学习生涯产生抗拒心理。

（二）培养应变能力

对于儿童来说，从幼儿园到小学是记事以来第一次面对的巨大改变，同时也是一次难得的锻炼机会。通过幼儿园入学准备教育和小学入学适应教育，能够帮助儿童正确地面对外界事物和环境的改变，掌握自我调适等方法，逐步提升应对变化的能力，并积攒在未来应对人生中多种不确定情况的信心。如果未能很好地应对这一阶段的改变，儿童容易对生活中发生的改变感到害怕，直接影响其下一阶段的正常发展。

（三）提升社会化水平

社会化是儿童成长的必经环节，幼儿园和小学都是儿童社会化的重要场所，但两者在教学方式、规则要求等方面存在较大差异，幼小衔接能够帮助儿童逐步扩大社会交往范围，通过精心设计的活动和课程，让儿童在品德养成、同伴合作、融入集体等方面平稳发展，推动儿童顺利提升这一阶段的社会化水平，对其自身的人格发展产生积极作用。

二、精准指导，绘就专业"路线图"

2021年4月，教育部印发《教育部关于大力推进幼儿园与小学科学衔接的指导意见（教基〔2021〕4号》（以下简称《指导意见》），对幼小衔接提出了纲领性的指导和专业性的要求，全面推进幼儿园和小学实施入学准备和入学适应教育，减缓衔接坡度，帮助儿童顺利实现从幼儿园到小学的过渡。

（一）强调双向衔接

《指导意见》中明确提出要"改变衔接意识薄弱，小学和幼儿园教育分离的状况，建立幼小协同合作机制，为儿童搭建从幼儿园到小学过渡的阶梯，推动双向衔接"，并以附件的形式详细列明了幼儿园入学准备教育指导要点和小学入学适应教育指导要点，但并不意味着两者是割裂的，而应该是建立协同合作基础上的各有分工。幼小衔接是承前启后的关键环节，幼儿园和小学通过联合教研制度等方式了解对方的教育教学特点和任务，从而分析清楚儿童需要面对的转变，以此为儿童搭建适合的过渡阶梯。

（二）注重科学衔接

科学衔接是对幼小衔接提出的更高要求，也是教育发展的必然趋势，幼小衔接如何从简单的经验总结进阶为系统的科学实践是当前的新课题，而解题的关键在于对儿童的深度认知和研究。始终要坚持以儿童为本，关注儿童发展的连续性、整体性和可持续性，蹲下身子与儿童对话，了解他们的基础情况和发展需求，并基于发展的阶段性特征和目标，科学设计与安排系统性教育教学活动，帮助儿童逐步完成从幼儿园到小学的平稳过渡，并为今后发展奠定扎实的身心基础。

（三）系统进阶推进

在幼儿园中，幼小衔接并非是大班教师的独角戏，而是有机渗透于三年保育教育工作的全过程，关注整个幼儿阶段的准备，小班、中班、大班可以从身心准备、生活准备、社会准备、学习准备四个方面做好进阶式培养，重视儿童社会交往、自我调控、规则意识、专注坚持等素质。

在小学中则是要纳入一年级教育教学计划，做好上下两学期的安排，融入各学科日常的教育教学中，与基础教育课程改革紧密相关，从身心适应、生活适应、社会适应、学习适应四个方面入手，加强教育教学游戏化、生活化、综合化。

幼小衔接还有赖于"家园校"多方资源整合和系统协作，幼儿园与小学需要建立起科学衔接的长效机制，并且要加强与家长的沟通和帮助，从专业的角度指导家长如何帮助儿童顺利完成幼小衔接，最终促进儿童德、智、体、美、劳全面发展和身心健康成长。

三、问题导向，研究现实"靶向药"

当前，幼儿园、小学教师和家长群体中有部分对于幼小衔接认识存在偏差，对于如何科学衔接存在误区。由于缺少科学的指导和帮助，家长对于幼小衔接的认识容易被社会上关于"幼小衔接培训班"的宣传带偏，在幼儿园毕业后的暑假给儿童报班进行突击冲刺，过度重视知识准备、超标教学和超前学习的情况比比皆是，在给家长带来经济负担的同时，还传播了不必要的焦虑情绪，更不利于儿童平顺过渡。由于缺少系统谋划和专业培训，许多教师对于幼小衔接的认识较为片面，不了解如何将幼小衔接与日常教育教学课程有机融合，不清楚幼儿园与小学如何深度有效地协同合作，导致现实中的幼小衔接专题活动常常是片段化、间歇式的，不仅大大增加了教师的工作量，还未能达成理想的衔接效果。

面对现实的需要和问题，笔者作为一线的教育工作者，将多年学习工作中的实践经验与理论思考汇编成书，希望通过标本兼治、系统施治，以兼具理论性和操作性的内容帮助教师落实幼小科学衔接，推动教师和家长的教育观念与教育行为明显转变，为形成良好的幼小科学衔接教育生态贡献一分力量。

本书是面向幼儿园、小学低段老师和学校（幼儿园）管理者的一本教育教学操作手册。全书包含幼小衔接教育的认识与区域推进做法，小学与幼儿园在幼小衔接领域的学校管理、课程教学以及相关的主题活动，小学与幼儿园在入学准备和入学适应方面的活动案例等方面内容，以期为一线教师带来一些启示和参考。本书具体参与编写人员如下。

第一章编写人员：陈瑾、赵洋洋、伏梦瑶、夏歆怡、周裕正

第二章编写人员：

第一节——熊畅、刘家明、王捷、张琳玲、彭昭艳、乔丽、文陈平

第二节——周雪、高鑫悦、胡婷玉、彭燕、黄琴、杨琳、魏佳

第三节——余璐、王晓枝、黄敏洁、何琳、刘捷、温静、白雪

第四节——廖秋娟、周梦兰、庞景月、黄梦婷、蒋文霖

第三章编写人员：

第一节——易汇慧、卓倩、任珂、卢子荷

第二节——肖雅兰、胡瀚月、罗茜、钱荣誉、刘星颖

第三节——罗扬、刘俞含、李烬、刘春凤

第四节——邹静驰、张妤、刘璐璐、李晓萍

第四章编写人员：

第一节

内　容	大班准备	中班渗透	小班渗透
向往入学	冷蝶、余莲	程紫希	曹钰
情绪良好	于越、程伯娇、申厦雨	王茹岚	陈灵赐
喜欢运动	赵婵、吴坤艳、刘静、段黎黎、范倩	周谢红	何雪萌
动作协调	邹琴、杨珂瑶	曹义	李满

第二节

内 容	大班准备	中班渗透	小班渗透
生活习惯	王廷、张鑫	蒋利	廖秋娟
生活自理	曾佳玥、陈玲	刘燕	黄梦婷
安全防护	金雨佳、陈秋竹	熊玉萍	庞景月
参与劳动	黎霞	王柯颖	周梦兰

第三节

内 容	大班准备	中班渗透	小班渗透
交往合作	王慧玲、李珊、彭芸、胡治华、罗海艳	陈欣	张文倩
任务意识	谭鹂	赵华	曾莉莎
诚实守规	张晓曼、蒋茜、龙明珠	周游	陈妮
热爱集体	胡秋羽、冯雅丽、陈迪、胡佳慧、雷曜霜	邝野	唐慧

第四节

内 容	大班准备	中班渗透	小班渗透
好奇好问 学习习惯 学习兴趣 学习能力	杨茂竹、杨婉玲、余美仪	姚焓珺、陈泽华	彭彦绮、张斓馨、彭香瑜

陈瑾、赵洋洋、伏梦瑶撰写前言、结语，并负责全书的结构、内容、撰写风格设计和多轮审读，对部分章节做了重要修订。

"独学而无友，则孤陋而寡闻"，谨以此书与各位教育同仁们共勉。

编　者

2023 年 9 月

目 录

第一章 幼小衔接概述

第一节 内涵与意义 ………………………………………………… 2
第二节 现状、问题与建议 ………………………………………… 3
第三节 区域性实践与探索 ………………………………………… 12

第二章 小学与幼儿园的实践样态

第一节 学校管理 …………………………………………………… 26
第二节 课程教学 …………………………………………………… 41
第三节 小学衔接主题活动 ………………………………………… 68
第四节 幼儿园衔接主题活动 ……………………………………… 79

第三章 小学入学适应教育活动案例

第一节 身心适应 …………………………………………………… 90
第二节 生活适应 …………………………………………………… 110
第三节 社会适应 …………………………………………………… 139
第四节 学习适应 …………………………………………………… 159

第四章 幼儿园入学准备教育活动案例

第一节 身心准备 …………………………………………………… 176
第二节 生活准备 …………………………………………………… 227
第三节 社会准备 …………………………………………………… 255
第四节 学习准备 …………………………………………………… 283

结 语 ………………………………………………………………… 307

参考文献 ……………………………………………………………… 308

第一章

幼小衔接概述

启发与引导

- 幼小衔接的内涵与价值意义是什么？
- 目前幼小衔接的发展现状如何？在政策落实、区域实践、课程教学、家校社协同等方面有什么有效措施？
- 基于对现状的分析，目前幼小衔接发展中存在哪些问题？
- 针对幼小衔接发展现存的问题，接下来可以从哪些方面做出行动？
- 区域如何落实幼小科学衔接？现实样态如何？

本章在已有基础上，对幼小衔接的内涵与价值意义进行了提炼与挖掘，通过整理分析已有文献资料，从政策落实、区域实践、课程教学、家校社协同等方面切入，梳理当前幼小衔接的突出问题，从而为未来发展指明方向。

第一节　内涵与意义

一、幼小衔接的内涵解析

关于幼小衔接的界定，不同学者有不同的见解，但也依然是围绕着"幼儿园与小学之间的密切联系"来进行分析。"幼小衔接"中的"幼"即幼儿园，"小"即小学，在《现代汉语词典》（第7版）中"衔接"一词的解释是事物相连接，"衔接"在教育里指两个相邻教育阶段间在教育目的、内容、方法及组织形式等方面都实现双向连接。有人认为幼小衔接是幼儿园和小学在教育教学工作中的衔接，对于幼儿园而言，衔接工作主要是为幼儿升小学做好各方面准备[1]。也有人认为幼小衔接这一阶段是双向的，既有从幼儿园向小学的过渡，也是小学在幼儿教育基础上延续[2]。刘海红等人从广义和狭义的角度来看待幼小衔接，认为狭义的幼小衔接专指各类教育机构、家庭等为使儿童适应小学教育，在大班时期为其做的入学准备及儿童进入小学后为其做的入学指导工作，广义的幼小衔接不仅指幼儿园大班阶段与小学一年级阶段的衔接，还包括整个幼儿阶段与学龄前期的衔接[3]。综上可以看出，学者们都将幼小衔接视为一种过渡、一个过程。因此可以对幼小衔接的内涵进行提炼，一方面幼小衔接是指从幼儿园到小学的一种过渡，要搭建起两个教育阶段之间的桥梁，才能突出其连续性、双向性。另一方面，幼小衔接是一个过程，要经过不断的适应、磨合，具有一定的持续性，不是短暂的、突击的。在衔接上，责任主体不仅仅只是幼儿园和小学这两大主体，是教育系统中所有的利益相关者（学校、家长、学生、社会等）的共同责任，一起为实现幼小顺利衔接共同努力。

二、幼小衔接的价值意义

幼小衔接是基础教育阶段的重要组成部分，对儿童的认知和身心发展都

---

1 罗蓉. 幼小衔接现状与有效对策探究[J]. 成才之路，2023（05）：101-104.
2 蔡迎旗. 学前教育概论[M]. 武汉：华中师范大学出版社，2006：236.
3 刘海红，王宇，王瑾. 基于不同理论视角下的幼小衔接研究探析[J]. 新课程研究（下旬刊），2015（03）：43-44.

有重要影响。因此，把握好这一关键环节的衔接，对儿童一生的发展而言都是必要的。幼儿园教育主要以游戏和活动为主，而小学主要以学习知识和规律的课业安排为主，两者之间的差异需要儿童进行一段时期的调整和适应，尽量在两者之间去寻求一个平衡点，帮助儿童平稳、自然地过渡。将幼小衔接教育科学有效融入幼儿园的全过程，融入儿童的一日生活中，不仅能丰富儿童现有的教育活动内容，还能一定程度上激发儿童参与幼小衔接的积极性。在全面培养儿童良好的生活自理能力、沟通交往能力、基础学习能力、学习习惯、任务和规则意识的同时，促进儿童身心健康、和谐发展，为儿童日后适应小学教育奠定良好的基础。

第二节　现状、问题与建议

一、幼小衔接发展的现状

（一）关于幼小衔接的政策

有学者将中华人民共和国成立70多年来我国幼小衔接教育政策演变进行梳理，划分了三个时期，即幼儿园单向执行主体时期（1949—1988年）、幼儿园和小学双向执行主体时期（1989—2009年）和多元利益相关者执行主体时期（2010年至今）[1]。这期间国家也陆续出台了一些政策，但对幼小衔接发展具有里程碑意义的政策文件是1989年颁布的《幼儿园工作规程（试行）》，首次在"幼儿园的任务"中明确规定"幼儿园和小学应密切联系，互相配合，注意两个阶段教育的相互衔接"。后来1996年颁布的《幼儿园工作规程》和2001年颁布的《幼儿园教育指导纲要》，对幼小衔接教育工作改革和发展起到了促进作用。2010年11月，随着国务院出台《关于当前发展学前教育的若干意见》，我国幼小衔接教育政策也迎来了新的变革。2018年中共中央、国务院颁布《关于学前教育深化改革规范发展的若干意见》，教育部大力开展幼儿园去小学化专项活动，进一步明确了新时期幼小衔接教育工作的基本要求、基本任务和发展方向。2021年《教育部关于大力推进幼儿园与小学科学衔接的指导意见》（以下简称《指导意见》）的颁布以及《幼儿园入学准备教育指导

---

[1] 刘源，程伟，董吉贺. 我国幼小衔接教育政策的演变与反思——基于对1949—2019年相关政策文本的分析[J]. 学前教育研究，2021（01）：67-84.

要点》和《小学入学适应教育指导要点》两本附则的出台，为科学实施幼小衔接工作提供了政策保障。《义务教育课程方案和课程标准（2022年版）》在前言部分便强调"加强学段衔接并注重幼小衔接"，这是"幼小衔接"首次在义务教育政策文件中出现。

国外对学前教育本身的关注较早，对幼小衔接教育的进程推进也早于我国，更是积极出台相应政策去支持幼小衔接教育的发展。日本对于幼小衔接的关注具有较长的历史，在1948年日本第一部学前教育纲要《保育大纲》中，日本就已经开始注重儿童幼小衔接方面的发展。1989年日本重新修订了《幼儿园教育要领》，纠正了之前幼儿园片面适应小学教育的错误，指出幼儿园教育和小学教育各有其特点，要正面展示各自教育特色。2000年颁布的《幼儿园教育要领》正式开启了日本幼小衔接工作的热潮[1]，2001年日本发布了《儿童教育振兴计划》，明确幼小衔接工作主要是为儿童未来的独立生活和发展奠定基础，培养儿童的学习能力[2]。美国对幼小衔接不仅做了政策规定，还通过政府和社会为儿童提供资金支持帮助其做好入学准备。2010年修订的《初等和中等教育法》也提到政府要继续用财政拨款来鼓励小学与学前教育的合作，促进幼小衔接[3]。法国向来很重视幼小衔接，在1975年颁布的《哈比改革法案》、1989年7月颁布的《教育法案》以及1990年9月颁布的《教育法案实施条例》有关条文中均提出了有关加强幼小衔接工作的一系列措施，这足以说明法国在教育发展的历程中对幼小衔接的重视度始终很高[4]。

（二）关于幼小衔接的区域实践

2008年5月，上海市颁布的《幼儿园幼小衔接活动的指导意见》是首部地方政府颁布的关于规范和引导幼小衔接教育工作的专门性幼小衔接教育政策，在全国各地都发挥着示范带头作用。2011年教育部出台《关于规范幼儿园保育教育工作 防止和纠正"小学化"现象的通知》，在全国范围内整治幼儿园"小学化"倾向、小学一年级非"零起点"教学等问题，得到全国各地的响应，并取得了显著成绩[5]。2015年9月浙江省教育厅办公室《关于做好"幼

---

[1] 田甜.日本幼小衔接课程建设及其启示[J].教学与管理，2023（08）：72-76.
[2] 王小英，邓宏，曹书楷.日本幼小衔接的新举措[J].比较教育研究，2013，35（02）：22-27.
[3] 薛永钰.幼小衔接视角下小学一年级新生学习适应性研究[D].徐州：江苏师范大学，2018.
[4] 孟之涵.幼儿参加"幼小衔接课程"的现状、问题及对策研究[D].保定：河北大学，2022.
[5] 赵彩侠.以科学保教促幼儿园内涵提升：幼儿园"小学化"专项治理工作综述[N].中国教育报，2020-01-19（1）.

小衔接"教育的指导意见》，陕西省教育厅于 2016 年 4 月和 2019 年 4 月出台的《幼儿园小学衔接工作指导意见》和《陕西省关于规范"幼小衔接"工作的指导意见》，2016 年 5 月山西省教育厅《山西省教育厅关于进一步规范幼儿园保教行为提高幼儿园保育教育质量的通知》，2018 年 8 月天津市教委《关于科学开展幼小衔接工作的指导意见》，这些政策在一定程度上推动了全国各地幼小衔接教育工作的规范性和科学性开展[1]。

（三）关于幼小衔接的课程设置

关于幼小衔接课程现状的调查研究，最早是秦振飚围绕课程目标、课程内容、课程实施、课程管理方面对广西幼儿园幼小衔接课程进行了系统分析，发现存在课程目标过于集中、课程内容有待完善、课程实施手段滞后和课程管理单一的问题，并提供了解决问题的另一个新课程——整合课程，该研究对幼儿园和小学教师中的部分老师所开展的研究提供了很有价值的借鉴意义[2]。后有调查研究维度方向与其完全一致，只是在问题发现方面认为幼小衔接课程目标杂乱且对校外资源开发程度低这两方面略有所不同。孟之涵对沧州市三所幼儿园大班的孩子进行调查研究，对幼小衔接课程的教学目标、教学内容、教学计划、教学方式和教学评价进行分析，指出其课程内容设计不合理的问题，并从幼儿园角度提出设置科学有效的幼小衔接课程[3]。杨晓萍、伍叶琴和孟凡芳的研究对幼小衔接课程目标、内容、组织、实施方面进行了分析，且发现的问题具有高度一致性，均认为课程目标定位不准确、课程内容领域有缺失的部分、课程组织形式单一和课程实施与儿童生活脱节的问题，提出幼小衔接课程应整体化、生活化或活动化的建议。其中杨晓萍、伍叶琴对课程评价做了分析，发现在评价方面存在幼儿园教师和小学教师主体评价和内容评价不同等问题，并建议课程评价尽可能多元化[4]。有研究对遵义市幼小衔接课程的现状进行调查，其角度从课程理念、课程目标、课程内容、课程资源等方面出发，有了前人不曾有的发现，如幼小衔接课程存在课程观念落后、

---

1 刘源，程伟，董吉贺. 我国幼小衔接教育政策的演变与反思——基于对 1949—2019 年相关政策文本的分析[J]. 学前教育研究，2021（01）：67-84.
2 秦振飚. 幼小衔接课程的调查研究[D]. 桂林：广西师范大学，2005.
3 孟之涵. 幼儿参加"幼小衔接课程"的现状、问题及对策研究[D]. 保定：河北大学，2022.
4 杨晓萍，伍叶琴. 教育的张力：基于幼小课程衔接的视角[J]. 学前教育研究，2007,（07-08）：21-23.

课程类型差异较大和课程资源挖掘不充分等现象[1]。李小培是为数不多的对课程设计进行研究的学者，其对呼和浩特市的大班语言和小学语文课程设计进行调查，从课程设计的目标、内容、教学方法和实施手段等方面进行分析，发现了幼小双方设计的教学目标不一致，但教学内容却较为一致和重叠的问题[2]。

（四）关于幼小衔接的教学现状

幼小衔接的教学研究主要是基于幼儿园活动领域的教学和小学学科的教学，研究者们也主要针对教学的现状问题进行分析，并提出相应的教学策略，除此之外，还有很大部分研究是专门针对教学策略进行的，可见其方法的重要性。在幼儿园方面，主要进行的是语言教学的现状问题以及策略研究。有研究者以上海两个区为例，对幼小衔接的语言教学进行研究，通过调查分析，发现幼儿园语言大班现状是教育目标与实际不相符合；教学内容多以幼儿兴趣为出发点；教学评价主要以观察法为主；语言环境设置主要以幼儿和老师的作品为主。一年级语文教学现状是语言教育内容主要以拼音识字为主；教学组织形式和教室环境创设单一；语文教学评价理念和评价方法不符[3]。有人持同样的观点，认为幼小衔接下的幼儿园语言教学中存在教学内容固化的问题。张怡冰对幼儿园幼小衔接中语言教学策略进行分析，给出教育内容的选择；创建有效的行为方式；尊重幼儿的差异性的策略[4]。陈盛芳和潘晨都认为幼小衔接语言教学需要从教师语言水平和家园合作两方面进行努力。单德侠提出从学生兴趣、日常教学、开展更具教学性质的语言教学活动三个方面做好语言教学上的幼小衔接工作[5]。还有专门对幼儿园中幼小衔接的策略进行研究，如要从学生的思维能力、倾听能力、周围实际三个方面更好地进行幼儿课堂教学中幼小衔接[6]；需要利用心理健康教育以及课程知识教育帮助大班幼

---

[1] 罗成. 遵义市幼小衔接课程的现状调查[D]. 贵阳：贵州师范大学，2016.
[2] 李小培. 呼和浩特市幼小衔接课程设计现状及问题对策研究[D]. 呼和浩特：内蒙古师范大学，2012.
[3] 崔吉晓. 幼小衔接视角下的语言教学的研究[D]. 上海：华东师范大学，2012.
[4] 张怡冰. 幼儿园幼小衔接中语言教学策略分析[C]//广东省教师继续教育学会. 广东省教师继续教育学会第六届教学研讨会论文集（三）. 广东省教师继续教育学会第六届教学研讨会论文集（三），2023：1014-1018.
[5] 单德侠. 如何从语言教学上做好幼小衔接工作[J]. 读写算，2020（02）：194.
[6] 罗中会. 浅谈幼儿课堂教学中幼小衔接的策略探究[J]. 科学咨询（教育科研），2020（06）：193.

儿做好进入小学的准备[1]。李芬芬指出幼儿园教学中幼小衔接存在课程时间设置差异较大、日常能力培养比较不足等问题，应该采取明确幼小差异，做好各类准备，优化幼小衔接时间安排等行动[2]。

在小学方面，主要是围绕学科进行的教学现状和策略的研究。何馨和蒲彩红都对幼小衔接视角下一年级识字教学情况进行研究，均从教学目标、教学内容、教学方式进行问题的剖析，不同之处在于何馨更加关注从学生的角度来分析现状的缺失，如忽略了学生的学习适应性、基础等[3]，而蒲彩红从文化价值观等方面对问题有了新的切入视角，提出要从重视汉字文化育人功能，提升识字质量以及加强幼小衔接意识，提升识字教学的有效性两个方面入手进行改进[4]。胡和霞等人与上述学者分析角度大致一样，只是多关注了教学评价，认为教学评价存在重判断轻描述的问题，因此要尊重差异，采用多元评价方式。[5]胡雨欢和塔娜都认为教师教育观念落后，只是胡雨欢还从衔接的角度分析了衔接的教学目标、标准、内容和方法等，而塔娜更聚焦于儿童的识字量和识字能力的分析[6]。有学者对幼小数学教学衔接进行研究，发现其主要存在幼小两段参与度不平衡；幼小数学教学衔接内容缺乏评价标准；重数学知识轻数学能力；教学内容多重复、少连续的问题。针对问题提出加强教师培训以树立正确的幼小衔接观；加强教师沟通以正确把握两段数学教学差异；注重家园合作以发挥双发互补作用的建议[7]。还有人基于幼小衔接视角对小学一年级数学教学，提出了"创新导入，激发学生兴趣；深入知识，巧妙结合应用；强调趣味，营造学习氛围；夯实基础，强化计算能力；重视逻辑，培养学习思维；加强训练，提高表达能力"六条教学策略[8]。康春霞、白彩兰、徐帆均注意到了要加强教师幼小衔接理念、意识；以学生的识字情况为基础；加强家校合作共育三个方面的出发。

---

1 赵婷婷. 幼儿园大班幼小衔接教学中的策略探究[J]. 新课程，2021（27）：195.
2 李芬芬. 幼儿园教学中幼小衔接策略探讨[J]. 当代家庭教育，2022（23）：74-77.
3 何馨. 幼小衔接视角下一年级识字教学现状研究[D]. 沈阳：沈阳师范大学，2021.
4 蒲彩红. 幼小衔接视角下小学一年级识字教学现状与对策研究[D]. 成都：四川师范大学，2022.
5 胡和霞，曾素林，曾玉珠. 基于幼小衔接的小学语文教学：意蕴、问题及改进[J]. 林区教学，2023（02）：121-124.
6 胡雨欢. 幼小衔接阶段语文教学的实践与策略的研究[D]. 广州：广州大学，2018.
7 祖娜. 幼小数学教学衔接的问题与对策研究[J]. 小学生（下旬刊），2017（08）：90.
8 王柳理. 基于幼小衔接视角下小学一年级数学教学策略[J]. 天津教育，2022（16）：156-158.

（五）关于幼小衔接的管理

幼小衔接在管理方面，主要涉及班级管理、学校管理层面的内容。在班级管理上，张美娜和苗臻均从班级组织建设、班级教学管理、班级常规（日常）管理三个角度系统分析一年级班级管理存在的问题。其中班级组织建设上主要问题存在于班主任上，班级教学管理上有班主任与学科教师以及学生的问题，班级日常管理的问题还是存在于班主任和学生间。因此研究者都从管理之初、管理过程、管理之余三个阶段分别提出一年级班主任应端正工作理念、兼顾幼小衔接、积极反思三大策略[1]，只是苗臻在管理过程中特别强调建立班级管理。有研究对长沙市五个区的小学，分别从小学一年级新生班主任基本情况、对幼小衔接的了解状况、班级组织建设管理、班级教学管理、班级活动管理、班级制度管理六个方面进行详细的调查分析，提出学校应与幼儿园双向互动衔接，做好班级管理的准备工作；构建和谐师生关系，给予学生安全感；鼓励一年级新生主动参与，增强班级凝聚力；借助协同力量支撑，充分形成教育合力[2]。张绍香从班主任教师身上找问题，发现一年级班主任呈年轻化趋势、忽视学生身心特点、缺乏经验等问题，并针对学生能力发展不均衡、学校扩班人员超额的问题，从班主任、班级管理、学校三个方面提出策略建议[3]。有学者发现幼小衔接中一年级班级管理面临的主要问题有老师扮演的角色、学习方式、期望的水平发生了变化，提出要创新教学方式、制定并传达班规、注重教师自身的行为规范、保持与家长的紧密联系的策略[4]。

（六）关于幼小衔接的家校社协同

幼小衔接视角下的家校社研究主要是对其开展模式以及合作策略的研究。研究者们主要从家长、教师、家校（家园）三个方面给出共育策略。家长层面，主要是学校对家长进行培训、帮助；教师层面，主要是幼小教师的双向交流与培养；家校（家园）层面，主要是很多学者都提到的建立家校协同模式以及家园的沟通。家园（校）合作主要是对儿童的规则意识、任务意

---

1 张美娜.小学一年级班级管理问题及其对策研究[D].长春：东北师范大学，2014.
2 张英.幼小衔接视角下小学一年级班级管理问题及对策研究[D].长沙：湖南师范大学，2016.
3 张绍香.幼小衔接视域下小学一年级班级管理现状个案研究[D].兰州：西北师范大学，2019.
4 孙爱莲.基于幼小衔接的小学一年级班级管理[C]//吉林市东方智慧教育咨询服务有限公司.全国智慧型教师培养体系建构模式学术会议一等奖论文集.全国智慧型教师培养体系建构模式学术会议一等奖论文集，2016：1960-1963.

识、作息时间以及学习、生活习惯的培养[1]。在该观点的基础上有人分别从家长和教师的角度提出具体的策略，如家长要营造家庭学习环境，教师要与家长达成教育共识等[2]。郭玲、周敏军针对现行幼小衔接家校社合作面临着缺乏共同理念、衔接体系、组织机制的困境，提出厘清育人目标，明确衔接任务；建立衔接网络，加强协调合作；加强"五项管理"，关注家庭指导；尊重儿童主体，开放多元倾听的幼小衔接家校社合作策略[3]。朱丽华针对互联网时代家校合作提出了"多去做游戏"，教师家长都要重视；让幼儿分角色扮演，锻炼他们的能力；教师完善教学手段；不要被传统束缚，老师家长一起合作教学生；建立网上"家校共育讲堂"，设置表彰奖励机制；老师家长多交流，进行家访六条建议[4]。有实践者以广州市海珠区儿童入学准备工作为例，进行幼小衔接视角下的家、园、校合作共育模式探索，其以幼儿园为主阵地，构建场景、生活、实践课程，分别培养儿童的心理、社会、学习适应能力；以小学为实践场景，促进教师双向交流，并利用信息化手段进行协同准备；以家庭为合作依托，强化家长的教育观念，帮助家庭创设学习场景[5]。

二、幼小衔接发展的问题分析

我国幼小衔接起步较晚、推进较慢，虽然在教育政策上的研究视角多元，但更多的是停留于政策本身，在政策落实与政策衔接路径、方法上的研究较少。近二十年从国家层面出台了不少关于幼小衔接的政策文件，但政策文本与现实衔接教育存在脱节，比如幼小衔接的具体落实内容、行动计划、指标体系等方面没有进行细化，在实践中没有办法落地，因此科学的衔接工作没办法取得有效进展。目前对于我国幼小衔接教育政策是否科学、合理的分析和反思，既缺少全面的历史性梳理，也未能从微观角度做全面深刻的研究。现有的实践探索呈散点、不系统的特点，且地方政策弹性不足，支持幼小衔接政策研究的机制不够完善。

---

1 王静.家校合作下如何应对幼小衔接[C]//中国国际科技促进会国际院士联合体工作委员会.2023年教育理论与实践科研学术研究论坛论文集（三）.2023：53-55.
2 赵建萍.幼小衔接中的家校合作共育策略刍议[J].成才之路，2022（31）：137-140.
3 郭玲，周敏军."双减"背景下幼小衔接家校社合作的困境与突破[C]//中国国际科技促进会国际院士联合体工作委员会.教学方法创新与实践科研学术探究论文集（二）.2022：61-63.
4 朱丽华.探析幼小衔接中的家校合作共育策略[J].当代家庭教育，2021（30）：45-46.
5 赖卓华.幼小衔接视角下的家、园、校合作共育模式探索——以广州市海珠区儿童入学准备工作为例[J].教育观察，2020，9（28）：22-24.

现有的关于幼小衔接课程的探索和构建的文章数量还不够，且较为零散，没有找到一个共同的、系统的突破口，这也是目前幼小衔接发展所要解决的重难点问题。对已有的研究分析发现，幼小衔接课程主要围绕课程理念、课程目标、课程内容、课程资源等方面进行，以及对后续课程实施的教学方法、教学形式、教学评价的落实，实现内容价值的最大效益，但是研究的关注点始终放在幼儿园课程与小学课程的差异比较、交互作用影响上，较少关注具有幼小衔接特色性、针对性的课程设置、实施及评价研究。

有关幼小衔接的教学现状研究主要是研究者分别对幼儿园或小学进行的分析。在幼儿园方面，主要集中在语言教学活动中，其他科学、社会、艺术、健康领域几乎没有涉及。在小学方面，也主要集中在语文学科，且识字教学为研究者的主要关注点，还涉及阅读教学等内容。有关数学教学的研究也有，但相比语文会弱化很多，且为数学教学方面的研究，而不是完全基于"幼小衔接"视角展开。英语、科学、体育、劳动等的教学各有一些，但相比之下，学科比重发展很不均衡。研究内容主要包括教学内容、组织与实施、评价等方面存在的问题，并从多方面分析原因，从教师、学生、家长等角度提出改进建议。

幼小衔接的管理从现有的数据看，主要是班级管理，缺乏学校及其以上的机构的管理。从班级管理来看，又主要是对一年级的班级管理的分析，围绕班级组织建设、教学管理、常规管理来进行，且主要在于对管理策略上的建言献策。幼小衔接强调的是幼儿园和小学的双向衔接，但从目前的数据看，没有关于幼儿园的班级管理，有少数有关幼儿园大班的幼儿自主管理与时间管理方面的文章，也都偏向于经验实践的探索。

有关幼小衔接的家校社协同研究很少，主要在于家校（园）的合作共育上，究其原因，家校合作的提出要比家校社协同早很多，因此学者们对其的关注程度也不一样，对于家校合作的问题，主要是进行策略研究，也没有像上述的教学、管理等问题，进行大量的数据调查分析，仅仅停留于经验层面的交流上。

三、幼小衔接发展的实施建议

（一）区域行政与教研力量的介入

一方面，区域要制定幼小衔接相关的指导性工作文件，督促小学、幼儿园、办学机构等教学点进行整改，为接下来的工作做出明确指示。另一方面，要借助教学研究的力量稳步推进幼小衔接工作的开展。分别建立专业的研究团队和一线实践的研究队伍，专业研究团队主要由研究中心、研究所或高校的研究人员组成，一线实践的研究队伍主要是幼儿园和小学中的研究型骨干教师。两支队伍要定期进行研讨交流，专家组为实践组提供更多理论思维层面的建构，指导其实践的开展，实践组也要定期汇报幼小衔接活动开展进度与实效，及时反馈，以便获得更多的改进建议。当然，实践组也需要经常反思、总结，开展研讨，共同商量出衔接问题关键点与专家交流，以提高研讨的效率。

（二）学校课程、教学、管理三位一体

在课程上，学校和幼儿园应该进行课程的再构建，以突出幼小衔接的特色性与独特性。幼小衔接的特色课程是综合化的，没有明显的学科痕迹，主要以典型的主题进行系统设计与规划，再从主题中精选典型的活动进行细化，做成具体的、详尽的，可以直接实施落地的教学方案，以在区域内外发挥其辐射和可推广效益。幼儿园课程没有明显的分科教学理念，课程往往以健康、科学、社会、语言、艺术五大领域进行划分，这与分科开设教学的小学教育不同。为了让两种不同课程设置方式下的教育达到有效衔接，还应该在特色衔接的基础上让学科建设与活动相辅相成，即幼儿园在教学活动中融入学科元素，小学在学科建设中融入活动，寻求分科与活动的中间取向，让衔接更自然、和谐。幼小衔接的视角是多元的，还可以从儿童视角关注幼小衔接，了解儿童对幼小衔接的所思所想，尽可能地探寻出一条通往儿童眼中的幼小衔接之路。

在教学上，主要是教学内容和教学形式的丰富。幼小衔接的教学内容不是仅围绕语文书写来展开，艺术、体育、科学等领域也是需要同等力量来进行衔接，无论是小学还是幼儿园在做幼小衔接活动时都尽可能围绕多个学科，如音体美等这样充满生命与活力、人文色彩的学科进行衔接，使得内容多样化、延伸化，激发学生学习兴趣。幼儿园教育是倾向于游戏化、生活化、活动化的，在进入小学后要求其坐在固定的位置听老师的讲授，显然不符合其身心发展规律，会削弱其对小学学习的积极性。教学形式也应尽可能多样化，避免教师教学生学、教师问学生答这样的单一形式，多与儿童互动交流、让其调动整个身体加入活动。

在管理上，小学和幼儿园要将幼小衔接管理纳入管理体系，明确其责任主体、管理的具体方略、行动路径以及管理评价的办法，做到科学有效的管理。除了学校管理还应该有班级管理，班级管理应由班主任（教师）和儿童共同商量决定，制定班级管理规则以及课堂学习规则等。个人管理可以纳入班级管理的范畴，也可以给予儿童充分的自主权，由家长和教师作为监督员，实行自主的自我管理。

（三）家校社协同的共同体建设

以学校（园）为核心的主阵地，在学校的协同育人模式中就要将家庭和社会纳入其中。家庭作为学生接受教育的第二场所，在幼小衔接阶段，学校更应该聚拢家长的力量，将儿童在校内的所学在家庭中进行二次消化与巩固，因此需要学校联动家长，建立家校沟通渠道，为儿童及时搭建利于其学习的家庭环境氛围，有效缓解家长焦虑。社会中有许多的教育资源可以运用在幼小衔接活动中，学校要进行合理的开发，以实现资源的最大效益，家长也可以将自己所能接触到的社会资源，积极协调沟通，帮助学校引进资源入校，以实现家庭、学校、社会协同共育全面和谐发展的儿童的目标。为使家校社协同育人模式更加科学，还可以通过社会调查了解学校、家长、社会的真实需求，以提供更精准的解决办法。

第三节　区域性实践与探索

一、行政主导，全面衔接

（一）构建四个机制，全域推进

幼小衔接是党和国家关注的民生问题，区域层面应聚焦管理、指导、评价、监督等重点领域，构建四个机制，避免衔接"空虚化"，全域推进幼小科学衔接各项工作。

1. 专班推进机制

成立党委政府主要领导任双组长的工作专班，区教育局牵头，部门街道联动，合力推进实验区建设。区教育局将幼小科学衔接作为落实小学"双减"工作的重要内容，制定工作方案，从观念引领、学段联动、课程教学、环境建设、考核评价等方面系统推进。

2. 专业指导机制

由教育专家、校（园）长和教师、教研员组成幼小科学衔接专家指导委员会，研判和动态优化区域推进策略，对幼儿园和小学开展联合指导，及时发现和纠正幼儿园"小学化"倾向、小学非"零起点"教学问题。

3. 专项督导机制

制定《锦江区幼儿园去小学化指导意见》《锦江区规范小学低段教育教学管理指导意见》等工作文件，建立负面清单。由我区督学队伍，对幼儿园提前教授小学课程内容、布置读写算家庭作业、组织考试测验等"小学化"现象，以及小学"零起点"教学、一二年级不布置书面家庭作业、不组织纸笔测试等落实情况，进行专项督导和随机督导，并将督导结果纳入专项目标考核。

4. 专门整治机制

制定《锦江区关于深化校外培训机构治理实施意见》，成立21个督查组，坚决查处校外培训机构开设学前班、幼小衔接班等针对学龄前儿童的培训。

（二）推进四项策略，疏通堵点

片面知识衔接、单向衔接、盲目突击衔接等，是造成幼小衔接"不科学"的主要原因，我区采取四项策略，疏通"家长抢跑""幼小教师理念错位""学段壁垒""家校（园）协同不足"等堵点。

1. "观念引领"凝聚共识

一是把"学段衔接"纳入教师继续教育的重要内容。开展专项调查，梳理学段间教育教学脱节的问题表现，从观念认识和实践层面分析查找造成学段阻隔的症结，以问题导向开展幼小学段教师的贯通研训。编写衔接指导书《和你在一起》（小学教师版），指导教师掌握幼儿发展规律和学习特点，增强科学衔接意识，提供实操方法。二是强化家长教育引导。通过家长成长营、云课堂、教师家访等形式，突出衔接教育，有针对性地开展家庭教育指导，缓解家长焦虑情绪，淡化"抢跑"意识。

2. "校园联盟"双向奔赴

将全区小学和幼儿园划片分组，结成联盟开展双向衔接实践，并以"宣言"的形式，向社会做出科学衔接的公开承诺。通过教学观摩、互动教研、教师互换"模拟课堂"、交叉设置副班主任、孩子互访校园等系列活动,让各学段教师在互动中了解幼儿的实际需要,寻找共同的衔接点和科学的衔接方法。目前,衔接联盟已覆盖全区公办、民办小学和幼儿园。

3."家校(园)联通"协同共育

一是拓宽家校(园)联系渠道。通过组织幼儿家长进小学、小幼教师联合家访、小学一年级教师暑期新生家访等形式深入沟通,强化在观念上的共识和行动上的协同。二是提高家校(园)合作质量。幼儿园和小学低段教师与家长共同分析孩子在准备和适应阶段需要关注的问题,提出个性化教育建议。指导家长遵循"成人放手,幼儿动手"的教育理念,培养孩子自我管理、时间管理等方面的良好习惯。编写衔接指导书《陪着你慢慢成长》(家长版),为家长解惑支着。

4."3+1统整"全程衔接

幼儿园与小学在充分互动的基础上,对课程、活动进行系统梳理和优化。基于科学衔接的理念,依据儿童身心发展规律,重点针对学前"3"年和小学第"1"年,统筹设计特色游戏和活动项目,把衔接要素融合在"3+1"年教育全过程,有效避免了突击衔接。

(三)实施四大行动,破解难点

"准备"的天花板和"适应"的底板怎样确定、"智力"和"非智力"的边界在哪里、场景怎样设置、课程怎样安排、活动怎样设计、学科怎样融合等是科学衔接的难点。我区着力推进四项行动,力求破解学段间教学形态差异过大、教学任务坡度太陡等关键问题。

1. 创新教学规范管理行动,给小学教育定规矩

一是建立小学教学管理新规范。小学低段和学前教育教研员共同深入到小学,指导学校形成"双线并进"的入学适应期教学管理新规范。"双线并进"的一条线是以品格教育和养成教育为核心,关注学生身心、生活、社会、学习的适应,强化学生专注倾听、清晰表达等学习习惯培育;另一条线是以变革学科教学样态为抓手,不断优化多元、童趣、联结生活与儿童经验的主题式综合活动课程,注重情景化、体验式等教与学方式的综合运用。二是创新优化教学活动规范。建立幼小交流、小学入学前、入学第一日、入学第一周、入学第一月等系列教学活动规范,以"共建一个温暖的家""共守一个重要的

约定""共享一个快乐的课堂""共育一个优秀的孩子"四个主题设计丰富的实践样例，给教师提供指引。同时，研制出《锦江区小学低段学业综合评价指导意见》，科学引导小学低段学生学业评价。

2. 创设互动场景行动，给孩子入学添动力

一是搭建幼小学生互动交流平台。开展"手拉手游校园"，让幼儿园儿童走进小学，在哥哥姐姐们的引领下参观校园、发现美景、熟悉功能区域，画一画"我最喜欢的校园一景"，进而建立起对小学校园的亲切感，增加安全感。让小学生回到幼儿园，给弟弟妹妹们介绍小学生活，让弟弟妹妹们说一说"我心中的小学""我心中的教室"，激发儿童对课堂学习的期待和向往。二是变革教学场景。小学设置乐高墙、小书房、探索屋等互动游玩区，在一年级教室内摆放小帐篷、小地毯、小书桌，设置绘本角等，营造似曾相识的学习环境，让儿童在不知不觉中完成从"游戏"到"课堂"的适应。

3. 构建"零起点"课程行动，为学生适应降坡度

一是将幼小衔接活动纳入课程计划。围绕空间适应、时间适应和师生适应三个维度，在幼儿园和小学一年级联合优化课程计划、教学组织形式、活动实施与指导、教育评价、家园共育等教育要素，双向设置"游戏化""生活化""综合化"三类微课程，满足儿童的准备和适应需要。二是从课程的视角探索小学向幼儿园的主动衔接。在全面落实国家课程的基础上，各联盟校（园）聚焦社会交往、自我调控、规则意识、专注坚持等关键素养，开发以儿童为主体的活动课程和游戏活动。目前，已形成"四季主题活动课程"等以校（园）为本、各具特色的衔接课程群，覆盖全部小学和幼儿园。

4. 深化学段联合研究，给科学衔接强支撑

一是课题引领攻坚研究。目前已形成以四川省科研资助金项目课题"幼小初协同共构学区教育生态圈的实践研究"为龙头，以"促进小学一年级新生学校适应的三维课程设计与实施研究"等10项区级课题为主干，以30余个教师小专题为支撑的专项课题群，对活动设计、学习支持、入学准备、联合教研、家长助力等幼小衔接中的难点问题进行深入研究。二是常态教研推动实践研究。以区域主题教研引领，校、园联合教研跟进，就科学衔接的理论应用进行实践探索和经验分享，提升教师主题活动设计、家校（园）沟通以及小学段"零起点"教学等技能技巧，培养跨学段教学骨干教师。

通过先行先试，我区幼小衔接从"陡坡"变"缓坡"的格局正在形成。我区将结合义务教育新课标的学习和贯彻，坚持基于儿童的视角去观察、认识，基于儿童的兴趣去思考、探寻，深入推进幼小科学衔接工作，努力开创儿童视角下幼小科学衔接教育的新局面。

二、教研助力，深研衔接

幼小科学衔接的高质量实施离不开教研的助力，我区在前期工作基础上凝练提出了"贯通无痕，指导有法"的幼小衔接教研主张，以"推进家校园三方联动，促进儿童主动参与"为实践逻辑，以"三个注重"为实施策略，一是注重衔接过程的"五个一"设计，即幼小衔接的一日、一周、一月、一期、一年的主题设计与活动实施，二是注重衔接方式的教学"三化"，即强调幼小衔接的游戏化、综合化与实践化的基本实施方式，三是注重衔接环节的小步子、缓坡子和链三方，即关注幼小衔接主题的进阶性、时间与空间的延续性、家园校三方的协同性，以更好地提升幼儿园和小学低段教师对幼小衔接的理论认识和实践能力。

（一）搭建三级联合教研体系

1. 区域主题教研

由区教科院组建幼小衔接研究专家指导委员会，设立包含学前教育教研员、小学低段学科教研员在内的幼小衔接专题教研组，并设置专人负责统筹协调专题教研组和专家指导委员会日常工作。"专题教研组"在专家指导委员会的指导下，制定全区每学年教研活动计划，确定学月教研主题和频次，组织开展区域性幼小科学衔接教研活动。区级教研频次确保每月不少于1次，区域性经验交流、优质活动（案例）展示、研究成果展评等活动确保每年不少于1次。

2. 联盟互动教研

区域内幼小衔接联盟基于实际，设立联盟工作领导小组，组建联盟研修共同体，制定幼小衔接实施方案，整合利用校（园）间的资源，合理设置教研主题与教研时间，多形式开展双向联合教研，每月不少于2次。

3. 学校、幼儿园日常教研

各幼儿园与小学依据《指导意见》，将入学准备教育和入学适应教育融入日常教研活动和集体备课活动，且每月不少于1次专题教研。

（二）丰富幼小衔接教研内容

立足儿童在身心、生活、社会和学习四个方面的入学准备和适应教育设计开展幼小衔接教研工作。重点围绕"学校管理者、教师、家长等开展科学衔接的认识研究""家园校社协同多维共育研究""衔接内容、方法与评价手段研究""主题活动、推进方式"等开展小切口研究。

1. 儿童入学准备研究

幼儿园身心准备应围绕向往入学、情绪良好、喜欢运动、动作协调四方面，生活准备应围绕生活习惯、生活自理、安全防护、参与劳动四方面，社会准备应围绕交往合作、诚实守规、任务意识、热爱集体四方面，学习准备应围绕好奇好问、学习习惯、学习兴趣、学习能力四方面，并结合实际设计教研内容。

2. 儿童入学适应研究

小学身心适应围绕喜欢上学、快乐向上、积极锻炼、动作灵活四方面，生活适应围绕生活习惯、自理能力、安全防护、热爱劳动四方面，社会适应围绕融入集体、人际交往、遵规守纪、品德养成四方面，学习适应围绕乐学好问、学习习惯、学习兴趣、学习能力四方面，结合实际设计教研内容。

3. 幼小衔接课程教学及管理研究

加强在儿童发展、课程教学、管理等方面内容的研究交流，包括幼小衔接相关政策文件、幼儿园的指南、纲要与小学的各学科课程标准等理论学习以及校（园）间的幼小衔接实施方案制定、课程设计、主题活动设计、课堂（集体）教学课例的实践学习和家校（园）社协同多维共育的机制、路径、方法研究。

（三）创新联合教研形式

1. 加强教学研究的互动性

通过幼小合作建立衔接课程，共商设置教研主题与教研形式，共享资源，组织小学低段儿童和幼儿园大班教师结对，开展教师互换课堂、学生互进校（园）、教师与家长以及家长与家长间的互相对话等活动，让各学段师生和家长在互动中了解、学习、成长，从而寻找共同的衔接点和科学的衔接方法。

2. 增强教研主体的自主性

建立"自主学与集体学""线下学与线上学""校（园）内学与校（园）外学""学中学与教中学"等多主体、多途径与多维度的学习机制，在社会关注、家长关心、教师关切等衔接领域成立课题项目组，开展前瞻性与实用性相结合的学习研究行动。

区教科院加强与国内外科研院所、高等学校以及取得优秀实践经验的校（园）协作，为区域内教师搭建、拓展、共享学习资源与平台，积极开展理论研习、学术沙龙、名师讲坛、专家讲座等线上线下相结合的专业引领活动，促进教师理论素养与实践素养的双向提升。

校（园）联盟立足实际，盘活资源，充分利用校（园）内外硬件、软件学习资源，发挥校（园）内名师、骨干教师带头示范作用，落实老带新、名带新、团队带新等新教师成长学习渠道，营造学习氛围，深化学习活动，形成教研特色。

3. 强化教研活动的实践参与性

建立"研究成果分享""实践经验交流""优秀作品展示""优质课例（活动）观摩"等展示交流机制，创建和搭建校（园）内、联盟内、区域内展示机会和平台，加强校间、园间、教师间的交流、学习、互动，促进优质资源均衡发展，优秀成果推广应用，优秀教师帮扶带动，提升我区幼小科学衔接工作成效。

区教科院构建常态化、规范化、系统化展示交流体系，积极开展区内活动、拓展区外平台、参与省市国家级"展、评、学、训"等活动，加强展前指导与培训，做好展中解析与说明，完善展后总结与宣传，充分利用、发挥每一次展示活动的教研价值，帮助教师在展中学习、成长、蜕变。

校（园）联盟制定、完善每一学年（期）教师间的展示交流制度，通过对衔接学段教师不同需求、主题、形式等的培训，同时辅之以相应的展示交流活动，如"成长故事分享会""我的课，你来听""家园共育科学衔接经验论坛"等，以更好地促进教师幼小衔接教育实践能力。校（园）内积极开展幼小科学衔接专题比赛，制定标准，做好年级组的赛前培训、赛中点评、赛后总结活动，通过比赛倒逼教师专业成长。

（四）培养衔接教育骨干队伍

区教科院将整合幼儿园与小学的师资培训，设立锦江区幼小科学衔接"种子教师"专项培训班，围绕入学准备和适应教育要点，定校（园）、定人开展专项培训，设计"理论+实践""通识+专业""分层+分类"的专题培训菜单，提升校（园）长、教师等开展幼小科学衔接的能力水平。

校（园）联盟要组织校（园）培训，定期开展衔接学段全员培训、全方位培训和全年常态化培训，如针对入学准备中出现的"幼儿园去小学化""家园沟通""大班衔接活动设计""幼儿学习习惯培养"等突出问题开展专题培训，针对入学适应阶段中出现的"一年级零起点教学""班级管理""关注差异""入学周（月）衔接活动设计"等突出问题开展专题培训。

（五）工作保障

1. 专家引领

由区教科院牵头，从高校、科研院所和学校（园）遴选学前教育、小学教育理论专家和名优教师组建"锦江区幼小科学衔接专家指导委员会"，对区域、联盟和校园衔接教育研究进行指导，为区域衔接教育推进工作提供参谋。

2. 专人负责

区教科院、衔接联盟、各小学和幼儿园指定专人负责幼小衔接教研管理工作。

3. 专项评价

将幼小衔接教研工作作为小学和幼儿园校本研修考核评价的重要指标。在区教育局的统筹管理下，区教科院可组织开展"幼小科学衔接教研先进联盟""幼小科学衔接教研先进校（园）"等评选活动。

三、联盟协同，精准衔接

（一）明确联盟工作目标

秉持"全面衔接、全程衔接和双向衔接"的理念，全面推进幼儿园和小学实施入学准备和入学适应教育，减缓衔接坡度，实现儿童从幼儿园到小学的顺利过渡。整合多方资源，家园校联动，幼儿园和小学教师及家长的教育观念与教育行为明显转变,幼小协同的有效机制基本建立,科学衔接的教育生态基本形成。

(二)制定联盟工作准则

1. 建立健全工作制度

各联盟依据自身特点制定幼小衔接工作整体方案,建设课程实施、教学过程、班级建设、教育评价、教师教研培等各项管理制度,内容符合教育教学规律和学生身心发展规律,家园校共育机制完善,并得到切实有效执行。

2. 明确联盟发展目标

各联盟依据《指导意见》,以促进儿童身心全面适应为目标,围绕儿童进入小学所需的关键素质,着力于身心、生活、社会和学习四个方面的准备和适应,参考借鉴"具体表现"和"教育建议"的内容,将各项"发展目标"落实到日常的教育教学中,为儿童发展做好准备,关注个体差异,设置入学适应期,坚持深化改革。

3. 高效实施优质课程

坚持德育为先,落实全学科育人,严格落实《义务教育课程方案》和幼儿园的《3—6岁儿童学习与发展指南》《幼儿园教育指导纲要(试行)》,有效实施国家课程,规范开设地方课程,合理开发校本课程,在一年级第一学期安排入学适应教育,探索幼小学段课程一体化设计和实施,积极开展小学低年级主题式综合活动课程,建立健全学校课程教学资源管理制度,利用现代信息技术和数据共享平台,形成各校低段课程规划、教学设计、课件、课例、教学案例等教学资源库。开展"基础+拓展"模式课后服务,注重个别化教育。结合本校实际建立低段学生活动规范,建立体育锻炼制度,确保低段学生每天坚持锻炼时间不少于1小时,激发低段学生参加运动、艺术教育的兴趣,指导家长协同做好学生课内外学习统筹管理。

4. 落实落细教学管理

严格按照国家课程要求实施教学,幼儿园去小学化,小学起始年级实施"零起点"教学,给学生学习适应降坡度。教学设计坚持儿童立场,关注低段学生特点和个体差异,注重活动化、游戏化、生活化的学习设计,采取游戏化、生活化、综合化等教学方式,强化儿童的探究性、体验式学习。小学一、二年级不留书面家庭作业，寒暑假合理控制书面作业时间总量。教师集体备课和独立备课结合、集体设计和个别设计结合，加强对课堂作业设计、批改与反馈等各环节的统筹管理与指导研究。定期开展校内教学调研活动和低段班级常规管理研究，强化常规管理的指导功能。

5. 建设适宜班级环境

为学生构建与幼儿园相衔接的温馨学习环境，营造快乐向上、关爱融洽的班级氛围，设置互动游玩区，让孩子完成从适应"游戏"到适应"课堂"的转化。在校内图书室、专用教室、活动基地设置低段学生专用空间，为小学低段课程实施、活动开展提供条件支持。适应学生身心发展规律，调整合适的课桌椅高度，创造丰富、适切的班级环境。

6. 细化班主任工作

注重小学低段班主任和幼儿园大班教师培训，指导班主任加强班级建设，聚焦儿童身心发展特点，以品格教育和养成教育为核心，统筹设计班级教育计划和治班策略。班主任有针对性地为每个儿童提供个别化的指导和帮助，通过正面的肯定和鼓励，支持儿童不断获得积极的学习体验，促进他们按照自己的速度和方式实现顺利衔接。

7. 科学开展教学评价

实施综合素质评价，关注学生品德表现、学业发展、身心健康、审美素养和劳动实践能力等全要素评价，建立学生成长档案，促进学生德智体美劳全面发展。按照锦江区《小学低段学生考核评价建议》要求，以课程标准为依据，结合学科教材要求，梳理评价的内容和目标，注重覆盖全员、全程、全面，建立过程评价和结果评价有机结合的考评办法，提高学生的自我评价与自我反思能力。

8. 保障机制落实到位

建立联盟工作例会制度，保障教师教研活动的时间和条件，常态化开展以年级组、教研组、备课组为依托的校本教研活动，积极参与新教师开展学习素养研究、班级管理培训等区域教研活动。整合实施联盟内教研活动、课题研究与业务进修活动，建立教育教学问题发现与解决机制、基于课堂立足实践的行动机制以及基于研究的团队学习机制。遵循教学研究特点，加强小学与幼儿园衔接，以联合教研、专项课题深研等形式，做好幼小衔接研究互动，及时解决幼小衔接突出问题。

（三）明晰联盟工作措施

1. 互派班主任

幼儿园大班班主任和小学一年级班主任每月至少开展一次互进校园、互换角色的沉浸式交流互动。幼儿园派班主任到小学一年级担任副班主任，小学班主任到幼儿园大班担任副班主任，通过互进校园和互换角色实训的方式深入开展"三互"交流活动。

（1）互观学生。互派班主任分别进入小学、幼儿园的课堂和活动中，了解观察儿童在不同学段的身心特点，采取与儿童对话等方式，把握好儿童发展的立场，深度研究幼小衔接的关键问题，帮助幼儿做好入学身心适应准备。

（2）互看场景。了解小学、幼儿园环境布置特点，坚持儿童立场，为幼儿构建具有支持性、包容性、操作性和探究性的环境衔接。

（3）互享经验。从生活技能、学习能力、人际关系入手，对幼儿核心素养培育进行全程设计，不断凝练科学衔接的理念和可操作技术，帮助幼儿做好幼小衔接全面准备。

2. 互派教师

幼儿园与小学是幼小衔接的双主体，要将科学衔接培训纳入学校、幼儿园教师职后培训体系。幼儿园和小学采取互派教师尝试跟岗、轮岗、蹲班等多种交流方式，促进不同学段组建的教师学习共同体之间的交流。

（1）一日蹲班。幼儿园大班教师、小学学科教师分别融入学生一日生活，蹲班开展双向研修；深刻理解"幼小衔接"与"零起点教学"的内涵，遵循教学"游戏化""生活化""综合化"三项原则，探索集学科指导要点、教学建议、案例分析于一体的幼小衔接共研模式，确保幼小双向衔接落地生根。

（2）双向教研。紧紧围绕课程建设、课堂教学方式、课堂组织形式、教学评价等多维度开展幼小双向教研，以研促教，科学衔接，有效帮助儿童平稳度过入学适应期。小学、幼儿园互派教师每月开展一次教研，做到"一主题三固定"，即每月有明确研究主题，固定时间、固定地点、固定人员参加幼小衔接教研。

（3）建立资源库。筛选汇总幼小衔接教育相关的专业理论知识、优秀成果经验、活动案例等资源，方便小学、幼儿园内及校（园）际间教师线上共享借鉴。

3. **校、园牵手结对**

小学和幼儿园科学衔接，对儿童身心健康和终身发展具有重要意义。各小学、幼儿园要建立幼小衔接研究联盟，从自身需求出发，通过课题、项目、教研等方式增进学段间的了解合作。

（1）组建幼小衔接联盟。结合区域教育资源实际，各小学、幼儿园自愿牵手结对，建立幼小衔接研究联盟，通过建立场景共创机制、课程共建机制、资源共享机制、师资互培机制、教学共研机制，开展入学准备教育与入学适应教育活动的实践与探索，促进幼小衔接深度融合。

（2）开展"五个一"活动。各幼小衔接研究联盟要围绕"一个主题，一周一对话，一月一研讨，一期一论坛，一年一成果"持续开展研究活动，探索实施"全程衔接、重点衔接"双路径，让幼小衔接活动系统、扎实、持续开展。

（3）加强协同共育。聚焦幼小衔接生态建设，形成全员、全过程、全方位的育人格局，做到家校园社育人"三共"，即共享教育资源、共建教育生态、共办教育活动，有效缓解家长焦虑。

第二章

小学与幼儿园的实践样态

启发与引导

- 从"幼小衔接"到"幼小科学衔接"的转变，幼儿园和小学要做些什么？
- 如何从校（园）本的角度出发围绕"科学"这一关键性概念设计相应的课程和活动？
- 什么样的幼小科学衔接课程是符合儿童发展规律的？这样的课程应如何实施与评价？
- 幼小科学衔接中的个别化教育应如何设计与实施？
- 如何基于儿童经验和需求设计幼小科学衔接的综合实践活动？

小学和幼儿园作为儿童幼小科学衔接的重要双主体，既关系到学段衔接的顺利过渡，也关系到儿童的成长与发展，更关系到国家教育意志的体现和落实。本章重点体现开展幼小科学衔接的顶层设计与系统规划、课程建设与教学实施以及相关主题的实践活动设计与开展。

第一节 学校管理

一、一日蹲班如何蹲？

（一）顶层设计，整体架构"一日蹲班"的行动框架

1. 科学诊断，确立"一日蹲班"的行动方向

如何让一年级新生衔接自然、过渡顺利？又如何让学生在学校学足、学好？那就要关注学生在校的一日学习生活真实样态，它关联着学校的全域全员。教育需要看见，孩子需要看见，我们需要去"见"，见到师生的精神风貌及行为规范；见到课程设置的科学性与合理性；见到细、微的言行举止以及时调整；见到备课组、教研组组织建设的具体反映。

2. 多方考量，明晰"一日蹲班"的管理思路

在科学诊断的基础上，应紧扣"育人为本"这一核心，以"视导观察、矫正优化"为两翼，以"精细化管理、创新化改革、体系化发展、生态化共赢"的四化管理，努力营造链接生活促进学习力、思维力发展的智慧场，促进情感滋养、关系和谐的情感场，促进全面发展、健康成长的生命场，进而在"全时段""全联通""精研修"中实现小学一年级儿童的自然过渡、衔接顺畅。

3. 制度护航，规范"一日蹲班"的管理行为

在"零起点"的育人基础上，我们初步探索"一日蹲班"实施流程、评价机制，先后制定了"一日蹲班操作流程""学生一日行为观察量表""课堂行为习惯养成表""好课堂观课表"等。这样，从清晨的入校到下午放学，我们从文明守礼、学习适应、体育锻炼、健康自护、劳动清洁等方面全面关照儿童的一日学习生活，量化学生、教师、管理等行为，让它可见、可测、可评，回溯学校方方面面。

（二）强化研究，全面探寻"一日蹲班"的操作路径

1. 成立工作坊，协同开展"一日蹲班"研究

对于创新性和前瞻性问题的研究，我们通过"专家引领""团队领衔"等

方式，组织一线教师形成工作坊。工作坊由"导师+指导教师+参与教师"组成，通过"学习—研究—实践—反思—改进"的研修路径，进行探索与实践。例如，我们在一年级就建立了幼小衔接工作坊：以教育专家为导师，以幼儿园大班教师、小学学科教师为指导教师，融入儿童的一日生活，蹲班开展双向研究，从实证中采集数据、分析案例，探寻问题解决策略，搭建教育教学衔接通道，促进儿童顺利过渡，提升教师对学段衔接统整性、结构性的教育认知。

2. 完善机制，激活"一日蹲班"的研究活力

在"一日蹲班"的研究中，我们制定"联片研究、衔接研究、校本研究"三级协同一日蹲班教学研究机制，逐级分层解决问题。在研究中，我们要求常规化、专题化、系列化。常规化遵循五定，即定时间、定主题、定班级、定人员、定观察点；专题化聚焦素养，问题导向、拟定主题（机制共研、课程共研、实践共研）；系列化要求多方协同，构建共享"资源图谱"，创设良好的学校教育生态。

3. 优化模式，形成"一日蹲班"的育人模式

"一日蹲班"全天全景观察儿童的学习生活，将一个班级作为观察对象，以"参与者、合作者、研究者、引导者"的角色真正走进教室、走进课堂、走近教师、走近学生，在教学评的过程中开展实践性研究及指导，通过"一日蹲班12345"形成视导记录、意见反馈、措施整改、跟踪报告，矫正优化育人模式，营造良好的教育生态。在这里，"1"是指一天的研究时空。"2"是指行政观察诊断队伍、幼小衔接工作坊专业指导队伍两支队伍。"3"是指实现三个"全"：一是全覆盖，即学科全覆盖、学段全覆盖、学生一日生活全覆盖；二是全过程，即对儿童一日校园生活建构起一日蹲班全程研究流程图；三是全方位，研究探索连续性、渐进性的课程教学，注重"游戏化""生活化""活动化"的学习设计，建立"听、说、读、写、想"的评价反馈体系和"五育徽章"的五育评价，促进学生德、智、体、美、劳全面发展。"4"是指四个对话：一是对话家长，缓解焦虑；二是对话儿童，温暖关怀；三是对话环境，强化适应；四是对话方法，指导建议。"5"是指开展学教准备、课堂观察、班级管理、课后服务、家校共育五个视导，通过点面结合、综合观察和跟踪分析结合，为儿童的成长赋能，为教师的专业发展助力，切实提升师生的综合素养。

（三）优化管理，释放"一日蹲班"的教育力量

通过"一日蹲班"，反哺学校管理与决策，为学校现代化、科学化的管理提供建设性意见，有力地促进学校育人模式探索、育人空间结构优化以及育人方式变革。

1. 促教学相长

教育要培养完整的人，在"一日蹲班"中，我们以教师专业发展阶段为基础，以能力诊断为依据，以"3+3"的形式设计差异性、递进式的研修培训，在这里，第一个"3"是指分类推进、分层指导、分别要求三条路径，第2个"3"是指课程、课堂、课题三个载体。通过精准施培，推动教师持续成长。为了让儿童从幼儿园到小学更好地过渡，我们对其健康、认知、情感、社会性等方面进行了发展水平的评估和研究。在一年级第一学期开学的第一个月里，我们科学、合理地设计了20课时"I Can Do，我能行"入学衔接课程，它包括"一日感受、一周适应、21天养成、一月成长"四大板块，为儿童平稳过渡搭建起了一个"脚手架"，设置了一个"缓冲期"，缓解了儿童角色转变困难的问题。

2. 绘一日生活图景

教师通过"学生一日行为观察量表"，观察班级儿童一天的学习生活状况，并基于儿童学习时长的合理性、课程设置的科学性、身心发展的规律性、环境创设的育人性，绘制儿童一日生活图景，重在实现价值育人、环境育人、管理育人、服务育人、家校协同育人的新型教育样态。

3. 造家校社协同场

在"一日蹲班"中，为有效落实"双减"和"五项管理"，学校随机访谈学生和家长，从反馈中建立链接、共享信息、缓解焦虑、达成共识，构建起学校、家庭、社会"三位一体"的学生管理模式，通过每周一封信联络感情，创造良好的家校育人环境，增强学校教育的实效性，构建家校社协同场。

"一日蹲班"虽是教育教学变革的微创新、微举措，但"微"中窥全貌，有力地促进了家、校、园、社"四驱"联动，协同育人，构筑起了以儿童"一日校园幸福生活"为中心的教育新图景。

二、家校沟通如何做？

幸福的人用童年治愈一生，不幸的人用一生治愈童年。幼小衔接是帮助儿童顺利地实现由幼儿园到小学过渡的重要阶段，既需要幼儿园和小学的合作，也需要学校与家庭协力。我们聚焦"接纳"与"信任"两个关键词，通过有质且有效的家校沟通，助力儿童顺利幼小衔接，开启美好的成长之旅。

（一）设计思路

1. 学习文件，明确要求

《教育部关于大力推进幼儿园与小学科学衔接的指导意见》指出"家园校共育，形成合力"，并明确了家校共育机制建设的要求，"要及时了解家长在入学准备和入学适应方面的困惑问题及意见建议，积极宣传国家和地方的有关政策要求，宣传展示幼小双向衔接的科学理念和做法，帮助家长认识过度强化知识准备、提前学习小学课程内容的危害，缓解家长的压力和焦虑，营造良好的家庭教育氛围，积极配合幼儿园和小学做好衔接"。《义务教育课程方案（2022年版）》提出："注重幼小衔接，基于对学生在健康、语言、社会、科学、艺术领域发展水平的评估，合理设计小学一至二年级课程，注重互动化、游戏化、生活化的学习设计。"《中华人民共和国家庭教育促进法》指出："未成年人的父母或者其他监护人应当树立正确的家庭教育理念，自觉学习家庭教育知识，在孕期和未成年人进入婴幼儿照护服务机构、幼儿园、中小学校等重要时段进行有针对性的学习，掌握科学的家庭教育方法，提高家庭教育的能力。"

在学习文件的基础上，我们明确了幼小衔接阶段家校沟通的目标为"家校共育，形成合力"。学校在家校沟通中应发挥主导作用，引导家长学习科学的教育方法、提高教育能力。

2. 调研家庭，明晰需要

有效沟通的前提在于了解彼此的想法和做法，我们对家长的想法有经验性的认识，但熟知非真知，现在的家长对幼小衔接是怎么认识的，怎么做的，需要进行深入的了解。每年暑期，我们都会对新入学的儿童进行家访，还会邀请家长给老师写一封信，通过书信的方式介绍孩子，这一方式不仅有助于我们了解儿童的情况以便采取更有效的策略，也有助于我们了解家长的教育观念，还满足了家长想表达自我的愿望。通过家访，我们发现：关于对幼小衔接的感受，有82%的家长感到有一些焦虑，有7%的家长感到很焦虑，仅有11%的家长不焦虑；关于焦虑的内容，有51%的家长最担心学习适应，有19%的家长最担心身心适应，有17%的家长最担心生活适应，有13%的家长最担心社会适应；关于前期学习，有21%的家长提前帮助儿童学习了较多的小学知识，比如数学的计算、语文的拼音、写字，有53%的家长提前帮助儿童学习一些小学的内容，完全零起点的儿童占26%。通过实际的调查，我们发现不少提前学习的内容并不能给儿童适应小学的学习带来帮助，如有的儿童会背诵拼音字母表，但却不认识拼音字母，更谈不上带调拼读的语感，而后者才是拼音学习的重点和难点，有的儿童会写字，但姿势不正确，难以纠正。

同时，访谈的过程中，这些高频词被反复提及："他的同学"——往往会说到孩子的同学的长处，进而在比较中产生焦虑，怕自己的孩子不如别人；"问题"——往往会说到自己孩子的问题，如动作慢、挑食、注意力不集中等，由无力感产生焦虑的情绪；与"问题"相对应，"能"这个词也被家长较多提及，部分家长会很骄傲地告诉老师，孩子已经能认识多少字、能计算哪些数学题，认为自己的孩子已经超越了很多同龄人。

通过访谈，我们发现家长普遍对学业比较关注，对孩子的成长有高期待，大多数家长希望自己的孩子出类拔萃，还有一部分家长害怕被别的孩子比下去。

3. 访谈教师，明确问题

每年暑假，我们会对一年级的教师进行一对一的沟通，了解老师对一年级儿童、一年级工作的看法。这些年，一年级的新老师较多，当谈到未来的工作时，有这些高频词："期待"——大多数老师对于工作充满美好的设想，拥有动力；"焦虑"——不知道该怎么做，不知道自己的想法对不对，缺乏方法；"可爱""调皮""难管"——对一年级儿童的认识有正面的肯定，但负面的评价较多，同时也可以从中看出老师的压力；"养习惯""凶一点"——多数老师认为要严厉一些才能让学生懂规范。

可见，老师们对即将到来的工作既期待又担忧，有干好工作的愿望又缺乏具体的方法。无论是家长还是教师，对儿童的评价多关注外在，对儿童的内生动力、内在动机关注不够，而后者，才能带给儿童持续一生的重要力量。

4. 回应目标，明确思路

学校能控制家校沟通内容的"质"，却难以确保家校沟通的实效。儿童一定是教育的核心，学校中的老师、家庭中的家长是呵护儿童成长的两大主体。幼小衔接的关键在于在老师、家长与儿童之间形成良好互动，共同帮助儿童顺利适应小学生活，而良好互动的基础是接纳与信任（见图2-1-1）。

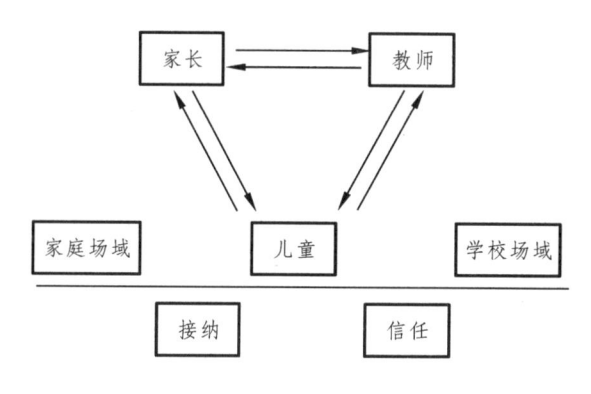

图 2-1-1　家校协同思路图

（二）内容及实施

儿童是尚未成熟的处于发展过程中具有主观能动性的独立个体。因为尚未成熟，所以难免存在不足；因为处于发展过程中，所以我们要用发展的眼光来看待儿童；因为具有主观能动性，所以我们不能忽略他们的想法与内生的动力；因为是独立的个体，所以应得到我们的尊重。但从访谈来看，无论是家长还是部分教师，对儿童的接纳不够，教育方法也有所欠缺，高期待带来的不是高支持，而是强控制。由此，我们采取了提升接纳度、建立信任感的策略。

1. 提升接纳度：教师发展"岗前领航"课程+家长入学季沟通

教师是家校沟通的关键力量，而每年的新生入学准备工作也是学校的重点工作，我们希望一年级的教师幸福一些、智慧一些、耐心一些，在暑期将一年级教师的培训与新生入学准备工作结合，将理论与实践结合，学以致用，推进工作。

（1）教师岗前领航课程。

岗前领航课程主要关注即将担任一年级教育教学工作的教师，在上岗前的暑期开展集中培训，包括"融学校""识儿童""慧沟通""知衔接"四方面内容，详见表2-1-1。

表 2-1-1 教师岗前领航课程

板块	主题	内容简介	形式	时间	评价方式	负责部门
融学校	认识学校，融入学校	认识学校的办学理念、培养目标、办学特色、师生现状、家长特点。树立正确的教育价值观，融入学校。	专家讲座+教师交流	暑期（开学前两周）	提交心得体会，工作中进行观察	教导处
识儿童	认识儿童的身心特点	儿童是处于不断发展过程中的尚未成熟的具有主观能动性的独立的生命个体。刚进入小学的儿童有其独特性，如有得到肯定的美好期待又难以控制自己；想与老师同学建立友好关系但有时方法不太恰当；希望取得优异的学业成绩但有时又会有些吃力……教师应做到：呵护儿童的积极期待；给予儿童充分的安全感；用恰当的方式教给儿童方法。	专家讲座+教师交流	暑期（开学前两周）	提交心得体会，工作中进行观察	教导处
慧沟通	师生沟通	观察每个儿童在校生活中的行为表现和情绪状态，及时了解他们在入学适应方面的需求和问题，用正面、积极的方式引导儿童排解不良情绪。营造关爱融洽的班级氛围，以多种形式的活动调动儿童的积极情绪，让儿童感受快乐向上的氛围。	优秀班主任讲座+教师交流	暑期（开学前两周）	提交笔记与思考，工作中进行观察	德育处
慧沟通	家校沟通	家长对孩子的小学生活既有憧憬又有焦虑，教师应关注每一名儿童的学习、生活、情绪状态，主动、亲切、充满自信地与家长沟通，在沟通中展示专业能力、传递对学生的关爱。	优秀班主任讲座+教师交流	暑期（开学前两周）	提交笔记与思考，工作中进行观察	德育处

续表

板块	主题	内容简介	形式	时间	评价方式	负责部门
知衔接	知生活衔接	班级文化建设到位（要求：整洁、温馨。如可摆放儿童喜欢的图书、玩具，增强心理安全感，缓解入学焦虑；张贴温馨的图文提示，帮助儿童熟悉校园环境）。	实际布置	开学前两天	教室文化	德育处
		通过家访活动了解儿童的生活，并向家长提出建议，如：进餐、喝水的习惯，健康的作息时间。	家访	暑期	家访记录	德育处
	知社会衔接	学生评价体系（要求：鼓励为主，学生喜闻乐见，以评价满足每一名学生的成就需要，促进每一名学生的发展）。	设计评价方案	开学前两周	方案	德育处
		新生报到活动（要求：组织有序、设计游戏，让儿童在游戏中认识学校、老师和同学）。	组织报到活动	报到当天	报到活动	德育处
	知学习衔接	教材解读活动（要求：深入解读教材，明确编者意图）。	解读教材	开学前一周	文本材料	教导处
		完成两周的教学设计（要求：零起点教学，激发学习兴趣，设计多种形式的学习活动）。	设计教学	开学前一周	教学设计	教导处
		明确课堂规范要求并组织学习。	学习规范	报到当天	组织学生学习	教导处

（2）家长入学季系列沟通活动。

学校往往通过家长会、家校活动、个别交流的方式进行沟通，但这些沟通是否真的能改变家长的观念，进而影响家长的行动？为了在开学初尽快与家长在思想上达成共识、行动上保持一致、心理上建立安全感，我们推出了家长入学季系列沟通活动。

① 第一次家长会——开阔的视野与大的格局。

第一次家长会包括三个方面的内容。

第一个方面是通过对儿童的理解、对教育的认识建立终身学习的意识，接纳并尊重尚未成熟、具有主观能动性的儿童。由分管行政的老师在介绍学校办学理念的基础上，分析信息时代的特点——不缺知识，缺的是甄别、选择、运用信息的能力，教育需要转识成慧。介绍新课标的要求——从评价改革到教学改革，着眼学生的终身发展。从儿童终身成长的角度为家长分析"双减"，帮助家长认识过度强化知识准备、提前学习小学课程内容的危害，缓解家长的压力和焦虑。

第二个方面为任教该班级的每一位教师的分享，包括自我介绍和学科活动展示，让家长感受教师的风采，让孩子感受到每个学科的有趣，并感受到不同学科的学习方式。这一交流拉近了老师和家长的距离，传递了五育并举的理念。

第三个方面是由班主任老师与家长沟通自己的治班理念与近期目标，及可以做的相关准备，同时引导家庭对话方式，每天可就三方面内容与孩子沟通：第一指向孩子的心理，在学校学习生活的快乐；第二指向学生的人际交往，有没有和好朋友一起玩；第三指向老师的要求与反馈的情况，体现家校教育的一致性。

② 第一天的准备——贴心的指导与具体的做法。未知的事物容易带来恐惧和不安全感，仅有观念的转变还不够，还需要明确具体怎么做。入学教育的第一天，我们将《入学手册》发给家长，手册中详细地介绍了孩子的一日生活、物品准备、学科活动等内容，同时还通过短视频的方式教孩子整理书包、收拾文具、学习跳绳等。

③ 第一周的共建——最初的期待与家的温暖。请家长梳理孩子从出生到现在的照片，每年一张，还可附上孩子的成长故事，进行分享。回顾孩子的成长过程，回忆"健康幸福"的初心，营造班集体的温暖氛围。班级重要事情的深度参与能将大家团结在一起，为了共同的目标而努力。例如，我们开展了"班级文化共建设"活动，大家一起讨论班级的班训，设计班徽，建设班级阅读角，充分发表意见的过程中既增进了交流又体现了参与感。

2. 建立信任感：教师发展"过程护航"课程+"看见成长"的参与

若学校、老师的工作能得到家长的认可，家长能看到孩子的成长，信任感得以建立,那家校沟通就会很顺畅,家校共育工作的成效就能得以保障。信任源自孩子的成长,由此产生对教师工作的认可,因此我们对一、二年级的教师开设了教师发展护航课程,通过更新认识、教给方法,提升老师们的工作质效。

(1) 教师发展课程之过程护航课程。

过程护航课程主要关注担任一、二年级教育教学工作的教师,全程关注这两年的各项工作开展情况,并结合日常工作进行教师培养,包括助力儿童身心适应、生活适应、社会适应、学习适应四方面内容,详见表2-1-2。

表2-1-2 教师发展课程之过程护航课程

主题	内容简介	形式	时间	评价方式	负责部门
助力身心适应	帮助儿童逐步融入学校生活,喜欢上学;营造关爱融洽的班级氛围,引导儿童调节控制情绪,快乐向上;激发儿童的运动兴趣,培养儿童体育锻炼的习惯,促进精细动作发展。	班级建设+体育教学	班主任会、班科联系会	学生访谈与运动监测	德育处、教导处
助力生活适应	指导儿童合理安排作息时间,养成良好的用眼卫生习惯,培养生活自理能力,有序整理学习用品;帮助儿童认识理解安全标识、安全开展课间活动;教会儿童自护和自救方法;鼓励儿童独立承担班级的自我服务;指导家长安排孩子做适当的家务劳动。	班队活动+道法教学+劳动教育	班主任会、教研活动	学生访谈与课堂观察	德育处、教导处
助力社会适应	帮助儿童逐步融入新班级,引导儿童感受集体生活的快乐,增强集体责任感;积极建立亲密的师生关系、良好的伙伴关系;帮助儿童理解并学习遵守小学规则;引导儿童自主制定班级和活动的规则;注重在日常生活实践中培养儿童的良好品德,激发和培养儿童爱家乡、爱祖国的情感。	班队活动+道法教学	班主任会、教研活动、幸福接力棒活动	学生访谈与课堂观察	德育处

续表

主题	内容简介	形式	时间	评价方式	负责部门
助力学习适应	创设敢问想问的氛围，激发儿童的求知欲；引导儿童专注做事，指导儿童学习制订计划并坚持完成；为儿童提供丰富、可操作的学习材料，创设轻松的听说环境，营造浓厚的阅读氛围，培养良好的书写习惯，丰富儿童的数学经验。	课例研究	每周备课组活动时间专题研讨	学生访谈与课堂观察	教导处

（2）"看见成长"的参与。

在学校里的知识都会了，习惯慢慢变好了，更有礼貌了，喜欢老师，喜欢同学，期待上学……这些就是看得见的成长。如果能看见这些成长，家长就会认可学校的理念与老师的工作，自然愿意和老师一起按照达成的共识采取一致的行动。

① 成长的表现。

儿童的全面成长不可量化，但我们可以确立一些可见的指标，让活动的开展有更明确的方向。我们明确了第一天、第一周、第一月的"看得见的成长"的指标。

第一天：记住自己所在的班级、教室里的座位和队列中位置；认识老师和同桌；知道上课铃声和下课铃声的不同；知道老师口令的意思；学会正确的倾听、阅读和书写姿势……

第一周：学会唱国歌、校歌；知道集会的要求；会做眼保健操和广播体操；懂得健康用餐并学会收拾餐具；和老师建立信任的关系；能主动与同学交流；适应小学的课堂学习方式；学会用自己喜欢的方式记录学习任务……

第一月：学会跳绳，喜欢运动；养成健康用餐的好习惯；建立"班集体是我家"的概念，喜欢班级、喜欢学校；和老师建立亲密的关系；至少交到一个好朋友；积极参与课堂学习，感受到学习的乐趣；乐于与家长分享学校的趣事……

② 让成长看得见。

一日小结常态化。每一个儿童都是独一无二的"我"，第一个月，我们尤其关注儿童每一天的进步，不与其他同学比，将今天的自己和昨天的自己比。

老师每天坚持一日小结，引导儿童发现校园生活中有意思的事，发现自己的进步。同时，专设了一个心情晴雨表，在每日小结结束后引导儿童表达自己的感受，发现问题时也及时沟通，让家长感受到老师时时刻刻都关注着儿童的进步与感受。

教育要求活动化。教育的要求和家庭教育的指导如果仅采用文字的方式则较难落实，因此我们采用一些活动的方式加以提醒，会取得意想不到的效果。如品格教育中的音量小游戏，告诉孩子们不同的场合不同的情况用不同的音量，并和大家一起玩音量小游戏。孩子们投入其中还会相互提醒。又如"五项管理"中的睡眠管理的要求，采用了"晚安问候"的方式。每天由一名儿童以自己喜欢的方式拍照片或录视频的方式向大家道晚安，提醒大家早点睡觉。既落实了睡眠管理、帮助儿童养成早睡的好习惯，又让每一个儿童都有表达自己、展示自己的舞台，还有助于孩子们之间相互熟悉。

学习方式游戏化。一年级不布置书面作业，但可以安排游戏化的学习活动，既复习了所学知识，又激发了儿童的学习兴趣，还能增加亲子沟通，让家长看到儿童的成长。如我们设计了"拼音字母我来拼""生活中的汉字我来认""水培大蒜"等活动，游戏化的学习方式营造了轻松愉快的氛围，增进了亲子感情与家校沟通。

（三）主要效果

通过有质且有效的家校沟通形成家校共育合力，学生在家庭、学校的共同呵护下顺利适应、健康成长。

1. 家校信任，齐心助力

通过家校沟通，有效解决了家庭教育缺位、越位、错位的问题。家长明确了自己的责任，家庭教育更适切；理解了学校的工作，家校合作更顺畅；看见了儿童的成长，亲子沟通更温馨。家长与学校的齐心教育，助力了儿童顺利幼小衔接，每天都能看到儿童的成长。

2. 积极接纳，赋能成长

通过教师培训与家长课堂，有效解决了教师、家长对儿童期望过高、要求过严的问题。家长和老师明晰了新思路，蹲下身与儿童交流；学习了新理念，充满爱与儿童沟通；掌握了新方法，让学习活动有趣且有料。孩子们喜欢同学、喜欢老师、喜欢学校、喜欢学习，从交往、学习中体验到成长的快乐与成功的喜悦。

（四）温馨提示

协同家庭做好幼小衔接工作，沟通方式很重要。家校沟通除了有面谈的方式，还有电话、网络等多种方式，每一种方式都有其优势，若能有效利用，则能发挥其作用。

1. 微信公众号有温度

每个学校都有自己的微信公众号，如何利用好这一沟通媒介呢？公众号不应该定位于发布简报、汇报工作，而应根据我们的受众，即家长的需要，以媒体的视角加以运营，体现温度。如应该图文并茂，视觉信息多文字信息少，多呈现孩子们精彩丰富的校园生活，多切中家长的关注点。

2. 群聊有规范

现在大家广泛运用微信群、QQ 群发布信息，方便快捷的同时也容易将沟通的问题显现出来。因此我们明确了这样一些管理规范：所有正式通知各班保持一致，由分管行政的老师审核通过后同一时间发送，既确保了通知内容的严谨又避免了班级之间的比较；微信群、QQ 群是公共交流平台，为发布消息及公共交流所用，老师非面向全班的通知信息及家长的个别问题皆采用私聊的方式；处理较复杂的问题不用网络交流的方式，采用电话或面谈的方式，以免产生误会。

三、个别化教育如何做？

（一）从目标到需求，抓住特需儿童的发展诉求

特需儿童的身心发展极不平衡，在认知、运动、沟通与交往、情绪与行为等方面存在巨大差异。在对特需儿童的教育过程中，学校应转换视角，从需求出发，关注教育教学对儿童特殊需求的支持程度和满足程度，以及儿童发展程度和缺陷补偿程度。下面以一个孤独症儿童为例。

在校园的角落里，每一个课间，总能看见一个小女孩：她，拿着跳绳，独自一人不停地跳着，与旁边嬉闹玩耍的小伙伴形成鲜明的对比。起初，我还以为是她比较内向，可是观察一段时间下来，发现课间都是她一个人在玩。虽然有明亮的眼睛，却拒绝与人对视。虽然有正常的听力，却不回应同伴的呼唤。她，似乎来自星星，看得见，摸不着，难靠近；她，像夜空里的星星，

不与人互动、遥远而又孤独。她的课桌也总能吸引我的目光：桌面、抽屉、地面上零乱摆放着她的各种物品，铅笔散落得到处都是……书本上有铅笔涂画的各种图案和不知怎么弄出来的黑洞，书本甚至是缺损或撕坏的。一进教室，她的座位总是显得那么与众不同。

我们暂且叫她星星。与星星几次交流下来，笔者发现老师说什么，她并不回应，她只表达她想说的内容。一次语文课上，教完写字，小朋友们都在按照老师的要求书写着，笔者在教室里巡视着，走到她身旁，发现她的语文书，写生字那页居然被撕掉了。惊讶之际，笔者仍温柔而坚定地告诉她，把撕下来那页书找到。几分钟后，下课铃声响了，星星高高兴兴地走过来说：

"老师，我可以出去玩了吗？"

"你的书找到了吗？"

"没有，我可以出去玩了吗？"

"找到了再出去玩。"

"那我可以出去跳绳吗？"

"先把书找到。"

于是，笔者电话联系了星星的妈妈，告诉了她笔者观察到的一些孩子的情况。妈妈告诉笔者：星星三岁才能说一句完整的话，在幼儿园时期就发现了她总是独自一个人玩，经医生检查确诊了她是自闭症儿童。自闭症（孤独症）是一种神经系统发育障碍，典型表现为语言障碍、社交障碍、行为异常。其病因未明，目前治疗缺乏特效药，患儿需要照顾者长期陪伴，还需康复训练，以提高独立生活和适应社会的能力。星星在幼儿园时期已经开始了康复训练，正在往好的方向改变……

笔者之前对孤独症了解不多，只知道他们与众不同，可能又具有某方面的天赋。于是，笔者开始查阅资料学习，想尽可能帮帮这个孩子。

通过查阅资料以及和家长交流，笔者了解到孤独症儿童特征表现为社交障碍以及情绪和行为异常。经过功能评估和该儿童实际情况的记录分析，现阶段该儿童的教育康复需求主要在提高生活适应能力方面，包括在与人交往时要有适当的行为、合乎礼仪的人际交流，掌握必备的生活常识与生活技能等。

（二）从个体到群体，建立同伴互助的支持系统

同伴在儿童成长过程中扮演着成人所不及的重要角色，因此学校不仅要关注物理空间的融合，也需要关注心理空间的融合、学习过程的融合。

自闭症孩子社会性弱，普通孩子跟他玩一下没回应，人家就会觉得没意思不再跟他玩了。于是课间笔者带着小朋友们一起丢手绢、打鸭子、跳长绳，主动引导星星加入进来，帮助她在游戏中获得成就感和快乐。让她体会到社会交往的乐趣，激发主动性，这样社交行为才会慢慢地、自然而然地发生。

　　基于星星课间都喜欢跳绳，要星星和他人产生连接一定要从她喜欢的事入手，于是笔者又开始寻觅一个性格温和、又不会跳绳的小女生小 Z，告诉她星星跳绳可厉害了，请她课间去找星星，让星星教她跳绳。从开始的站在旁边看，为星星数数鼓掌；到后面能说上两句话，从星星手里接过跳绳；现在星星已经是她的跳绳老师，两人课间经常在一起跳绳，小 Z 不仅会跳绳了，而且她们的跳绳个数都能达到满分的水平。

　　星星的整理能力比较弱，于是给她换了一个整理习惯好、又乐于助人的女生小 X 当她的同桌，课间和她一起整理好自己的物品再出去玩。妈妈也给她想了一个好办法，在她的桌子侧面贴了一次性垃圾袋，教她把垃圾及时放进垃圾袋，这样她的地面也干净多了。渐渐地，星星得到的贴纸越来越多，她也主动提出送给小 X，表达感谢。课间常常看到两个小姑娘在一起玩的身影。

　　因此，根据特需学生的实际情况，为其挑选阳光伙伴，使特需学生和他的阳光伙伴在教师的指导下，共同学习、共同发展，能够实现双赢局面。

（三）从"薄弱点"到"增长点"——有形奖励，正面强化

　　特需学生在某一方面能力缺失的同时，可能有其他方面的潜能。学校和家长应一起寻找特需学生的"增长点"，找到他们的成长密码。

　　孩子们都喜欢被看见、被认可、被表扬，星星也不例外。但是口头的表扬对于星星正面行为的强化效果总是那么短暂，笔者又开始在网上学习找办法。当笔者看到"有形的奖励往往是唯一可以调动孩子主动性的东西，这本身没有什么不好，只要它能鼓励孩子更加有效地学习就行，我们就应该从那里开始"，于是有了整洁糖、改错牛奶、专注比萨……在物质的奖励下，星星的书写越来越干净漂亮了，改错也更主动了，得到老师的表扬越来越多，听到同学们为她鼓掌，她也体会到了认真完成作业的快乐。妈妈也跟学校紧密配合，趁热打铁，在家和孩子一起练字，形成了良性的循环。

（四）健全家校互动的教育体系

　　星星对他人声音、脸的观察能力还比较弱；仍旧爱啃咬书本、铅笔；进

入教室后，最容易引起她关注的可能不是老师的授课、同学们的打闹，而是老师的衣服、窗外的小鸟；但她每天都是开开心心的，因为有大家的包容理解，有老师们和家长对她耐心的帮助。

总之，家校都要不断学习，要避免焦虑下的层层加码，要避免方法不当、过度要求导致孩子因逃避而更加退缩在自己的世界。

特殊儿童的家校共育对于融合教育具有重要意义。一是家校合作，做好家庭辅导。对于特需学生而言，家庭辅导不仅是品德培养和学业辅导，还是家长在教师的专业指导下，根据孩子的具体情况，在家庭内开展康复和个体训练等活动，从而使个别化教育取得最大成效。二是引导家长带领特需儿童参加社会实践活动。实践活动既是学习教育内容的迁移运用，更是对他们生活技能的锻炼。

学校不断探索个别化教育的实施路径，通过整合教育资源，搭建共建平台及做好个别化教育实施的关键环节，有效服务于包括特需学生在内的每一位儿童，让每一位儿童享有公平而有质量的教育。

第二节　课程教学

一、幼小衔接"四季"课程

天时分四季，日月有早晚，音律分高低，弓弦有张弛。幼小衔接不是翻山越岭，而是生命的自然延伸和过渡，就像春夏秋冬的四季变换——春种（萌芽期）、夏耕（过渡期）、秋收（适应期）、冬蓄（归属期），春天播种衔接的种子，在夏的耕耘中向小学生活过渡，秋冬在前期的准备基础上继续适应、内化，这是一场双向奔赴的"四季约定"——幼小衔接。幼小衔接是幼儿园教育和小学教育之间的连接，起着承上启下的关键作用，因此学校教育应该遵循教育教学规律和儿童身心发展规律，从心理适应、生活适应、社会适应、学习适应等方面对幼儿进行入小学前后的适应教育。

（一）课程设计思路

1. 多元课程体系搭建，助力幼小衔接工作有序开展

学校依托原有的课程基础，结合发展特色搭建了丰富的学生课程、家长

课程和校社共建课程。与此同时，学校教师也通过系列教师培训，促进教师形成较好的课程素养，以课程思维指导实践，助力衔接工作开展。

2. 幼小联动实践，保持幼小衔接工作持久动力

长期以来，成都市盐道街小学与所在片区内多家幼儿园保持联动，例如成都市第三幼儿园、成都市锦江区童蒙幼儿园等，共同建立"片区幼小衔接联动机制"，有效统筹片区教育资源，科学开展幼小衔接相关工作。通过一系列幼小牵手活动，让儿童了解小学、亲近小学，同时让小学生富有责任感，懂得关爱、关心他人。

3. 良好校社互动，打牢幼小衔接工作根基

学校自成立以来就拥有得天独厚的社区资源，毗邻美术馆、体育馆、电影院、艺术院落、卫生服务中心等功能区，为幼小衔接工作提供丰富的硬件保障；同时，学校积极链接相关资源，开展相关课程，为幼小衔接工作提供专业的"软件"支撑，以此为幼小衔接打下坚实根基。

（二）课程内容及实施条件

根据儿童入小学前后的时间轴和成长变化规律，在课程目标指引下，成都市盐道街小学与成都市第三幼儿园共同探索建构了"'盐途四季'幼小衔接课程"——依据儿童入小学前到入小学后一年的时间，分为"春种萌芽期""夏耕过渡期""秋收适应期"和"冬蓄归属期"四个阶段，详见表2-2-1。

表 2-2-1 "盐途四季"课程框架

时间	主题	课程	主要内容	主要场域	主要负责方
春种—萌芽	乐观—向往入学	体验课堂	幼儿体验小学课堂	小学	幼儿园
春种—萌芽	乐观—向往入学	画说心语	幼儿通过画画，借助信件投递到小学内的幼小专属邮箱的方式，向哥哥姐姐们了解关于小学的情况	幼儿园	幼儿园
春种—萌芽	乐观—向往入学	探秘小学	幼儿参观小学	小学	幼儿园
夏耕—过渡	乐观—向往入学	玩具总动员	六一儿童节，小学生给幼儿园弟弟妹妹赠送自己做的手工玩具	幼儿园	小学

续表

时间	主题	课程	主要内容	主要场域	主要负责方
夏耕——过渡	管理——自理自护	"小鬼当家"	小学生进入幼儿园帮助照顾弟弟妹妹	幼儿园	小学
	乐观——向往入学 热情——喜欢上学	信使出访	每周三、周五幼儿园幼儿和小学生互通信件	幼儿园、小学	幼儿园、小学
秋收——适应	友爱——人际交往 自律——习惯能力 负责——遵规守纪	共享"满月九"	新生入学一月后在身心适应、生活适应、社会适应和学习适应四个维度共九个方面的成长变化	小学	小学
	热情——喜欢上学 合作——融入集体	分享"成长礼"	新生入队争章、入队仪式、队列队形比赛	小学	小学
	热情——喜欢上学 喜欢——荣誉归属	乐享"亲子月"	新生和家长通过家长开放日、主题班会和亲子运动会一同感受小学生活的美好	小学	小学
冬蓄——归属	喜欢——荣誉归属	描绘"自画像"	新年,让新生描绘"自画像",感受一学期成长变化	小学	小学
	喜欢——荣誉归属	乐学"趣闯关"	通过游戏化方式检测新生的进步,让新生在游戏情境中乐学闯关,乐学、善学	小学	小学
	自律——习惯能力 负责——遵规守纪	收获"五育花"	借助五育评价信息系统,借助"五育盐币"评价新生成长	小学	小学

1. 第一季:春种——萌芽(3至5月)

春乃一年之始,乃万物萌发之初。儿童由幼儿园进入小学,是人生中的一次重要转折,要想儿童的成长实现"五育并举",必须先播种下优良的种子。我们开始通过幼、小互动等系列活动为即将毕业升入小学的儿童们播撒对小学美好憧憬的种子,同时培养儿童自理自护的能力,为小学生活做充分准备。

(1)体验课堂:幼儿园的儿童走进小学,进入小学课堂,跟哥哥姐姐们一同上课,提前消解对小学的陌生感,熟悉小学环境,感受小学课堂的乐趣,激发对小学的憧憬。

（2）画说心语：小学和幼儿园联合做了"528牵手邮箱"，分别以班级为单位相互结对，在幼儿园和小学门口分别设立专属邮箱进行书信的传递。幼儿园儿童把疑问通过"画信"的形式投进邮箱，学校的哥哥姐姐同样以绘画和文字结合的方式答疑解惑，帮助儿童做好入学心理准备。

（3）探秘小学：儿童参观小学、进入小学课堂，全天候参与到小学学校活动中来，从升旗仪式、集体朝会，到各科课堂，在礼仪队学生的带领下，参观校园环境，真实感受小学生活。

2. 第二季：夏耕——过渡（6至8月）

夏，生灵生长之机，万物蓬勃发展之时。我们开始通过系列幼小衔接课程，让快入校一年的一年级学生强化自己的小学生意识，让即将毕业的儿童从心理和生理各方面向小学生过渡，熟悉学校和老师、学习学校规则，更新学校认知，定义对小学的概念。

（1）玩具总动员：小学的哥哥姐姐们在教师的带领下，在手工课程上亲手制作手工玩具送给幼儿园大班的儿童们，通过礼物，增加幼小之间的亲密感，让幼儿园儿童对小学充满期待，激发儿童对小学多彩生活的向往。

（2）"小鬼当家"：小学的哥哥姐姐们进入幼儿园以大带小，帮助儿童穿衣、如厕、喝水、系鞋带、整理物品等，对于小学生来说，可以塑造榜样意识和小学生自主意识，体验帮助别人的快乐。对于儿童，他们也从哥哥姐姐那儿学会了生活自理的技巧和能力。

（3）信使出访：每周三上午，幼儿园的儿童们来到小学参观并带来信件，不同颜色的信封代表不同的班级，儿童们在教师的帮助下用画画的形式写下对小学的哥哥姐姐们想说的话，教师根据儿童的口述在画的背面写下意思。每周五上午，小学生也会到幼儿园参观并带着自己的回信，用画画和文字结合的形式写下对弟弟妹妹想说的话。通过这种形式让儿童充分了解小学，消除陌生感，同时让小学生坚定小学生角色意识，产生骄傲感。

3. 第三季：秋收——适应

春种一粒粟，秋收万颗子，秋天是收获的季节，这一时期是儿童早期成长过程中一次重要的转折。能否良好适应，一定程度上决定着其今后对学校生活的态度和情感。我们结合德育，将幼小衔接课程——"秋收"，设置为三个阶段：

第一阶段：共享"满月九"（9月）。

共享"满月九"：9月新生入学，九——既指九月，这个适应期最关键的时间节点；九——又指一日里，与儿童息息相关的九件事。在九月这个关键时间节点里，我们主要通过三个课程将其串联起来，一是"一日适应"——"盐旅初体验"；二是"一周适应"——盐娃成长营之线上适应周；三是"一月适应"——盐娃成长满月"九"。通过系列课程，提升儿童人际交往能力，促进习惯养成，懂得遵规守纪。

第二阶段：分享"成长礼"（10月）。

分享"成长礼"：10月，通过三个序列活动，进一步增强儿童作为小学生的荣誉感和自豪感：一是入队争章活动，让儿童树立目标；二是入队仪式，我们将邀请儿童们的爸爸妈妈为儿童们佩戴红领巾，送上成长礼，让儿童们体会来自少先队员的光荣。三是队列队形比赛，结合"三盐两语说交通"的项目式学习，增强儿童们的班级团队荣誉感和合作意识。

第三阶段：乐享"亲子月"（11月）。

乐享"亲子月"：11月，我们围绕"家长开放日""主题班队会""亲子运动会"三个活动，让家长们走进校园，见证儿童们的成长，促进儿童们适应能力的提升，激发儿童对多姿多彩学校生活的喜爱，增强集体荣誉感和团队合作意识。

4. 第四季：冬蓄——归属

冬季，是生气闭蓄，万物进入休养、收藏的季节。经过春种、夏耕、秋收，一年级的儿童逐渐融入集体，找到了属于自己的一亩小天地，在学会规范自我后，开始蓄势待发，开启小学生活的新篇章。学校将通过两个维度来实施，一是学校层面的德育评价系统，二是班级的系列活动。我们通过儿童的自我总结、多主体评价、儿童制定新学期计划等活动，让儿童梳理这一年自身的收获和成长，并逐渐培育起主人翁意识，为来年蓄势。

（1）描绘"自画像"：通过"我的自画像"等活动，让学生发现不同活动中多样的自己，感受一年级丰富多彩的生活，记录下成长的点滴并对自己进行评价。

（2）乐学"趣闯关"：期末，年级组通过游戏化的方式，以情境任务解决为主线，替代纸笔考试，让一年级的学生们在游戏情境中乐学闯关，让学生们乐学、善学。

（3）收获"五育花"：学校基于人的全面发展理念，在《基于五育融合的小学游戏化综合素质评价系统典型应用研究》的课题研究基础上，借助德育评价体系，以"五育盐币"的形式鼓励学生们向着德、智、体、美、劳等方面全面发展。

（三）课程实施效果

通过"'盐途四季'幼小衔接课程"的学习，学生已经很好地适应了小学生活，顺利完成了从一个幼儿园小朋友到一名合格的小学生的身份转变，在积极愉快的情绪中投入小学学习。

如果你细心观察会发现，学生们能在原本陌生的校园里肆意奔跑，能准确地找到每一个功能室的位置，能说出医务室和体育馆的位置，还能找到角落里的植物园和乒乓球台。学生们在老师的指点下开始独立自主安排自己的在校生活，能独自洗手上厕所了，能独立地铺好餐垫打饭了，能自己穿脱衣服系鞋带了，也能适应小学的作息时间了。家长们也表示孩子们每天早上都开开心心地来到学校，晚上回到家激动地跟家人分享自己在学校的生活，如新上的课程、中午吃的饭菜、参加的活动、与小伙伴们玩的游戏等。当然，学习方面也不例外，学生注意力的专注度得到了提升，也适应了学习内容从活动到课程的转变，以积极愉快的情绪投入学习中。

二、幼小衔接"零起点"课程

（一）设计基于证据的入学前测，为"零起点"学习找寻生长点

1. 儿童视角：入学前基于"五大领域"的水平评估

真正的"零起点"不是一无所知的开始。根据维果茨基的最近发展区理论，学生的发展有两种水平：一种是学生的现有水平，指学生在当下的状态，在独立活动时能达到的解决问题的水平；另一种是学生可能的发展水平，也就是通过学习后学生所能获得的潜力，这两者之间的差异就是学生的最近发展区，也是适应课程的着力点所在。

学校以《幼儿园教育指导纲要》所指向的健康、语言、社会、科学、艺术五个领域为视角，设计儿童的入学水平评估，从评估的各项指标数据寻找学生"零起点"教学的生长点，以此接壤小学入学适应阶段的课程。

帮助新生顺利适应小学生活是一年级的重要教育任务，基于学生的最近发展区，对接《幼儿园教育指导纲要》的五大领域，学校精心设计并开展了

入学适应综合评价活动。入学前测采用大情境、大任务的融合评价设计方式，以真实的校园为场景，以儿童一天的校园生活为载体，设计出生活化、游戏化、综合化的测评活动，教师和六年级学生作为观察者，观察儿童在五个领域的过程性表现，进一步汇总梳理形成学生的初步画像。

2. 家庭视角：入户精准家访测评家庭教育成熟水平

学校对每一位新生均进行入学前的一对一入户家访，通过走进儿童的家庭，了解儿童入学前的家庭教育基础，观察儿童入学前的成长基础，将行为观察进行记录，线上线下混合统计与梳理，通过真实家庭场景的融入为儿童入学前的家庭教育成熟水平进行初步画像，为入学后的适应教育进一步找准方向。

（二）科学分析基于统整的幼小成长基础，为"零起点"课程设计找寻契合点

1. 科学解读6岁儿童成长规律，看见儿童

儿童从学前教育进入小学教育跨越了两个教育阶段，从儿童身心发展看，是从学前期学龄期发展的过渡阶段，是儿童心理发展从前运算阶段到具体运算阶段的一个重要时期，既存在连续性又具有阶段性。幼儿和小学生虽然是两个不同的发展阶段，每个阶段有着各自不同的特点，但是阶段的变化不是突然发生的，而是缓慢渐变的，所以在学前和小学之间存在一个过渡阶段，这期间两个阶段的儿童的身心发展特点交叉并存。因此，适应教育课程的衔接点需落在儿童这一主体上，教学应着眼于学生的最近发展区，为学生提供带有难度的内容，调动学生的积极性，发挥其潜能，超越其最近发展区而达到下一发展阶段的水平，然后在此基础上进行下一个发展区的发展。

2. 科学梳理幼小学习内容，发现契机

学校首先以小学一年级的语文、数学教材内容为原点，同时基于成都地区大多数幼儿园一日活动设计内容，梳理寻找幼儿园活动与小学低段教材内容的重合点、交叉点，找准起点。基于幼小课程内容的重叠，学校合并同类项。

（三）以《指导意见》为导向，实践"四个适应"落地策略

学校充分对接《指导意见》在科学观测学生入学水平、科学分析儿童成长规律以及科学梳理幼小学习能力基础之上，充分统整四大适应板块。在学

科课程教材联结实施、校本绘本阅读链接实施、综合实践活动课程适切融合实施三类实施课程中科学呼应《新课程方案》中所强调的"适当利用地方课程、校本课程、综合实践活动课时组织开展入学适应教育"。

1. 学科课程教材内容联结儿童经验重组实施

结合前期新生在幼儿园的核心经验和小学一年级课标中的核心素养表现，我们对小学一年级的数学教材进行整合框架的设计并重组课时，针对交叠点、关键点进行重点实施，重新规划调整一年级教材内容课时。

2. 思政教育入学主题单元链接校本"绘本阅读"统筹实施

基于科学的前端分析基础，适应课程以一年级上期"道德与法治"的内容为统合原点，包括第一单元"拉拉手，交朋友"，帮助学生认识新朋友，融入新集体，第二单元"我们的校园""校园里的号令""课间十分钟"帮助学生熟悉校园。同时链接学校校本特色阅读课程，以绘本读本为内容，以绘本阅读的学习方式进行统整，促进了一年级新生身心、生活、社会方面的逐渐适应。"零起点"入学适应课程的第一周课程安排见表2-2-2。

表 2-2-2　入学适应课程第一周基于绘本统整课程

	星期一	星期二	星期三	星期四	星期五
上午	1. 晨读《好朋友》	1. 晨读《新新的书本》	1. 晨读《半半歌》	1. 晨读《有条"蚯蚓真可笑"》	1. 晨读《穿裤歌》
	2. 绘本《小阿力的大学校》	2. 绘本《康妮上小学》	2. 绘本《大卫上学去》	2. 绘本《大卫不可以》	2. 绘本《图书馆狮子》
	3. 设计名字牌，认识新朋友	3. 习惯培养：校园里的号令（上课口令训练）	3. 习惯培养：吃饭有讲究	3. 习惯培养：课前准备习惯	3. 习惯培养：图书借阅
下午	1. 列队训练	1. 数学绘本《乱七八糟的魔女城》	1. 认识校园：实地参观音乐教室、美术教室（看一看，坐一坐）	1. 认识校园：操场逛一逛	1. 认识自己的学号
	2. 认识校园：参观校园，认识安全标志	2. 习惯培养：整理书包、书桌	2. 习惯养成：功能室上课习惯	2. 习惯养成：体育课安全教育及习惯	2. 习惯培养：整理储物柜

3. 综合实践活动课程适度融合实施

学校从儿童的生活经验出发，创设符合儿童兴趣的学习情境，通过系列化的综合实践活动激发学生连续学习的兴趣。学校综合实践活动课程项目化实施的相关成果获四川省基础教育教学成果一等奖，延续这样的思路，在学校综合实践活动课程整体构架中将一年级的入学适应课程融入其中，采取游戏化、生活化、综合化的实施方式，使衔接学习的过程成为学生主动学习的过程。

4. 学伴助学系统协同实施

进入小学，孩子从"幼儿"成长为"儿童"，从"玩童"成长为"学童"，在身心、生活、社会交往、学习等方面都需要适应过程。为了让过渡期的儿童更加有心灵中的安全感、生活中的依靠感，拥有交往中的引导者、学习上的榜样，学校构建学伴课程，让作为六年级毕业班的学长学姐与一年级的学弟学妹结对。尤其是在一年级的"大综合"学评活动中，创新实施跨班级走班、跨年级互助的评价样态。

三、幼小衔接"数学"教学

（一）设计思路

1. 问题提出

基于《义务教育数学课程标准（2022年版）》和学校育人目标，提出了校本化的数学表达——"善观、慎思、爱表达"，在此背景下，我们开始构架贯穿低中高段的"数学+"课程群。在此过程中，我们发现在低段数学学科课程架构上，儿童学科核心素养的发展载体除了丰富的课程内容，还欠缺课程之间的发展阶梯。如何借助"幼小衔接"搭建基础课程和拓展课程（绘本）间的有力阶梯？如何顺应儿童身心发展的特点，关注教学环境的创设，关注儿童的课堂参与，激发儿童的数学学习兴趣？如何指导儿童进行自主探究，做好知识上的能力准备，实现幼小衔接的顺利过渡？这是当前教育者需要深入探究的问题。

基于以上背景和问题，笔者寻找到研究路径：基于幼小衔接视角下的小学数学绘本教学实践。在实施过程中，多数数学教师会遇到以下困难：① 教师对数学绘本教学的认知度不高，缺乏数学绘本教学的知识和技能，对数学绘本的认识和运用存在偏差，教学效果不佳。②教师选择的数学绘本与教材的契合度不够，部分数学绘本存在逻辑不严谨、涉及内容不全面等问题，同时数学绘本的应用也不够灵活，缺乏个性化的设计。③教师对儿童思维能力的培养把控不足，教师在数学绘本教学中培养儿童思考和解决问题能力的可视化表现不佳。

本研究旨在通过小学数学幼小衔接教学研究实现学校学科育人目标（为每位孩子健康、智慧的人生奠基），及数学学科核心素养的校本化表达（善观、慎思、爱表达），真正发挥数学学科的育人功能，并为其他学校教师提供参考和借鉴的教学架构。

2. 绘本教学结构化分析

小学数学绘本以教学任务为中心，通过故事等形式展开，将空间和时间观念更好地融入教学情境中，可以带给儿童更加具有趣味的学习体验，使儿童会用数学的眼光观察现实世界。绘本教学有很强的教育性，注重人与人之间的相互理解，更有助于促进儿童构建数学体系，完成数学思维的培养与转变，使儿童会用数学的思维思考现实世界。小学数学绘本教学可以激发儿童的学习兴趣，让儿童可以更轻松地实现学习过渡，保持最初的学习热情和动力，使儿童会用数学的语言表达现实世界。借助绘本的形式，用充满想象与设想的画面来学习数学，能给儿童更加立体的感受，对知识理解更加清楚，印象更加深刻，让儿童从基本的事物逻辑到数学逻辑，产生自然过渡，并且发现学习数学的原动力，进而实现"四基""四能"和"情感态度价值观"的发展。通过实践分析，将理念与实践整合，形成了以数学绘本为载体的小学数学绘本教学结构图，详见图 2-2-1。

通过融入绘本情境展开教学，开展自创绘本活动，系统构建富有特色的教学模式，可以有效激发儿童的学习兴趣，让数学学习更加生动，有效发展儿童的数学思维。总之，在小学低段数学教学中，数学绘本作为一种特殊的资源，它可以开拓儿童的思维角度，提升儿童的学习兴趣和学习效果，使儿童快乐学习，进而提高儿童数学核心素养。

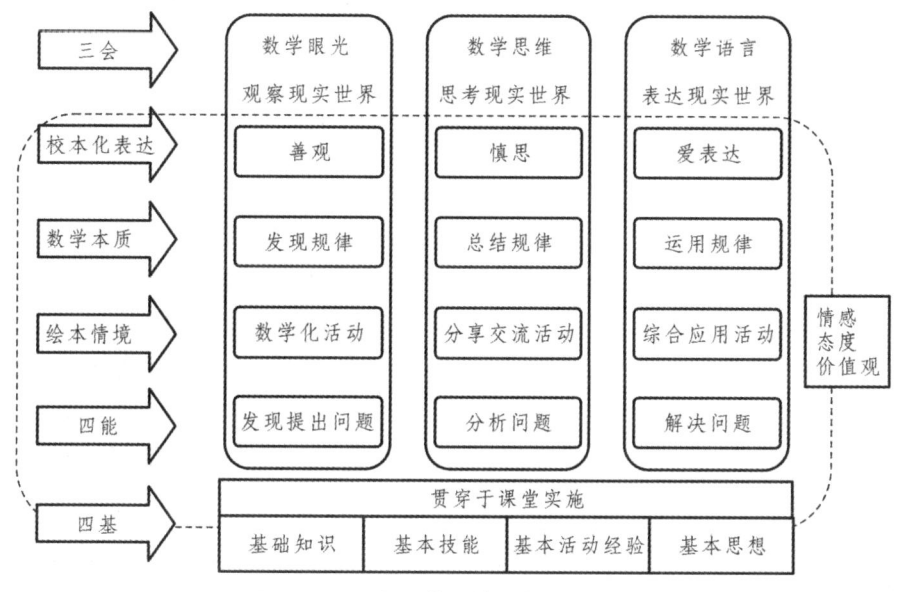

```
         ┌─────────────┬─────────────┬─────────────┐
  三会→  │  数学眼光   │  数学思维   │  数学语言   │
         │ 观察现实世界│ 思考现实世界│ 表达现实世界│
         ├─────────────┼─────────────┼─────────────┤
校本化表达│    善观     │    慎思     │   爱表达    │
         ├─────────────┼─────────────┼─────────────┤   情感
 数学本质 │  发现规律   │  总结规律   │  运用规律   │   态度
         ├─────────────┼─────────────┼─────────────┤  价值观
 绘本情境 │ 数学化活动  │ 分享交流活动│ 综合应用活动│
         ├─────────────┼─────────────┼─────────────┤
  四能   │发现提出问题 │  分析问题   │  解决问题   │
         ├─────────────┴─────────────┴─────────────┤
         │           贯穿于课堂实施                │
  四基   ├─────────┬─────────┬──────────┬─────────┤
         │基础知识 │基本技能 │基本活动经验│基本思想 │
         └─────────┴─────────┴──────────┴─────────┘
```

图 2-2-1　小学数学绘本教学结构图

3. 幼小衔接视角下绘本融入小学数学教学的课程建构

学校数学学科教学以核心素养的学段表现为依据，以结构化的教学内容主题为载体，利用不同的情景和活动方式，对儿童开展教育教学工作。基于"如何进行有效的数学绘本应用""如何结合数学绘本拓展儿童思维视角"问题的提出，把"四基"与抽象能力、推理能力、运算能力、几何直观和空间观念等核心素养表现有机结合；以问题解决为依托，把"四能"与模型观念、数据观念、应用意识和创新意识等核心素养表现有机结合；关注儿童学习活动的经验积累，把情感态度价值观与独立思考、探究质疑、合作交流等素养有机结合。

为了更好地体现"四基"与核心素养的一致性，体现儿童在知识技能、数学思想、数学活动经验以及核心素养方面的发展，使儿童通过数学绘本学习，在理解和掌握数学知识技能的同时，发展数学思维、积累实践经验，逐步形成和发展核心素养，教师认真分析每个主题情景的内容与要求，把握数学内容的本质和关联的核心素养，创设和实施合适的教学活动，引发儿童的学习兴趣、与他人交流、独立思考等，把课程理念和目标、学校数学核心素养的校本化表达（善观、慎思、爱表达）落实在每一个环节中。

4. 小学数学绘本教学设计环节实施框架与实施模式

数学绘本教学设计环节实施框架见图 2-2-2。对于绘本教学，每节绘本课都应基于单元主题经验，结合儿童的领域经验，设计"趣味性、生活化、层次性和开放性"的课堂活动，围绕单元主题将知识设计为"能听、能看、能动、能说"的活动和游戏，创设多通道绘本阅读，让儿童在乐中学、学中玩。学校在数学绘本教学实践中总结提炼出"1+n"大单元整合教学模式（详见图 2-2-3），并对单课教学提出三段式结构化单课设计——"课前""课中""课后"（详见图 2-2-4）。

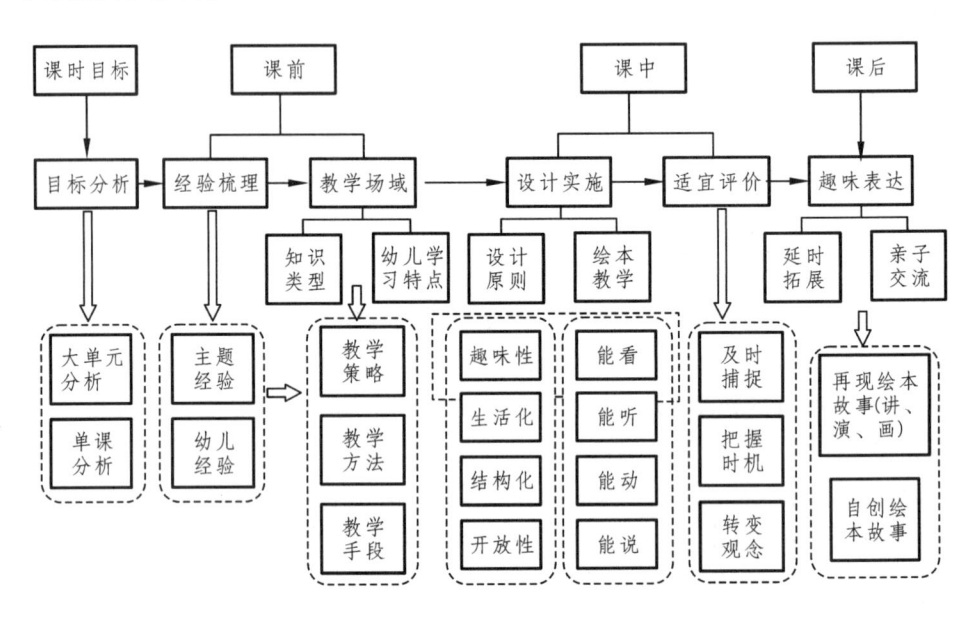

图 2-2-2　数学绘本教学设计环节实施框架

图 2-2-3　三段式结构化单课设计模式

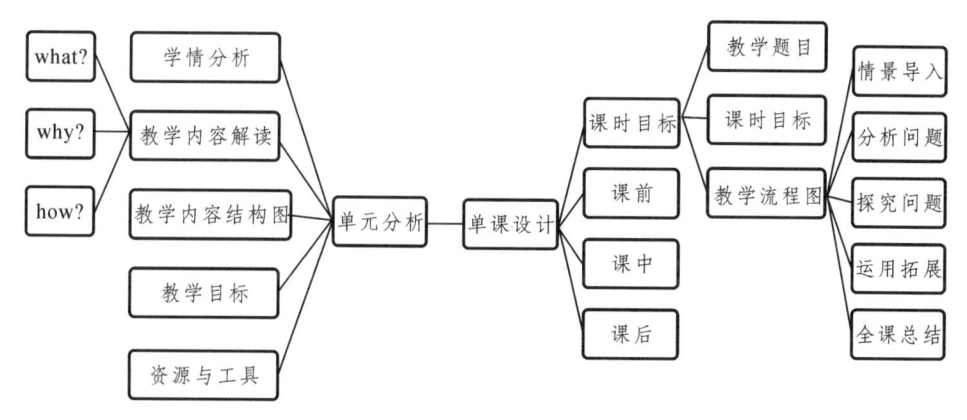

图 2-2-4 "1+n"大单元整合教学模式

数学课程标准中，明确给出教师的教学建议是：重视单元整体教学设计，改变过于注重以课时为单位的教学设计，推进单元整体教学设计，体现数学知识之间的内在逻辑关系，以及学习内容与核心素养表现的关联。

单元整体教学设计要整体分析数学内容本质和学生认知规律，合理整合教学内容，分析主题—单元—课时的数学知识和核心素养主要表现，确定单元教学目标，并落实到教学活动各个环节，整体设计，分步实施，促进儿童对数学教学内容的整体理解与把握，逐步培养儿童的核心素养。

总之，教师要理解所选绘本为谁服务，服务的数学对象是谁，把所选绘本的主题与数学教材和新课标相匹配，进行结构化重组和部分内容的调整，使概念与概念的性质、运算或者关系有机结合，这样才有利于实施以核心素养为导向的数学教学工作。小学数学绘本教学旨在让儿童在阅读中体验和感受到数学的奥妙，引导儿童在实践中体验数学的魅力。教师务必在教学内容的选择上，做到精心选择、精心设计，教学内容才是落实教学目标、发展儿童核心素养的载体。

（二）案例内容与实施

1. 案例内容

在教学中教师要重视对教学内容的整体分析，帮助儿童建立能体现数学学科本质、对未来学习有支持意义的结构化的数学知识体系。通过绘本主题结合教学内容，帮助儿童学会用整体的、联系的、发展的眼光看问题，发展核心素养。

基于"如何保证数学绘本的质量"问题的深度思考，学校在前几年的教学实践活动中，寻找了一些与数学教材（北师大版）单元主题契合度极高的数学绘本，以一年级上期为例，整理出表2-2-3所示选用的数学绘本目录，可供参考。

表2-2-3　数学绘本一览表

单元主题		绘本目录
一单元	生活中的数	《好饿的毛毛虫》《卡卡和他的牛》《首先有一个苹果》
二单元	比较	《一只脚蹦蹦跳》《爸爸，我要月亮》《让谁先吃好呢》
三单元	加与减（一）	《鼓鼓和蛋蛋的梦想》《插岖岭》《诊牙之旅》《有想除掉的东西》《丁丁的练习本》《阳阳数鸡蛋》《10个人快乐大搬家》
四单元	分类	《外婆的纽扣宝盒》《蜘蛛与糖果店》《一起一起分类病》
五单元	位置与顺序	《衰衰和皮皮》《会吐银子的石头》《宾果找骨头》
六单元	认识图形	《寻找消失的爸爸》《猫咪城堡》
七单元	加与减（二）	《忙碌的星星工厂》《汪汪的生日派对》《国王的超级特派员》
八单元	认识钟表	《老狼老狼几点了》《疯狂的星期二》《我的一天》《忙碌的周末》

2. 案例实施

（1）教学方法。

①互动性教学法：在绘本阅读和讨论过程中，建立起师生之间的互动，采用提问、猜测、联想等方式，让儿童在阅读过程中思考和探究数学概念，提高儿童对数学绘本的欣赏和理解。

②游戏性教学法：借助游戏的形式，将数学知识点融入其中，让儿童在游戏中体验数学的趣味性，增强儿童的学习兴趣。例如在学习绘本《老狼老狼几点了》时，可以进行"时钟时钟几点啦"的游戏，先由教师发出疑问，然后让儿童读钟表，通过模仿钟表"当当当"的声音来回答，是几点就要发出几次声音。利用数学游戏，激发儿童的学习兴趣，让儿童产生对数学学习的信心。

③实践性教学法：通过实践活动，让儿童亲身体验数学知识的应用价值

与实际意义，从而使儿童对数学知识产生认同感和兴趣。

④合作性教学法：让儿童分成小组，共同阅读和研讨数学绘本，通过讨论、探究和交流的方式，提高儿童对数学概念的理解和掌握，并培养儿童的团队合作精神。

⑤小学数学绘本演讲比赛：儿童可以对所读绘本进行总结和演讲，以提高儿童在语言表达和思维能力方面的素养，同时加深对所学数学知识的理解。

以上方法可相结合，根据不同的绘本内容和儿童群体的特点，灵活安排教学方式，以达到更好的教学效果。

（2）教学手段。

①多媒体手段：一体化触摸屏多媒体电脑、动画视频、音频、模拟实验视频等。

②实物手段：学具操作、挂图、绘本图画。

③其他手段：课堂练习、小组讨论、绘本朗读、调查讨论绘本主题。

（3）实施时间。

①大单元的起始课（种子课）、重点课、复习课等。选择符合该单元主题内容的绘本，结合单元教学目标，设计绘本大情境下的数学教学。

②延时服务拓展课安排15~20分钟的绘本教学时间。每次选择一个适合年龄段的绘本，逐渐引导儿童理解和掌握相关数学知识。

（4）实施对象。

在幼小衔接视角下，小学低段数学绘本教学的实施对象是一年级至二年级的儿童（可推广至三至六年级）。

综上，小学低段数学绘本教学的实施对象具有多样性、感性和好奇心强烈的特点，教师需要根据儿童的实际情况，精心选择适合的教学绘本、材料和方法，引导儿童逐步建立数学认知，提高数学素养。

3. 数学绘本单课案例

下面以绘本《老狼老狼几点了》为说明案例，依托北师大版一年级上册教材内容第八单元"认识钟表"进行绘本创编的数学教学实践，具体教学实施设计如下所示。

单元分析

➢ 1. 学情分析

考虑到儿童的认知特点、生活经验与知识储备，本套教科书将"认识钟表"内容按照"整时、半时""几时过几分（差几分到几时）"以及"时、分、秒"三段分层次编排在"整时、半时"的学习中，不必涉及钟表"分"的具体刻度。本单元是有关钟表的第一次学习，能整体把握时间即可。

➢ 2. 单元教学内容解读

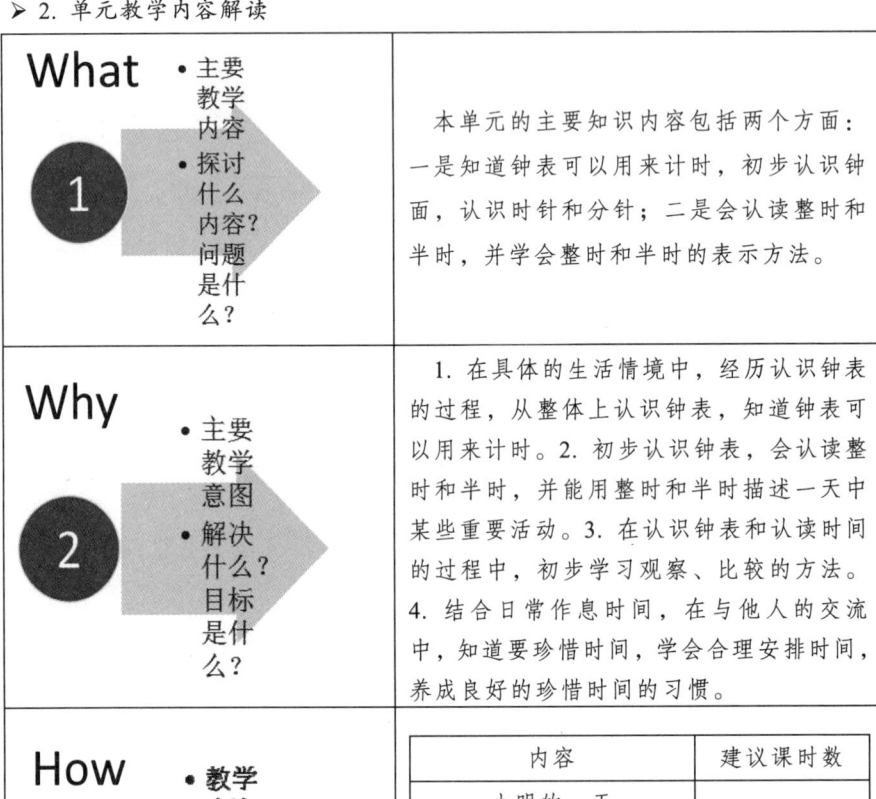

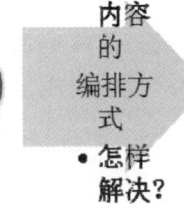

What 1	· 主要教学内容 · 探讨什么内容？问题是什么？	本单元的主要知识内容包括两个方面：一是知道钟表可以用来计时，初步认识钟面，认识时针和分针；二是会认读整时和半时，并学会整时和半时的表示方法。
Why 2	· 主要教学意图 · 解决什么？目标是什么？	1. 在具体的生活情境中，经历认识钟表的过程，从整体上认识钟表，知道钟表可以用来计时。2. 初步认识钟表，会认读整时和半时，并能用整时和半时描述一天中某些重要活动。3. 在认识钟表和认读时间的过程中，初步学习观察、比较的方法。4. 结合日常作息时间，在与他人的交流中，知道要珍惜时间，学会合理安排时间，养成良好的珍惜时间的习惯。
How 3	· 教学内容的编排方式 · 怎样解决？	<table><tr><td>内容</td><td>建议课时数</td></tr><tr><td>小明的一天 （认识整时和半时）</td><td>1</td></tr></table>本单元建议学习课时数为 1 课时。教师在理解教科书意图的基础上，根据学校"1+n"校本化实施，融入数学绘本后，根据实际情况对课时进行调整如下。

➢ 3. 单元教学内容课时安排

校本化	实施内容	原课时	现课时安排
1教材	北师大版 一年级上 八单元认识钟表 《小明的一天》	1课时完成 （课堂40分钟）	第1课时（课堂40分钟）《老狼老狼几点了》钟表的认识和整时的认、读、写。第2课时（课堂40分钟）《小明的一天》完成复习与半时的认、读、写。
+N绘本阅读	《老狼老狼几点了》 《疯狂的星期二》 《我的一天》 《忙碌的周末》	2课时 （课后延时第1时段）	1课时(课后延时第1时段) 《疯狂的星期二》 《我的一天》 《忙碌的周末》

➢ 4. 单元教学目标

	第1课时	第2课时	绘本阅读
分课时目标	1. 在《老狼老狼几点了》绘本情境中，经历认识钟表的过程，从整体上认识钟表，知道钟表可以用来计时。 2. 初步认识钟表，知道钟面有1~12的数，能认分针和时针。 3. 会认读和记录整时，并能用整时描述故事中发生的事情。 4. 在认识钟表和认读时间的过程中，初步学习观察、比较的方法。	1. 在小明的一天的生活情境中，复习钟表及整时的认读写。 2. 通过观察、比较，会认读半时，并能用整时和半时描述一天中某些重要的活动。 3. 结合日常作息时间，在与他人的交流中，知道要珍惜时间，学会合理安排时间，养成良好的珍惜时间的习惯。	1.《疯狂的星期二》绘本用色彩展示白天和黑夜，结合时钟感受时间。 2.《我的一天》和《忙碌的周末》绘本呈现了一天中不同时间的不同事情，贴近生活，知道钟表可以用来计时和记事。 3. 通过绘一天的生活，进一步感受时间和生活的联系。 4. 通过绘本阅读，开阔了学生的眼界，能获取社会、自然人文、科学、语言和艺术等方面的基本常识和技能。

> 5. 资源与工具

1. 绘本《老狼老狼几点了》《疯狂的星期二》《我的一天》《忙碌的周末》。
2. 教材与教参，ppt，音频视频，钟面磁性挂图等。

课时目标

> 1. 教育题目

北师大版一年级上册第八单元认识钟表第 1 课时绘本《老狼老狼几点了》。

> 2. 课时目标

1. 在《老狼老狼几点了》绘本情境中，经历认识钟表的过程，从整体上认识钟表，知道钟表可以用来计时。
2. 初步认识钟表，知道钟面有 1—12 的数，能认分针和时针。
3. 会认读和记录整时，并能用整时描述故事中发生的事情。
4. 在认识钟表和认读时间的过程中，初步学习观察、比较的方法。

> 3. 教学流程图

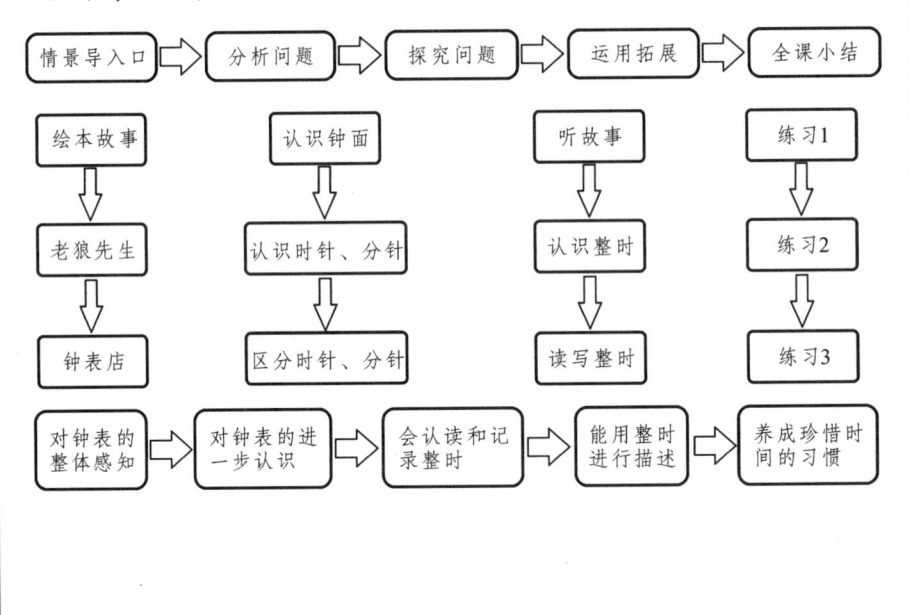

情景导入口 ⇒ 分析问题 ⇒ 探究问题 ⇒ 运用拓展 ⇒ 全课小结

绘本故事	认识钟面	听故事	练习1
↓	↓	↓	↓
老狼先生	认识时针、分针	认识整时	练习2
↓	↓	↓	↓
钟表店	区分时针、分针	读写整时	练习3

对钟表的整体感知 ⇒ 对钟表的进一步认识 ⇒ 会认读和记录整时 ⇒ 能用整时进行描述 ⇒ 养成珍惜时间的习惯

课 前

➢ 1. 学历单

《老狼老狼几点了》
课堂学历单

老狼，老狼，时针是哪一根呢?

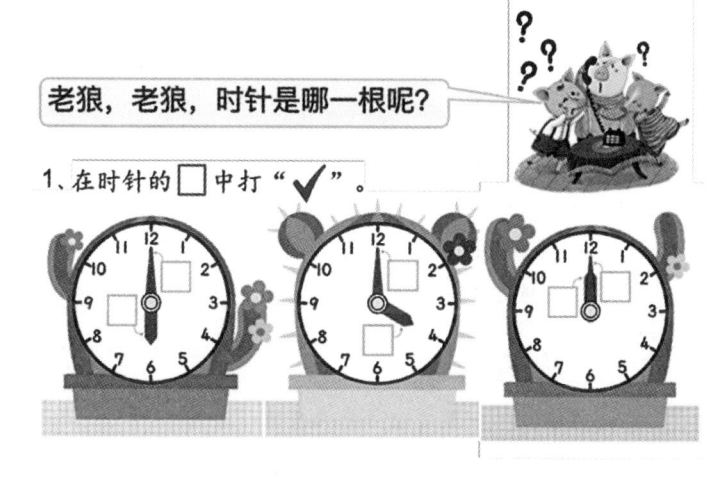

1、在时针的 □ 中打 "✓"。

2、认一认，填一填。

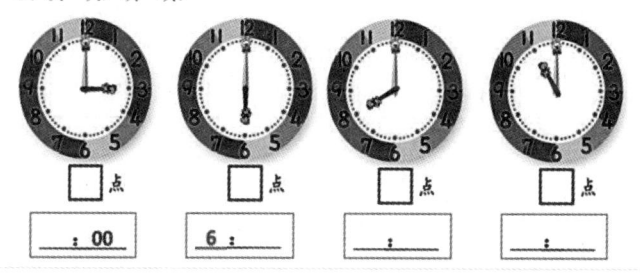

□ 点　　□ 点　　□ 点　　□ 点

| ：00 | 6： | ： | ： |

3、找规律，接着画。

➢ 2. 教学准备

课堂使用 ppt、《老狼老狼几点了》视频故事、教学字卡、钟面磁性挂图等。

课 中

教学活动及过程

教学活动 互动方式	预设 效果
一、创设情境	【对钟表的整体感知】 活动一：老狼老狼几点啦？ 认识老狼先生和他的工作环境。 参观老狼先生的钟表店。
二、设计探究 活动	【对钟表的进一步认识】 活动二：老狼老狼修表啦！ ①钟表的形状是什么样？对钟表的关注点有哪些？（例如，卡通形状、各种装饰。） ②是否关注到钟表上的数？有多少个数？ ③各个数排列的顺序与方向如何？ 活动三：老狼老狼，时针是哪一根呢？ ①是否关注到表针？有多少根表针？ ②是否能关注到钟表指针的准确位置？（画出"整时"时刻。） ③能认识与区分时针和分针 练习1。
三、小组合作 学习和汇报	【认、读、写整时】 活动四：观看视频绘本故事《老狼老狼几点了》 小组合作汇报"1—12时"钟表图，读法，写法。 0时与12时的学习交流分享。
四、知识应用	【能用整时进行描述】 练习2。 练习3。
五、全课总结	【养成珍惜时间的习惯】 1. 你收获了什么？ 2. 与时间有关的名言警句"一寸光阴一寸金 寸金难买寸光阴"。

单课设计流程图

课 后

课后练习

样题1：说一说，钟表上有什么？（对钟表的整体认识：表盘上有12个数并会按顺时针方向数，有时针和分针并能说出它们的区别。）

样题2：写出钟面上的数字和钟表上的时间。

(   )时

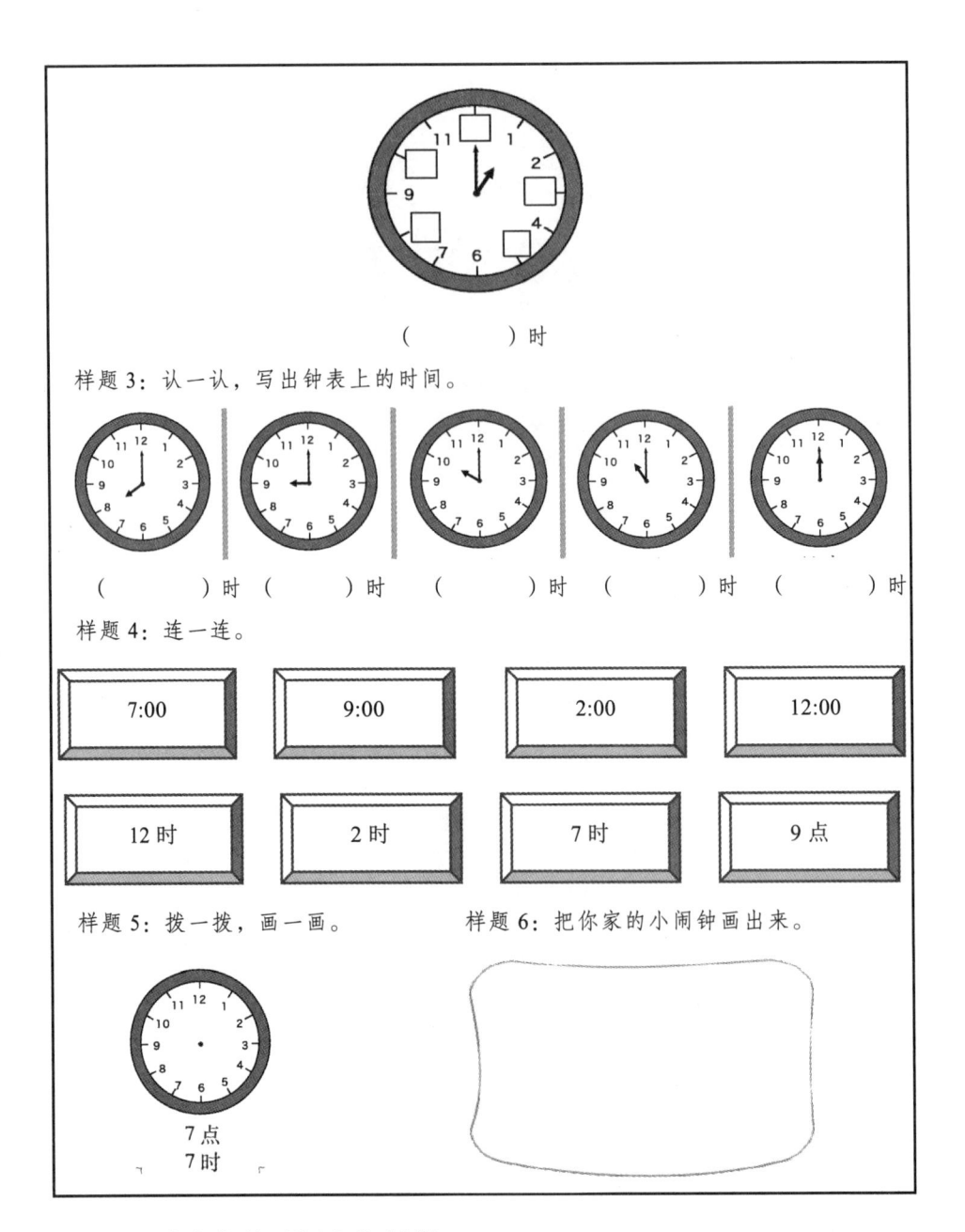

样题3：认一认，写出钟表上的时间。

(   )时　　(   )时　　(   )时　　(   )时　　(   )时

样题4：连一连。

| 7:00 | 9:00 | 2:00 | 12:00 |

| 12时 | 2时 | 7时 | 9点 |

样题5：拨一拨，画一画。　　　　样题6：把你家的小闹钟画出来。

7点
7时

四、幼小衔接"语文"教学

生命之初，儿童就通过视觉、听觉、嗅觉、味觉和触觉来感知世界，随着年龄增长，继而不断获得语言，尝试运用语言，渐渐地，在成长过程中，开始具备一定思维能力。到小学阶段，儿童思维还处于向抽象逻辑思维过渡与发展的具体形象思维阶段，而链接好这个过程就要重视儿童感官的参与和体验，通过多感官的刺激来有效加深儿童对同一感知对象的感受、记忆、理解以及创造，达到深度理解的水平，充分培养儿童的语言表达和思维能力。基于此，在教学实践中，教师应尝试探索如何以多感融通为路径培养低段儿童创意表达力。

（一）研读课标聚焦关键能力

《义务教育语文课程标准（2022年版）》的核心素养是儿童在积极的语文实践活动中积累、建构并在真实的语言运用情境中表现出来，是文化自信、语言运用、思维能力和审美创造的综合体现。可见，思维能力是语文学科要培养儿童的核心关键能力之一。表达是思维能力的外显，小学低段儿童正处于学习表达的关键时期，无论是对自然美景的感知表达能力还是生活中的听说能力都还处于初级阶段，因此，教师应将创意表达能力作为低段儿童核心关键能力进行培养。

创意表达是语文关键能力的高阶呈现，它主要包括书面表达和口头表达两个方面的内容。其中，书面创意表达主要指儿童在写话中可以完整、具体、生动地表达，口头创意表达主要指儿童能在完整具体表达的基础上有个性地表达。而对低段儿童创意表达的培养，主要在于引导儿童乐于表达自己的想法，愿意向他人讲述读过的故事、看到过的景物，发挥想象，在口头与书面上尝试完整、具体和有个性的表达。

基于儿童表达依赖实物、图像支撑的年段特点，教师采用多感融通的教学策略，在丰富的教学情境中运用各种教学方式方法刺激儿童的眼、耳、口、手、脑等感觉部位，充分调动和整合儿童的听觉、视觉、触觉及直觉等感官信息通道参与学习，从而实现更有效地表达、参与和理解，培养他们的注意力、观察力等多种能力，通达、链接儿童的现实生活。

（二）多感融通培养关键能力

在边实践边探索中，教师主要拟出多感融通支持儿童创意表达的教学策略，包括图像感知策略、通感体验策略、符号表达策略。

1. 图像感知策略

图像感知策略是引导儿童在识字与写字、阅读与鉴赏、表达与交流、梳理与探究等语文实践活动中，培养儿童多领域、多视角、多感官地去看、听、想、说，同时引导学生视觉、听觉、触觉等感官信息通道参与学习。以情境支持儿童完整表达，以形象支持儿童具体表达。图像感知策略支持儿童完整、具体表达，主要通过细心地看、认真地听、自由地想、充分地说等方式实现。主要是在多感官参与的前提下，通过对生活中的图像、书本上的图像不同层次、不同角度的感知，从看什么到怎么看，从听什么到怎么听，从想什么到怎么去想，最后从说什么到怎么去说，对感知图像建立层层深入的印象。整个过程中贯穿教师引导支持，从而帮助儿童有效表达，培养儿童创意表达能力。

（1）多向观察——"看关键信息"。

初览文本，了解文中大概内容，理清文本类型，如散文、诗歌、童话、寓言等。文本内容与图像信息互为支撑，为有目的地看图像做准备。看读结合，教师采用多种形式，先引导儿童边看边读，如采用个别读、齐读、分角色读等方式，再结合动作，拍手读、加动作读，让儿童在边观察边读的过程中，感官相融通，儿童获取知识与信息、理解文本的视角更加多元化。再细看图片内容，结合初步感知到的信息，看图中人物、看场景变化、看颜色对比、大小差异等，对图片信息从内部加深理解，建立起文本与图像之间的联系。

图片表达信息含蓄且丰富，按顺序观察，方能不遗漏关键之处。在儿童观察的过程中，教师要为儿童提供好相应的图片信息，如从按照从左到右的顺序进行观察、按从上到下的顺序对图片进行观察或由近到远、由远及近地观察。或者按不同视角看，插图一般包含个别或多个人物，可以试着从不同的视角来观察插图，如站在旁观者视角看、站在图中其中某一人物立场看，拓宽看的视角。

（2）看图听文——"听表达视角"。

①边看图边听别人的表达视角。同一幅图片里的信息，表达者所站的立场不同，表达的内容就各有侧重，听的时候，可以从不同的视角立场去感知、理解图片信息。听别人的表达方式。每个人的表达方式不尽相同，听他人在根据图像信息进行表达时，还可以听一听别人的表达方式与自己想表达的有什么不同之处。

②结合图文听。听别人对图像的表达，不能割裂图片与表达内容之间的关系，结合文本内容和图片信息来理解式地听，可以加深对图像信息的掌握。结合自己的理解听。对同一图像信息，每个人有不同的表达视角和表达方式，听的时候可以加上自己的理解，学习借鉴，综合他人的想法观点，形成自己

的表达。

③明确听的目的。在听他人表达之前，教师要帮助儿童弄清听的内容，准备好听的记录本，明确要听什么，听的过程中记录下关键词、核心内容、有新鲜感的地方，手脑结合，由记促听。同时，还要加上自己的理解来听，听别人的表达，再结合自己的经验，发表自己的想法和观点。

（3）聚合想象——"想延伸主题"。

①初步想象。想图像本身画了什么内容，如画的人物是谁、他在哪里、他在干什么。如果是连续的一组图，需要按顺序观察并想象，图像信息是在讲述一件什么事情或是一个什么故事。有方向性地想，聚合想象目标，想图像与生活之间的关系，延伸想象的方向。

②想象与联想参与。如看图写话中，图片上的某些事物总是会激发儿童的自由想象和发散思维，如长颈鹿的脖子像一根树干、红领巾像朵大红花、猴子的尾巴像绳子、教室像蜂巢等等。教学中，适当地在想象领域里允许儿童"不听话"，任由其想象发挥，可以看到儿童的世界有很多的童趣童真。

③搭建想象支架。儿童的想象源自所习得的知识和生活经验，但是在看图时，儿童总是会出现孤立看图的情况，看到什么即什么。儿童在看图时，教师可以搭建阶梯：是什么、像什么、哪些学过，生活中哪里见过、听过、闻到过或者触摸过，通过这样的想象层次，先让儿童明确图像内容本身，再引导儿童发散思维去思考，与生活紧密联系起来，激发学生的想象力，不再局限看图本身。

（4）多感融通——"说情感观点"。

对图像内容描述充分，首先需要对图像内容进行整体表达，儿童在进行表达时，最基本的要求是把图像基本信息表述完整，接着可以再对图中某一局部内容进行详细表述，最后还可以在表述的过程中加入自己的观点。整个说的过程，完整清晰且具有个性。

多感融通，想象参与。看图表达要说得生动有趣，单靠观察图中信息进行直接性描述是远远不够的。如果图中有什么就写什么，儿童只动用了视觉在进行观察，而要描写出一幅鲜活的画面，必须将视觉、听觉、味觉、嗅觉等感觉都调动起来，发挥自己的想象。

培养儿童大胆地表达，教师可以由"扶"到"放"，如先给出基本句式结构，谁在什么地方干什么，说清楚图像基本信息，再提供一些修饰词语，结合句式，引导儿童说清楚，如春天到了，花园里的花开了，有的……有的……

有的……儿童结合自己的生活经验，丰富表达内容。最后，可以留白想象，给儿童思考方向，给儿童足够的发挥空间，进行大胆的表达。如《寒号鸟》一课，故事的结尾配了一幅插图：喜鹊在山崖外呼叫寒号鸟，而寒号鸟已经冻死了。结合插图，请儿童联系上文寒号鸟的表现，喜鹊的多次劝说去想象：喜鹊这个时候可能会对寒号鸟说些什么？在这里不给儿童句式帮助，只明确方向，给儿童发挥想象的空间。

  2. 通感体验策略

  通感体验策略建立在图像感知的基础之上，儿童在对图像有了具象感知后，教师引导儿童将多感官通道所获取到的信息初步感知、整合理解、最终进行通感体验，整个过程链接儿童从形象理解到具体表达。

  （1）初步感知——获取形象信息。

  无论是文本插图还是看图写话，图片都是帮助低段儿童获取信息最直观的媒介，符合低段儿童形象思维为主的特点。因此，在观察图片信息时，教师要引导儿童从不同形式、不同视角、不同感官进行图片信息观察，收集信息，对图片内容进行初步感知。

  （2）具身体验——打开多感通道。

  教师引导儿童从多视角、多领域、多感官进行观察后，儿童各个感官通道的信息还只是独立存在，需要引导儿童进行整合。多感观察刺激的是儿童的大脑神经，教师可以引导儿童将图片所看、所听、所闻等内容整合起来理解，同时，激发儿童大脑与生活经验相关联，将整合的信息与生活中见过、听过的事物建立联系，具身体验，帮助想象理解，为儿童的表达提供可循的思路。

  （3）创意表达——开放想象空间。

  在对图片信息初步感知和整合理解后，儿童对图片信息的理解便不再是孤立、单一的存在。教师进一步引导儿童开放想象空间，儿童就会在此基础上有更深刻的通感体验，从而进行创意表达。

  以二年级下册第四单元看图写话为例，要求儿童看多幅图，想一想：小虫子、蚂蚁和蝴蝶用蛋壳做了哪些事情，有什么有趣的经历，把一天的经历写下来。儿童看到图片后，最直观最快获取到的信息就只有三只小动物在玩。此时儿童只将视觉感知到的信息表达出来，而要写出一幅鲜活的画面，则必须调动多种感官，将信息整合理解起来。看一看：图中画了哪些人物，他们都在做什么,是怎么做的;听一听:图中的小动物可以开口说话,它们正在商量怎么把蛋壳当作玩具。想一想:夜深了,月亮姐姐害怕三位好朋友着凉,帮它们偷偷盖好被子等。教师调动儿童多感官进行参与体验,创意表达也能在其中潜移默化地发生。

3. 符号表达策略

符号表达策略支持儿童完整、具体和个性的表达,教师主要通过三个方面进行培养。

(1) 学范式——完整地表达。

学范式支持儿童完整表达,主要通过问题导入、呈现图片和提供句式三个步骤实现。教师根据教学目标,落实语文单元核心要素,围绕文本,问题导入,让儿童对文本有整体感知;儿童在阅读文本的时候,不容易理解,可以用直观的图片,触碰儿童思维触角,达到初步理解文本的目的。此外,教师还可以为儿童的完整表达提供一定的句式引导,如以填空的方式梳理文本总体框架,让儿童借助支架完整地表达。

(2) 想细节——具体地表达。

想细节支持儿童具体表达,主要通过找核心句、图文关联和提供短语句式三个步骤实现。儿童对文本核心、段落关键句和文本主旨理解困难时,教师可以引导儿童找出关键句,再关注插图的细节,使文本与插图产生联系。在表达的时候,教师可以借助文本提供一定的句式引导,帮助儿童表达具体。

(3) 显特点——个性地表达。

通过多种感官去进行创意表达,显示出表达对象的特点并表达自己的想法。比如二年级下册第一单元是以"春天"为主题的,这四篇课文让教师带领儿童从不同角度、不同感官去感受春天。在此基础上,教师再安排了一次"找春天"的语文实践活动,引导儿童周末抽时间走进大自然,多种感官去观察春天景物变化,感知春天的气息,体验春日的美好。儿童学习语文的同时,也要联系生活、运用语文。

(三) 成效

经过不断实践,不断改进,教师发现以多感融通为路径培养低段儿童创意表达力取得一定成效。

（1）通过图像感知、图文互现等形式，帮助儿童理解了课文内容，为表达奠定基础。

低年级阶段的儿童识字量少，在语文阅读时可能会出现一些困难。由于一些语文文章中包含过多儿童不认识的生字，儿童阅读理解文章时也就容易出现偏差。教师引导和鼓励儿童动眼、动手、动脑等大胆猜测一些生字的意思，从而有助于儿童对这些生字以及词语的记忆和理解，进而理解、背诵课文，为内化为自己的语言作铺垫。

（2）鼓励儿童让想象参与，多感融通，联系生活，儿童的表达也变得更有创意。

从儿童的表达上看，儿童能把以往看图说话，看到什么就先说什么，想到什么就写什么的表达习惯改掉，把图看得更仔细，内容表达更生动有趣，将细小的人物表情观察更到位，动作更加细化，同时融入个人的想象、思考。同时，让多种感官参与其中进行表达，让表达的内容更贴近生活，表达也更加新颖。

第三节　小学衔接主题活动

一、"百日"纪念日设计与实施

本次活动从儿童本位出发，以核心素养为引领，以指导要点为导向，以"儿童是活动的设计者和参与者"为宗旨，进行纪念活动设计。

1. 前期准备

活动前期，可举办主题班会"环游银杏 80 天"，班会内容为教师引导儿童回忆自己进入小学的 80 天以来在学习生活等方面的点点滴滴。同时，在班会上，教师抛出问题：你想用什么样的方式来纪念你进入小学的第一百天呢？并引导儿童对此进行讨论交流，并做好记录。会后，教师汇总儿童的想法，并结合学校的实际情况，如场地、材料、可操作性等因素，进行取舍，最终确定百日纪念活动主题及形式。

2. 活动板块

"百日"纪念活动可分为"有模有样我最'型'"和"百日秀场我最靓"两大板块。

（1）板块一：有模有样我最"型"。

学校可从儿童的身心适应、生活适应、社交适应、学习适应四个维度设计"我是文明银杏果""我是自律独立果""我是礼貌友好果""我是勤奋好学果"四个板块，并设计对应的集章卡，将儿童一日常规融合其中。

"我是文明银杏果"板块对应儿童的身心适应，提出了成为儿童以后的总的要求，以此来提醒其儿童身份赋予了新的要求与标准，引导儿童彻底完成转变身份的认知，再次明确自己儿童的身份。

"我是自律独立果"板块对应儿童的生活适应。学校对儿童提出了自律的要求，需要其逐步学会处理自己的事情，如打扫教室卫生、整理保管好自己的物品等。该板块的设计意在让儿童发现进入小学一百天以后，自己已掌握的生活技能，以及还有进步空间的其他方面。

"我是礼貌友好果"板块对应儿童的社交适应，对儿童提出了与教师、同学交往时的要求，以此来让儿童对照自身，查看自己是否学会怎么与教师、同学友好相处。

"我是勤奋好学果"板块对应儿童的学习适应。基于小学的学习节奏和幼儿园的节奏存在差异，要求儿童在学习上适应新身份，完成过渡。在这一板块，儿童将对照自身，拿标准与自己的日常表现比较，来发现自己在课堂学习中存在的优点与不足。

（2）板块二：百日秀场我最靓。

结合儿童的年龄特点、学习发展规律、校本特色和先行班会中儿童的想法，联系幼小衔接所需，学校在校园内设置了四大主题场域，分别以"童画银杏""巧手童心""童伴有你"和"乐学童行"为主题开展游园活动（详见表2-3-1）。

学校在每一个场域精心布置场景、设置主题任务、实时评价激励，让儿童通过真实情景、真实任务的实践参与获得真实丰富的感悟体验，激发儿童身份的认同感与获得感和身为银杏学子的成就感与幸福感。

表 2-3-1　游园活动详情

场域	主题	任务	代言果	能力素养	情感体验
教学楼大厅	童画银杏	选出你最喜欢的美术作品，为他投上一枚"毕加果"	毕加果	引导儿童安静有序，学会赞许，学会发现美	认同感
体育馆	巧手童心	快乐挑战4分钟：系鞋带、收书包、叠被子、穿校服、戴校徽	胖达果	引导儿童提升自理能力	成就感
架空层	童伴有你	找呀找，找到一个新朋友	莎士果亚	学习正确的交友方式，引导儿童礼貌待人，与人为善	幸福感
操场	乐学童行	学科任务打卡：我会……	小果	学科学习展示，凸显个性发展、全面育人	获得感

3. 活动实施

依据活动安排，"百日"纪念活动分为上午场和下午场。

上午场为常规达标集章活动，儿童的集章之旅从进入校园起就已开始。走进校门，每个儿童将获得一张专属于自己的集章卡。教师将四个适应具化为具体事件，如着装礼仪、课堂表现、课间休息等，并根据儿童在这各个方面的常规表现设置不同的关卡。成功通关则可以在集章卡上印上一枚印章，以此来表示自己已通过这一百天的儿童生活，并学会了哪些学习习惯、生活技能。通过集章活动，提醒了儿童关注自己这一百天以来的成长与不足，让其再次明确自己的儿童身份，增强了儿童身份认同感。

下午场为"百日秀场"游园活动。教师组织设置不同内容的活动点位，儿童根据主题班会的预先设置完成活动闯关。他们将在这一纪念活动中增强儿童身份认同，在趣味游园中看到自己对儿童生活的适应，给成为儿童增加了仪式感。慢慢长，快乐学，相信在教师、家人的帮助和陪伴下，儿童会慢慢熟悉儿童的身份，逐渐掌握各项生活技能，在美丽的银杏校园里"杏"福成长，和家长、同学、教师一起"悦"历生命的美好。

科学做好幼小衔接工作是儿童步入儿童生活的必由之路。实践证明，要想做实、做细、做好幼小衔接工作，需要教师、家长多方联合，协同发力，抓住一切机会开展相应的教育活动。各方可以通过关注儿童身心组织主题活动、聚焦儿童发展组织多元活动、重视家校合作共促儿童成长等手段积极投入幼小衔接工作，从而帮助儿童掌握丰富的知识与技能，引导儿童调整好心态投入小学阶段的学习和生活。

二、巧设"五个一"，助顺利衔接

（一）"五个一"之第一天

儿童进入小学的第一天对师生而言都是极其重要的一天，这天是儿童熟悉校园、适应校园环境，顺利开启小学生活的第一步，也是老师了解学生，与学生初步建立情感链接的第一步。

因此，学校将入学第一天的目标设定为：让儿童喜欢学校；将第一天的关键成果设定为：儿童与学校的第一个故事、儿童的快乐情绪。通过环境营造、投放《入学宝典》、"大手牵小手"活动、学科游戏、安全课间、及时评价等方式助力目标实现。同时，教师采用一日反馈的方式，让家长知晓儿童在校参与的丰富多彩的活动，引导家长回家后与儿童聊一聊快乐的学校生活，帮助儿童建立起对学校的积极情绪（详见表2-3-2）。

表2-3-2 儿童入学适应"五个一"之第一天

目标	关键成果	具体举措
让儿童喜欢学校	儿童与学校的第一个故事，儿童的快乐情绪	环境营造：制作欢迎标语、绘制迎新板报、准备入学礼包，让儿童感到学校温馨舒适
		投放《入学宝典》：通过《入学宝典》，介绍校园环境、学习生活等内容，让儿童提前感知学校生活

续表

目标	关键成果	具体举措
让儿童喜欢学校	儿童与学校的第一个故事，儿童的快乐情绪	"大手牵小手"：高年级学生牵着一年级新生的手，带领他们找到自己的班级，并为他们佩戴小红花，祝贺成为小学生
		学科游戏：教师采用儿歌、童谣、互动游戏、图片、视频等方式，将"一日流程"入学教育课程与儿童的活动体验充分融合，开展听、说、看、读、做等多样化的学习活动，帮助儿童调节状态，集中注意力
		安全课间：教师组织儿童做好课前准备，指导儿童接水喝水、文明如厕、轻声缓步靠右行等行为，确保儿童有序进行课间休息，对学校建立起安全感
		及时评价：教师在第一天中对每个儿童的表现进行观察和评价，发放带有学校标志的奖票，对儿童进行肯定和鼓励。儿童获得奖票的过程，是他们与学校的第一个故事

（二）"五个一"之第一周

儿童进入小学第一周的重点是熟悉小学生活的节律，进而逐渐建立起对学校、班集体的熟悉感、喜爱感与归属感，可将入学第一周的目标设定为：熟悉作息与行为规范；通过重点习惯培养和及时反馈评价的工作策略助力目标实现。在此过程中，评选出"早到早读小明星""学科习惯小明星""文明休息小明星"等，以此作为开学第一周儿童适应情况的评价标准与量化指标（详见表2-3-3）。

表 2-3-3 儿童入学适应"五个一"之第一周

目标	关键成果	具体举措
熟悉作息与行为规范	早到早读小明星，学科习惯小明星，文明休息小明星	习惯培养有重点：第一周聚焦早到早读和课间休息两个时段的习惯培养，通过"早读四步骤"和"下课五部曲"帮助儿童养成良好习惯与行为规范
		及时反馈促评价：设置"早到早读小明星""文明休息小明星""学科习惯小明星"等荣誉，强化儿童阅读和文明休息的好习惯；采用"彩虹家信"的形式，帮助家长了解儿童在校的学习生活情况，指导家长协同学校，形成教育合力

（三）"五个一"之第一月

当逐步熟悉小学生活的作息与行为规范后，第一学月，儿童将在教师的指导和带领下，完成环境、节律和人际"三维目标"的初步适应。

为此，学校将儿童入学第一月的目标设定为：三维适应入正轨；通过适应课程、量化流程、活动展示、节点反馈等工作策略推动目标实现；并在此过程中不断形成规范化制度流程等关键成果（详见表 2-3-4）。

表 2-3-4 儿童入学适应"五个一"之第一月

目标	关键成果	具体举措
三维适应入正轨	制度流程，队列展示	适应课程：学校构建课程时长为一学年的幼小衔接课程，包括角色适应、人际交往、行为习惯、学习习惯四个方面，帮助儿童完成三维目标的初步适应。在第一月主要聚焦角色适应和行为习惯两个方面，帮助儿童正确定位自我身份，建立作为小学生的基本规范，在第一月做到"入格"
		量化流程：师生合作梳理"一日流程"具体要求，以正向说明的方式粘贴于班级公示栏，形成班级公约
		活动展示：以运动会入场式的队列展示为载体，给予儿童全校亮相的机会，通过整齐一致的队列、精神饱满的状态，展现出对学校生活的良好适应
		节点反馈：年级组以"彩虹家信"的方式，针对年段特点和共性问题给出有针对性的建议

（四）"五个一"之第一学期

在"三维目标"初步适应的基础上，学校进一步将儿童入学第一学期的目标设定为：入学适应，即在角色定位、人际交往、行为习惯、学习习惯等方面长足性、全方位的适应。通过师生共构、综合评价等策略助力目标的实现，并将"淑行乐游会""乐学嘉年华"等趣味性、情境化的活动，作为衡量与检验儿童适应情况的载体（详见表2-3-5）。

表2-3-5　儿童入学适应"五个一"之第一学期

目标	关键成果	具体举措
入学适应	"淑行乐游会""乐学嘉年华"	师生共构：师生共同策划、举办具有班级特色的元旦庆祝活动，借此活动呈现儿童班级小主人的责任感和为学校出谋划策的荣誉感
		综合评价：儿童持"成长护照"参与"乐学嘉年华"趣味活动，运用学科知识，完成活动闯关。通过孩子在活动中的行为表现，评价其在学习适应、行为适应和人际适应方面的不同发展

（五）"五个一"之第一学年

第一学年结束时，儿童将顺利完成从幼儿园阶段到小学阶段的过渡，在学习习惯、行为规范、人际交往等方面更加符合一名小学生的要求。因此，纵观儿童入学第一学年整体成长规律与特征，学校将儿童入学第一年的目标设定为：巩固习惯，自我调适。

以此目标为导向，学校及教师将通过丰富评价方式、综合评选推优等具体举措，保障目标实现。在此过程中，评选出校级优秀班级、分批开展红领巾入队仪式，充分发挥榜样的先进引领作用，引导儿童不断强化巩固所习得的良好行为习惯（详见表2-3-6）。

表2-3-6　儿童入学适应"五个一"之第一学年

目标	关键成果	具体举措
巩固习惯，自我调适	红领巾入队，校级优秀班级	丰富评价方式：在"分批入队"的背景下，通过细化标准、实践教育、多元评价、定期颁章等方式，将儿童争章表现和入队激励有机融合。儿童要获得多类雏鹰章，需对入学这一年中培养起来的良好学习、生活习惯进行不间断的巩固、强化，渗透到自己成长中的点点滴滴
		综合评选推优：学校根据班级日常表现、活动表现、宣传组织等方面对班级一年总体情况进行考核，评选出校级优秀班级

三、以品格培养为基，促幼小科学衔接

本活动主要围绕学生"身心适应、生活适应、社会适应、学习适应"的目标要点进行设计，以六个"一"为实践内容：一是感知——品格融合"第一课"；二是浸润——品格浸润"第一天"；三是践行——常规训练"第一周"；四是养成——习惯养成"第一月"；五是成长——成长展演"一百日"；六是收获——丰硕成果"一周岁"。

（一）感知：品格融合"第一课"

1. 一场交流——做好准备

新生入学的前半年，小学可以和幼儿园进行联合教研，了解幼小教学方式的不同，调整改进教学方式。也可面向学生家长，开展问卷调查，了解家长在学校开展幼小衔接工作中的诉求和遇到的问题。

2. 一次讲座——加强交流

可基于调查结果，整合学校资源，牵手多维联动，于3至5月设计好相应的幼小衔接讲座内容，由学校老师到结对园区给家长开讲座。

3. 一次参观——感知规则

为了进一步感知小学课堂，了解小学生活的大致节律，尽快让儿童融入小学生活，小学与幼儿园可联合组织开展小学参观日活动，让幼儿园大班儿童参与小学生的一日生活，从升旗到课堂的专注，从早操到午餐的有序，让幼儿园的孩子们既能发现不同，也能感到有趣。除此以外，也可让幼儿园的孩子们体验学校的特色课程和活动，以激发他们对小学生活的向往之情。

4. 一册指南——指引方向

为了进一步解答家长疑问，提升教师工作实效，可将幼小衔接重点内容编为《一年级学生入学指南》，并以此为入学工作宣传手册，解决大部分新生及家长的疑惑，让他们高效了解入学的规则。

（二）浸润：品格滋养"第一天"

1. 一次趣味横生的校园游览

品格精灵"小鹿"和"花栗鼠"为小导游，带着儿童以"畅游品格森林"为主题游览校园，儿童进行闯关问答，在趣味横生的交流中，儿童熟悉了校

园环境，体验了校园设施，建立了校园空间感。

2. 一堂富有韵律的品格大课

品格常规大课围绕"专注""有序"两个核心要素，进行"专注五要"和"有序五要"的规则训练。"专注五要"是指：眼睛要直看着对我说话的人；身体和耳朵倾向发言的对方；打断他人说话要礼貌；手上不做无关动作，以免引起他人的注意；无论站与坐，脚踏实地；"有序五要"是指：要随手收拾；要随时保持使用过的地方干净整洁；要物有定位，物归原位；要按每样东西的用途来使用它；要物归原主。同时，要教会儿童校园"五级音量"要求和"三个音量"手势，让儿童在活动中感知有序，在游戏中体验专注。

3. 一节融合实践的品格班会

在品格常规大课的基础上，我们结合"品格班会第一课"和"常规训练微课"，在课堂中进行分班训练，儿童在轻松愉快的情境创设中认识班级、认识老师、认识同学、认识同桌，感知课堂规则。

4. 一次规范整齐的文明课间

课间时段，我们在体育组前期的整体规划中，由体育老师统一下沉到一年级各个班级，进行分班及合班队列训练。在训练的过程中，我们增加如厕和接水的常规培训。班主任和副班主任也做到各司其职。

5. 一顿整洁有序的美味午餐

我们结合前期录制的"有序午餐"的微课，引导孩子有序排队打餐，专注入座就餐、迅速餐后整理。

6. 一列有品有序的放学路队

一天结束后，在德育部门的统一调度下，我们分班、分时组织孩子放学，让孩子们强化安静有序的路队训练，明晰自己的放学路线，在文明有礼的告别中结束一日校园生活。

7. 一日精彩的校园生活描绘

经历了一天的学习生活，我们通过让儿童"'画一画'和'说一说'我的一日生活"来了解儿童成为小学生第一天的适应情况。在我们的主题任务中，儿童可以通过：画一画我认识的校园、我喜欢的老师、我认识的同桌、我交的第一个朋友；说一说我认识的品格精灵、我学到的品格口令、我参与的班级活动等,来回顾描述自己的一日生活,从而让儿童建立校园生活的时空感,初步习得"有序""专注"的品格规则。

(三)践行:常规训练"第一周"

为了让儿童更好地融入一年级的学习生活,我们在开学第一周,会结合"常规、品格训练重点"依次落实每日品格训练。训练场域不仅在学校,也在家里,只有家校协同,才能让孩子们更好地衔接。

1."锦外娃"一周品格养成挑战赛(在学校)

在第一天的品格训练之后向儿童发起"锦外娃一周品格养成挑战赛",借此机会,让儿童通过一周里阶梯式的"品格养成小任务"强化规则意识。

2."锦外娃"一周品格养成挑战赛(在家里)

习惯的养成是家校共育的过程。因此,第一周的习惯养成计划中,我们还同步发起了在家里完成的各项任务挑战,以此获得家长和老师的积分和点评,为儿童顺利成为一年级的小学生打下基础。

(四)养成:习惯养成"第一月"

经过每周的品格训练,儿童在第一个月初识了"专注"和"有序"两个起始品格规则。无论是在课堂中还是生活里,都能彰显"专注和有序"的成长样态。为了让儿童能有"锦外小主人"的意识,我们根据学校特色,还设立了锦外品格小主人的岗位,从校级到班级不同的劳动实践岗位,从设立到运行都有学生的积极参与,儿童逐渐从自我管理到自主管理,形成了以"锦外小主人"为主体的校园学生自主管理模式,逐渐培养起规则素养。

期间我们设置:操场、走廊、教室、卫生间、校门、图书馆、楼道等场域,让孩子们自主选择;队伍队列行进、课堂专注倾听、书包柜有序整理、学具物品收纳、见面主动问好等常规训练点,开展"品格场景展示大赛",每个班级进行"首月最佳亮相",在赛程中,学生感知规则,创生规则。

(五)成长:成长展演"一百日"(序列进阶"四个一")

规则素养的形成重在儿童的亲身体验,在孩子们成长的这百日里,已经将不同场域的不同规则进行了实践,充分内化了"专注"和"有序"两个品格核心素养。为了给师生、家长们呈现百日的衔接成效,我们依托"班规三字经""校规三字经"活动，从班级到学校，从学校到家庭，从学生到老师、家长，教育现场的每一分子都参与到活动中来。在活动中引领师生、家长参与到班级与校园管理中，民主制订公约，形成班规、校规三字经，并以读本形式固化成果，再以传诵的形式，让低龄的儿童在愉快的活动中共建规则、践行品格。

1. 一份规则文稿

一年级师生根据开学至今推崇和践行的班级约定，共同制定本班班规与公约。

2. 一次班会讨论

围绕同学们商议的相关规则，在班级内利用班会课广泛讨论，形成最终规则公约。

3. 一场家校协作

由班主任将师生商定的规则公约发布于班级群中，各班级家长及老师共同探讨撰写，完成三字经版本的改编创作。

4. 一次精彩展演

各班以快板、配乐朗诵、律动唱等形式，结合班级制定的三字经，编排成为一个精彩的节目。

（六）收获：丰硕成果"一周岁"

我们开发了家校共育手册"品格成长训练营"作为我们评价品格明星的载体，它是学校根据每学期的品格重点和每周的常规训练重点开发而来的。老师们列出了每日、每周、每月、每学期到每年度儿童学习的品格知识，梳理了常规重点，也提出了儿童家庭活动的建议。根据常规学习和在家里的表现，家长可以给儿童评星星。老师会根据家长在家里所给的评价星星、学生在校的自我评价以及同学的他人评价，综合评出"一日品格星""一周品格星""一月品格星""学期品格星"和"年度品格星"，从而让儿童认识自我和向他人学习。

第四节　幼儿园衔接主题活动

一、我的生活我打理

（一）设计思路

幼儿园教育的任务，是要为儿童的一生发展奠定基础。而儿童独立生活自立能力和良好习惯的培养，对其一生的发展都有重大意义。著名教育学家陈鹤琴先生说过，凡是儿童自己能做的，应该让他们自己去做！儿童习惯养得不好，终身受其累。其实随着社会的发展，大家都已经意识到了从小培养孩子独立生活自理能力的重要性。教师在儿童快要升入小学这样的关键时候，更应该培养儿童的自理能力。

大班儿童具备了基本的自我服务能力，除了巩固他们既有的生活能力，还应该为其制定一些新的生活技能目标，这样才能促进他们的成长，同时满足他们成长的荣誉体验。因此，我们试着相信儿童是很棒的，改革中我们解放了自己的"服务"角色，开始让儿童去服务自我：自己整理书包，自己穿衣服、叠衣服，自己起床叠被。为了从小培养儿童良好的生活自理能力，让儿童知道自己的事情自己做。教师选择了适合大班儿童学习的生活活动——我的生活我打理，让儿童能够在活动中整理自己的书包、衣服、被子等。通过实物演练操作的方式让儿童知道整理书包的方法，通过情景表演的方式来学习如何叠被子。

（二）活动内容

1. **活动一：自己整理书包**

（1）实物导入，引发讨论。

"小朋友们来上儿童园时，书包里都会放哪些东西呢？除了汗巾和备用衣服，有时候还会放些什么？"

（2）抛出问题，出示图片，引发儿童自由讨论。

"马上我们就要上小学，小学生的书包里都会放些什么呢？可以用来做哪些事情？"

（3）发放学习用品，播放视频及组图"整理书包"，引导儿童有条理地整理书包。

"图片中的两个书包哪里不一样？按什么顺序把这些课本、作业本放进书包里的？放的时候要注意什么？"

（4）进行整理书包比赛，巩固儿童整理书包的能力。

"我们知道了整理书包的方法，一起来比一比谁整理得又快又好。"

（5）注意事项。

整理书包的活动不仅只在集体教育活动中，生活区、主题墙等都可呈现有关整理书包的内容。儿童使用书包后教师提醒儿童及时整理书包，每日离园前提醒儿童整理书包，检查当天带来的物品是否都放回书包里。家长可鼓励儿童自己整理自己的书包。

2. **活动二：我会自己穿衣服**

（1）请娃娃表演，引出课题。

"我是红红，今天天气真好，太阳公公出来了，我也起床了。妈妈！妈妈去哪里了呢？我还没穿衣服呢！呜呜呜！妈妈快来！妈妈，快来帮我穿衣服！"

（2）出示图片并启发儿童讨论。

"我们应该怎么样穿衣服？"

（3）练习如何正确穿衣服。

① 娃娃穿衣服。② 给同伴穿衣服。③ 自己穿衣服。

（4）将生活活动渗透在各个领域中。

在音乐活动中学习"日常生活模仿动作"，在美术活动中学习涂色——《漂亮的衣服》。在日常生活中教儿童学习穿脱衣服。

（5）注意事项。

注意家校合作，将生活活动也在家庭中渗透，家长平时要鼓励儿童学习自己穿脱衣服。

3. **活动三：不露小肚皮**

（1）故事导入，引导儿童理解穿好裤子才不容易着凉感冒。

"飞飞有什么坏习惯？飞飞为什么生病？他要怎么做才不会生病？"

（2）出示组图"不露小肚皮"，儿童了解整理衣裤的方法。

"看看你们的小肚皮是不是也露在外面？我们应该怎样穿好裤子？"

（3）教师引导儿童总结如何整理衣裤。

"外衣先拉高，抓住小裤腰，里衣往下拉，提起裤子包围它，外衣拉下来。"

（4）儿童尝试整理衣裤，教师予以指导。

（5）注意事项。

在日常生活中，鼓励儿童自己整理好衣裤，不露小肚皮，锻炼儿童整理衣裤的能力。

4. 活动四：我会叠衣裤

（1）图片导入，引出话题。

"两个小朋友正在做什么？他们谁做得对呢？为什么？"

（2）出示实物"衣服"，儿童尝试叠衣服。

"衣服要怎么叠呢？谁愿意来试一试？"

（3）出示组图"我会叠衣服"，引导儿童了解叠衣服的方法。

"叠衣服要先做什么？再做什么？如果你的衣服有拉链、帽子或者衣服外翻了，该怎么办呢？"

（4）出示实物"裤子"，引导儿童了解叠裤子的方法。

"你是怎么叠裤子的呢？"

（5）播放视频"我会叠裤子"，引导儿童叠裤子。

"叠裤子有哪些步骤呢？如果你的裤子外翻了，该怎么办呢？"

（6）出示"衣服""裤子"，儿童尝试叠衣裤。

"我们已经学会了怎样叠衣服和裤子了，谁来试一试？"

（7）注意事项。

叠衣裤活动可以与其他生活活动相继展开，如穿鞋子、叠被子等。在生活区里投放衣服、裤子等材料，鼓励儿童练习叠衣服和裤子。可将"我会叠衣服""我会叠裤子"的步骤图贴在卧室里，提示儿童自己叠好衣服、裤子，提高生活自理能力。家长鼓励儿童在家自己穿脱鞋袜、整理衣服、裤子等，培养儿童自己的事情自己做的意识与能力。

5. 活动五：我会叠被子

（1）创设情景，引入主题。

"奇奇和妙妙进行了叠被子的比赛，邀请小朋友当评委，我们一起去看看吧！"

（2）出示图片，儿童比较两间卧室里的被子。

"你喜欢谁叠的被子？为什么？谁叠得更整齐？"

（3）出示图片，儿童跟着妙妙叠被子。

"妙妙是怎么叠被子的？叠被子是什么步骤？"

（4）播放儿歌，儿童了解叠被子的方法。

"妙妙有一首好听的儿歌，一边听儿歌一边跟着妙妙叠一叠被子。"

（5）注意事项。

儿童在学习叠被子的过程中，会有多次试误的过程，教师要给儿童尝试的时间。叠被子的方法步骤图可以粘贴在卧室，提示儿童如何叠被子。

（三）实施条件

场地：寝室、教室。

时间：生活环节、集体教育时间。

对象：大班儿童。

（四）主要效果

生活活动让儿童自主安排自己的活动，午睡午起时自己穿脱整理衣服等，在榜样演示中儿童很快学会了更多的生活本领，这不单是一个动作的学会，更多的是儿童一种自主意识、自主能力的培养。另外，我们还鼓励儿童别人的事情帮着做、大家的事情一起做，儿童穿脱衣服遇到困难时不再是一味地找寻教师，而是同伴之间也能够相互帮助，比如相互垫汗巾。"学会做事"生活教育已经贯穿于生活的每一天，儿童也比以前更会处事，这种价值将会延续。

二、课间 10 分钟

（一）设计思路

根据现实中存在的问题和儿童发展需要设计主题活动——课间 10 分钟。

（1）马上要升入小学的儿童有自主安排时间的意识和需要。

大班下学期，孩子们即将结束儿童园生活，他们感兴趣的就是有关于小学的话题，一方面他们对小学生活充满了向往和期待，另一方面也会有许多的疑问，如小学生是怎么上课的？上课的时候想喝水怎么办？想上厕所怎么办？……孩子们带着疑问去询问自己的哥哥姐姐，知道了小学里有"课间十分钟"，原来"课间十分钟"是可以自己来安排的，小朋友们表示疑惑，"课间十分钟"应该怎么安排呢？

（2）引导儿童如何规划自己的活动是难点。

儿童园的一些活动是放手让儿童自主选择和自主游戏，比如大体能、区角游戏、创游等，在这些活动中，他们要尝试去合理地规划自己的时间。比如在大体能活动中，有的儿童玩游戏时热得满头大汗都不知道脱衣服。又如在每天的签到环节，总是有儿童没有签。我们发现儿童更多是需要教师去提醒和督促，没有意识到这个是自己的事情，需要自己去规划和完成。

于是教师需要思考：怎样让儿童有自主安排时间的体验呢？怎样让儿童提前感受和体验"课间十分钟"，从而学会规划自己的时间。

（二）设计内容

1. 活动一：认识时钟

（1）谜语导入，引出时钟。

"一匹马儿三条腿，日夜奔跑不喊累，滴滴答答提醒你，时间一定要珍惜。猜猜是什么？"

（2）观察时钟，引导儿童区分时针、分针、秒针。

"在时钟的钟面上你看到了什么？"

（3）观察记录时针的运动变化，了解时针、分针的用途。

"它们都在动吗？""它们是怎么动的？"

（4）提供可操作的材料，进一步体验。教师为儿童提供可拨弄的时钟，进一步感受时针、分针、秒针之间的关系。

（5）将时钟投放到区角里，创设与时钟有关的游戏材料。教师观察儿童摆弄的情况，及时与个别儿童对话与沟通。

（6）将生活常规流程融入环境创设。基于儿童园一日生活作息安排，与儿童共构各时段的具体活动内容，并呈现在生活区墙面上。

（7）注意事项。认识时间是培养儿童时间观念的第一步。只有认识了时钟，知道时间在钟表上是如何体现的，儿童才能有一个对标的物体，从而规划好时间。在活动中，教师和儿童一起观察时钟的指针，引导孩子发现指针有粗细、长短之分，进而认识最长的、走得最快的是秒针；中等长度、不快不慢的是分针；最短的、走得最慢的是时针。随着儿童在活动中越发深入地探索，教师找准时机和儿童一起收集了沙漏等计时材料，以便帮助儿童更好地知道时间的流逝，养成时间观念。

2. 活动二：一分钟有多长

（1）谈话导入，引出主题。

"一分钟可以干什么？"

（2）提供一分钟的时间，让儿童自由安排。儿童在一分钟内自由安排，感受时间的快速流逝。"一分钟时间到了，你们做了哪些事情？""还有什么事情没有完成？""你们觉得时间够吗？"

（3）出示图片，感受一分钟的重要性。

"这里有一些图片，我们看看一分钟都能做哪些事吧。""你觉得一分钟重要吗？为什么？"

（4）制定自己的一分钟挑战。教师引导儿童思考，共构一分钟的挑战计划表。

"要不要尝试在一分钟内跳很多次绳？""试试一分钟内收完玩具！"

3. 活动三：趣探课间十分钟

（1）谈话导入，引出话题。讨论关于小学课间十分钟的话题。

"课间十分钟有多长？""可以做哪些事？"

（2）共构课间十分钟。在儿童园如何开展课间十分钟。

"儿童园什么时间段可以开展课间十分钟呢？""在儿童园里这十分钟可以做什么？""课间十分钟的时间可以安排在上午集教活动后。""课间十分钟可以做我们想做的事情。"

（3）体验课间十分钟。发现问题，讨论问题，解决问题。开展活动时我们发现儿童对时间没有概念，通过和教师一起回顾能发现自己的问题，提前思考，有初步的规划。

（4）问题导向，重构自己的课间十分钟计划。儿童尝试计划自己的课间十分钟，并做好记录。

（5）再次体验课间十分钟，根据实际情况完善计划。问题1：想做的事情没做完；问题2：热门区域太拥挤。

（6）总结经验。活动中，教师应时常与儿童一起回顾事情经过，及时发现问题并解决问题。教师应有意识地让儿童在活动中发现应按照事情的重要程度进行排序，在实际情况中可以将计划进行适当的调整。我们还提供了适量的计时工具，如沙漏、计时器等，让儿童了解计划中的事情实际操作需要多长时间，感受时间，合理分配时间，并再次对计划进行完善。

（7）注意事项。每一个儿童园的教学环节有所不同，讨论问题时应结合自己的实际情况，抓住课间十分钟的要点——课间十分钟是集教活动前儿童的自主十分钟。建议在集教活动前开展此活动。

4. **活动四：我会安排时间**

（1）谈话导入，引出话题。

"儿童园有哪些活动？这些活动都是在什么时间进行？"

（2）制作一日生活时间表。共建每个活动的时间表，初步建立儿童对时间的概念，并让儿童尝试自己安排时间，感受时间的无处不在。

（3）用绘画记录活动内容。基于共建的一日生活时间表，儿童以绘画的方式将对应的活动内容画下来，裁剪后贴在生活区墙面，以便儿童观察时间，加深对时间的概念。

5. **活动五：早早到**

（1）故事导入，引出问题。

"奇奇为什么会迟到？"

（2）谈话活动，讨论不迟到的办法。

"有什么办法能让奇奇按时入校？""每天早睡早起、早上做事不拖拉可以帮助奇奇不迟到吗？"

（3）规划入园前时间。每个人根据讨论经验，规划自己的时间安排。

"起床后，要做哪些事情？""怎样合理安排这些事情，保证上学不迟到？"

（4）注意事项。在保证按时入园的基础上，保证儿童有充足的睡眠时间。

（三）实施条件

场地：教室。

时间：上午集体教育活动之前。

对象：大班儿童。

（四）主要效果

在课间十分钟的活动中，儿童由开始的快速匆忙行动转变为根据不同的事情和自己的实际情况而定，先考虑再行动。儿童自主安排，按需完成自己的生活事项。

（五）温馨提示

（1）认识时间是培养儿童时间观念的第一步。只有认识了时针，知道时间在钟表上是如何体现的，儿童才能有一个对标的物体，从而规划好时间。

（2）每一个儿童园的环节有所不同，讨论问题时应结合自己的实际情况。

（3）在保证按时入园的基础上，保证儿童有充足的睡眠时间。

三、小小任务本

（一）设计思路

很多初入小学的儿童，上课找不到需要的书或练习本，接连丢失学习用品，家庭作业记不住，做事有始无终，缺乏恒心，因此，教师在大班阶段帮助儿童形成良好的任务意识十分必要。大班儿童任务意识的养成直接影响着他们后续的学习态度，是幼小衔接相关的重要习惯与品质培养内容之一。因此，从大班阶段起，培养儿童具有一定的任务意识和执行任务的能力，将有助于儿童逐步适应小学学习生活的要求，从而顺利完成幼小过渡。

（二）活动内容

（1）开展谈话活动，明确任务概念。和儿童一起讨论，"你完成过哪些任务？任务是他人安排，还是自己承担的？完成任务后的心情是怎样的？没有完成任务的原因是什么？要如何记住任务？记住任务的方法有哪些？"等，了解儿童对任务的认识和理解。

（2）制作小小任务本。教师和儿童一起制作小小任务本，讨论和明确任务本要素：时间、事项、完成情况等，鼓励儿童用自己喜欢的方式制作任务本。

（3）共构任务内容项目。根据儿童年龄特点和兴趣需要，教师可与儿童共构任务内容项目，明确任务本的使用规则，讨论任务完成的方式方法、截止时间等，以此帮助儿童更好地理解自己所承担的任务内容是什么，提升儿童自主规划时间并顺利完成任务的意识和能力，如"准备明天要带的玩具材料和学习用品""运动时光""自己整理小书包"等。儿童直观感受并通过"任务记录本"记住自己的任务，且通过"任务清单"来自我检验任务完成与否，强化任务意识。

（4）总结经验。活动中关注儿童情况，活动后根据儿童在活动中的现象及时讨论总结经验。如儿童不能快速记住任务，可提供"任务牌""备忘录"等提示，将抽象概念具体化、可视化、形象化，便于儿童清晰自己需要完成的任务。

（三）实施条件

实施场域：家园共育、一日生活环节。
实施时间：大班阶段。
实施对象：大班儿童。

（四）主要效果

儿童能用自己喜欢的方式记录每日小任务，回家后能够借助小小任务记事本较清楚地说明每日小任务的内容。通过记录每日小任务，儿童的表征能力、总结能力逐渐增强，有助于儿童渐渐摆脱对成人的依赖，形成初步的学习意识和责任意识，为适应日后小学的学习生活奠定基础。

（五）实施建议

（1）教师在发布任务时需关注儿童的兴趣，激发儿童完成任务的内驱力。在实施小任务的初期，通过观察，了解生活中儿童所关注的热点与兴趣点，把儿童愿意做的事情化为任务，让儿童在感兴趣的任务中主动地执行任务。

（2）"按时完成"是完成任务的关键要素。在执行任务的过程中，由于儿童时间概念较薄弱，所以容易出现过程拖拉、结果不了了之等现象。因此，教师要尽可能引发儿童关注任务执行过程中的时间因素，让儿童理解时间与任务之间的关系。如教师和儿童共构任务本的过程中，列出日期及任务内容，引导儿童在记录时写出完成时间，这样，儿童对自己在什么时候完成什么任务可以一目了然。

（3）教师要关注儿童执行任务的过程。通过观察儿童在过程中的行为表现，发现儿童完成任务的不同经验与方法，并为儿童提供交流分享的机会，鼓励儿童把自己完成任务的好方法、小妙招和同伴分享，从而让儿童在相互交流分享中吸纳别人的经验，习得更多的方法。

（六）温馨提示

做好家长沟通。与家长沟通活动开展的目的，家长如何配合给出家庭教育指导意见和配合要点，提高家园共育能力。

第三章

小学入学适应教育活动案例

启发与引导

- 帮助儿童实现顺利衔接，小学可以做些什么？
- 幼小衔接小学入学适应教育应该有哪些内容？
- 小学入学适应教育有哪些常见问题？有哪些解决办法？
- 入学适应教育活动应该如何设计？
- 小学教师在开展幼小衔接活动时可以做些什么？

为了帮助儿童顺利实现从幼儿园到小学的过渡，为幼儿园与小学做好衔接工作，本章重点体现小学教师要如何帮助一年级儿童实现身心适应、生活适应、社会适应、学习适应，以及具体的活动要如何设计与开展。

第一节　身心适应

案例一　喜欢上学

兴趣对儿童入学后的适应能力影响显著。兴趣可以使人集中注意力，产生愉快的心理状态。有了浓厚的学习兴趣，就能激发儿童的求知欲，开启智慧，儿童就会去自主解决学习中遇到的问题，不断地钻研和学习，从而获得更多的知识。因此，激发儿童的上学愿望，使儿童获得对入学生活的积极情感体验尤为重要。

小小难题：如何激发儿童的上学愿望

在全家人的期盼下，双胞胎姐弟叮叮和咚咚要进入小学，成为小学生啦！可是，在叮叮、咚咚心中，还是有几分担心。叮叮问："咚咚，你觉得小学好玩吗？老师会喜欢我们吗？"咚咚摇头："我也不知道，妈妈说小学没有那么多玩具了，不知道会不会很无聊？"

开学那天，叮叮、咚咚跟着爸爸妈妈来到学校门口，但是他们有些胆怯，不敢再往里走了……

大大办法：创设环境　融入校园

一、活动目标

（1）记住校名和班级，愿意了解校园环境。
（2）积极参与学校和班级的活动，认识新朋友。
（3）为自己是一名小学生而感到高兴和自豪。

二、活动流程

（一）拉近距离，预备入校

活动一：暑假新生家访

暑假新生家访在帮助儿童适应小学集体生活方面发挥着重要作用。由班主任、副班主任教师以及相关的学科教师，组成家访教师团。在开学前两周的时间，展开家访。家访时，家校双方既能通过交流沟通了解儿童的性格特点、行为习惯和语言沟通能力，以便在今后的校园生活中对他们进行精准有效的引导；更能让儿童对小学和小学教师有初步印象，减少进入小学后的陌生感和无措感。具体的家访记录表见表3-1-1。

表 3-1-1　家访记录表

学生姓名：	年　龄：	性　别：
小　名：	出生年月：	

性格特点：
兴趣爱好：
饮食、卫生习惯：
交往能力： 1. 是否喜欢与同伴玩耍： 2. 是否能正确表达自己的需求、感受：
过敏史及既往病史：

注意事项

1. 家访前

（1）提前预约。家访前，教师必须与学生家长提前约定好家访的时间，最好选择放学后或双休日进行家访，学生在场以保证家访效果。切忌盲目家访。

（2）初步了解情况。家访前，教师需对家访学生情况进行初步了解，以提高家访实效。

（3）明确目的。家访前，教师应明确此次家访的目的，如了解家庭具体情况、学生学习基础、与家长沟通达成家校共育共识等。

（4）内容准备与方法选择。家访内容应多种多样，可包括介绍学校办学理念、班主任带班理念，了解学生性格、爱好以及期待，了解家长家庭教育理念等，谈话方法则需因人制宜，可提前制作家访表，规划访谈要点。

2. 家访中

（1）仪态仪表。家访时，教师应服装得体、落落大方、举止文雅，举手投足间让家长感受到教师的素养。

（2）时间控制。家访时，要注意围绕主题进行沟通，适时引导话题，家访时间最好控制在60分钟以内。

（3）调整态度。家访时，教师应诚挚、亲切，言辞得当，主动与孩子打招呼，可伴有亲切的微笑、温柔的抚摸。面对家长，要平等交流并认真倾听家长的言谈，给予家长信赖感与亲切感，从而让家长诚心诚意地支持、配合教师工作。

3. 家访后

家访后，教师除持续督导和反馈学生情况外，还可以把家访情况做一个小结，分别写一封"给家长的信"和"给孩子的信"，从学习习惯、生活习惯、劳动习惯、待人接物、亲子关系等角度，描述家访过程中观察到的感人场景与细节，归纳优秀家长的育儿经验，适当放大并表扬学生的优点，利用班会课、家长会等时机将这些信朗读给学生和家长听，以发挥榜样力量。

活动二：创设环境

1. 校园环创

精心的校园环境布置可以使入学充满仪式感。通过挂件、图片、立牌、视频等形式，营造温馨融洽的校园氛围。从校门到教室，儿童目之所及的一景一物都传递着欢迎之情，凸显着学校的文化内涵，起着"润物细无声"的作用。校园环创流程如图3-1-1所示。

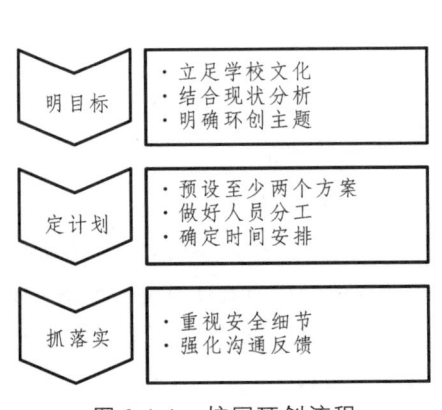

明目标	·立足学校文化 ·结合现状分析 ·明确环创主题
定计划	·预设至少两个方案 ·做好人员分工 ·确定时间安排
抓落实	·重视安全细节 ·强化沟通反馈

图3-1-1 校园环创流程

2. 班级环创

（1）创设"有准备"的精神环境。

良好的精神环境能对儿童的行为产生积极影响，促进儿童主动活动和学习。老师需提前构思，以班级建设目标为导向，提出班级发展基本理念，为营造良好的精神环境打下基础。例如设计班名、班风、班训以及班级公约等。

班名：童梦林

班风：爱生活，会学习

班训：独立、自信、友善、创新

班级愿景：我是童梦林里的小树苗，伴着梦想出发，向着阳光生长。当我触到白云，摸到蓝天，回头一看，哦，我已成为苗壮的大树，能为他人遮风挡雨啦！

（2）创设"有准备"的物质环境。

环境作为一种"隐形课程"，对儿童的智力发育、个性塑造、情感教育有着潜移默化的影响，"有准备"的物质环境遵循富有童趣、安全等原则，包括基本设施、教具、标志等。例如：黑板报以"我是小学生啦"为主题，童趣的绘画配上鲜艳的颜色激发新生对新班级的喜爱与亲切感，班级墙上张贴"写字四个一""早间六件事"等班级常规让儿童认识到班级与其他场所的区别，自主养成良好的学习习惯。

（二）认识校园，激发喜爱

活动一：闯关入校

闯关入校活动富有趣味性，符合儿童身心发展特点，能更好地激发儿童入校学习的兴趣，且能增进儿童对学校的了解，培养儿童的良好习惯和爱校情感。报到当天，儿童以闯关的方式进入校园。第一关为"识校名，知校徽"、第二关为"有礼貌，会问好"、第三关为"小手印，记成长"、第四关为"我是小学生啦"。每闯一关，便可以获得一张学校特制小贴纸，在游戏活动中走进校园，增强校园归属感。

活动二：新生欢迎会

活动时间：开学第一天。

活动目的：新生欢迎会是具有温度和力度的活动，能让儿童在进入校园时有强烈的仪式感和归属感，让儿童感受到尊重与温暖。学校举办新生欢迎会，让儿童感受到来自小学校园的亲切美好，了解校园丰富多彩的生活，感受学校文化，点燃儿童对小学的向往之情。

活动形式：欢迎会的节目由各社团的师生共同准备、呈现，表现形式可以是歌舞、乐器、书法、运动，也可以是简短的小品故事，体现小学生活的美好。

注意事项

（1）活动策划。举办新生欢迎会前，需拟一份详细活动策划，其内容包括活动宗旨、活动主题、时间地点、参会及工作人员、详细流程以及注意事项等。

（2）准备工作。包括主持词撰写、主持人培训、节目排练、活动道具和布置准备、新闻稿撰写等。

（3）基本流程：

主持人宣布开学典礼开始。

典礼第一项：升旗仪式（出旗、升旗、唱国歌）。

典礼第二项：节目表演。

典礼第三项：校长新学期致辞。

主持人宣布典礼结束。

（三）融入校园，身份认同

活动一：游戏中认识同学

认识同学名字的游戏活动有助于增进同学间的感情，提高儿童人际交往能力。开学第一天，教师组织儿童在游戏活动中（如击鼓传花、水果蹲、电子屏幕挑选等）进行自我介绍，主要介绍自己的姓名、兴趣爱好等。

活动二：活动中认识集体

以传统节日、课本内容、生活劳动、校园生活四大主题设计形式丰富的活动（详见表 3-1-2），让儿童在活动中获得集体认同感。一年级第一学期，要常常开展活动，使儿童在丰富多彩的活动中认识集体，融入集体，爱上集体，初步树立集体荣誉感。

表 3-1-2　主题活动表

传统节日	课本内容	生活劳动	校园生活
中秋节——"诵童谣，吟中秋"朗读比赛	好书分享会	我为家人做件事	早读比赛
国庆节——我和祖国合个影	亲子共读	书包整理比赛	课间活力操比赛
重阳节——为我的爷爷奶奶献祝福	课本剧表演	班级大扫除	亲子运动会

部分活动展示如图 3-1-2、3-1-3 所示。

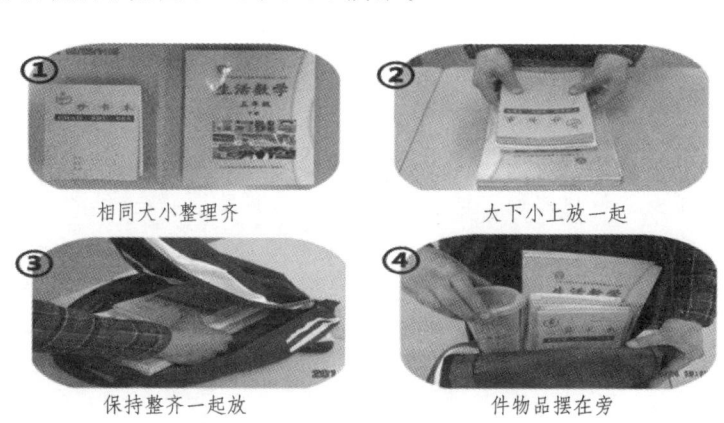

① 相同大小整齐
② 大下小上放一起
③ 保持整齐一起放
④ 件物品摆在旁

图 3-1-2　书包整理比赛

图 3-1-3　中秋诵读

案例分享：新生报到有创意

活动目的： 让孩子熟悉学校，爱上校园。

活动过程：

叮叮、咚咚被校门口可爱的姓名贴吸引，老师热情地迎了过来，给他们每人一张。在爸爸妈妈的帮助下，他们写上了自己的姓名。看着姓名贴被贴在校门口的迎新展板上，他们露出了笑容。

接着，另一位老师将校园闯关地图送到他们手上，亲切地提醒他们按照地图索引参观校园。这样的方式完全迷住了两位小朋友，一边沉浸在地图"寻宝"的游戏中，一边跟新学校熟悉起来。

终于来到教室，教室门口挂着大大的云朵，让叮叮、咚咚觉得这里像云朵梦工厂一样。他们跟随同学排着队，一步步走向老师。

老师蹲下身，抱抱他们，说："好可爱的双胞胎！"另一位老师发出邀请："你们想一个酷酷的姿势，我们拍张最好看的照片吧！"叮叮摆了一个舞蹈动作，咚咚摆成了奥特曼，两位老师一人模仿一个动作。"咔嚓"，和老师们的第一张照片诞生啦！

几天后，叮叮、咚咚拿着照片走进教室，看着两位老师，他们都忍不住笑起来。

案例二 快乐向上

学习对于每个人来说都是苦乐交织的，因为这是一个探索和发现的历程，需要排除万难、勤奋努力，也正是在这个过程中，儿童不断挖掘自己的潜能，获得超越自我的满足感。因此，激发儿童主动学习的欲望，使儿童获得对小学学习生活积极的情感初体验，变得尤为重要。

小小难题：如何让小学生拥有快乐向上的积极心态

双胞胎姐弟叮叮和咚咚终于顺利进入小学，成为小学生啦！可是，在叮叮、咚咚心中，还是有几分不适应。叮叮问："咚咚，你觉得我们能交到好朋友吗？"咚咚想了想："可能吧，我也不确定，妈妈说小学和幼儿园不太一样，小学的同学更多了，不知道能不能记住他们的名字……"

大大办法：融入班级 润化心灵

一、活动目标

（1）积极参加班级活动，结交新朋友，喜欢学校生活。
（2）热爱并且主动学习，享受学习的快乐。

二、活动流程

（一）融入班级，身份认同

活动一：认识你很高兴

陌生和不适应是新入学儿童的心理，为了让儿童尽快融入一年级这个大家庭，拉近教师和儿童之间的距离，制作一张属于自己的个性姓名牌必不可少。

姓名牌可以让师生间、同学间尽快地熟悉起来。制作个性姓名牌也是一年级儿童的一个小小仪式，让其重新认识自己小学生的身份，融入班级大家庭，适应校园生活。

开学初每天的课前三分钟是一个可以让儿童展示的小小舞台，也是快速让大家相互了解熟络起来的方式。儿童可以做简单的自我介绍，也可以讲述故事、朗诵儿歌、才艺展示。

从不同的家庭汇集到一个新集体的儿童，迫切需要新的班规、校规来规范养成教育。恰到好处的课前三分钟，可以让儿童快速了解、熟悉班规，内化行为，还可以扩大识字量，提升凝聚力，可谓一举多得！

活动二：我是班级小主人

一年级的儿童天生有一颗好动的心，并且乐于助人，急于得到教师的肯定。基于此，各班可以积极开展"我是班级小主人"活动。教师对班级各个岗位进行讲解，儿童根据自己的特长与喜好，选择自己心仪的岗位。只有合理分工，明确岗位职责，儿童才能各司其职，发挥所长，并且快速在班级里找到归属感。

同时，教师也要耐心观察、及时反馈、充分考虑儿童个性差异与能力差异，并进行适当的岗位调整。同样，还可以进行周期性的岗位轮换，引导儿童在岗位实践中更好地成长。

> 注意事项

1. 准备工作

举办"我是班级小主人"活动前,教师需要提前说明班级岗位有哪些,使儿童心里有简单的认知和意向岗位。可以利用班会课时间开展活动。

2. 基本流程

(1)教师介绍班级管理岗位。

(2)学生进行自荐。

(3)班级投票。

(4)公布管理员名单。

3. 特别注意

对于性格内向不愿意上台进行自荐的孩子也不用担心,老师可以根据孩子能力以及性格特点安排岗位,确保人人都有岗位,人人都是班级小主人。

4. 班级岗位明细表(见表3-1-3)

表3-1-3 班级岗位明细表

岗位	职责	建议人数	岗位	职责	建议人数
卫生管理员	负责每日卫生监督提醒	3人	电教管理员	离开教室负责关闭电器	2人
午餐管理员	负责午餐用具摆放	2人	印章管理员	给同学们登记印章	3人
图书管理员	负责图书架的整理	3人	路队管理员	放学、体育课负责整理队伍	2人
课表管理员	每天提前将第二天的课表贴在黑板上	2人	讲台管理员	负责讲台物品的摆放、整理	2人
英语领读员	英语早读领读	2人	饭架管理员	负责饭盒架的整理	3人
语文领读员	语文早读领读	2人	植物管理员	负责定期给班级绿植浇水	2人

续表

岗位	职责	建议人数	岗位	职责	建议人数
开关管理员	离开教室负责关灯、关风扇	2人	安全管理员	课间对追逐打闹等不文明行为进行提醒	3人
值日管理员	按照学号每日安排值日生	2人	评分管理员	负责班级纪律评分册的管理	2人

（二）创新评价，激发兴趣

1. 过程评价

每个学生都希望自己在教师眼中是最好的，最喜欢听到教师的表扬，一听到表扬一般就会有更好的表现。因此，在平时的学习生活中，教师要重视对学生的评价。

课堂上认真听讲、积极发言、认真完成学习任务都可以获得相应的表扬。除此之外，热爱劳动、礼貌问好、团结同学、文明如厕都可以成为被表扬的方面。每一次被表扬都可以获得与之对应的贴纸或者印章，每个孩子可以拥有一个专门用来收集自己获得奖励贴纸或印章的小册子。查看小册子时，能够清晰孩子做得好的方面以及仍需要努力的方向。小小一本册子，记满了儿童成长的足迹。

同时，贴纸或者印章可以累积，例如奖励的贴纸，每10个或者15个可以兑换一个奖品（如笔、橡皮擦、本子、小零食）以及特殊功能的卡片（如换座卡、一日小助手体验卡）。放学后，儿童可以和自己的家人分享喜悦，并告诉家长奖励是如何得来的。教室评比栏中也可以展示出每个人获得的小红花数量，每周统计一次，每周五可以在全班进行公告。每周或每月还可以根据学生上课以及课间的综合表现，给表现好的学生颁发表扬信。

教师要尽量挖掘每个儿童的长处和闪光点，一旦发现便要毫不吝啬地表扬。通过树立榜样、表扬先进，激发儿童源源不断向上的动力，培养儿童良好的学习习惯。

2. 阶段评价

活动：缤纷夏日　畅游学海

活动时间：学期期末。

活动地点：各班教室。

活动目的：基于小学低段学生身心发展特点以及认知规律，以低段学生的兴趣喜好为出发点，响应国家政策，让学生快乐学习、快乐收获。

活动内容：详见表3-1-4。

表3-1-4　活动内容

时间	活动名称	活动目的	活动规则	活动方式
第一关	畅游学海之学海拾贝	通过乐学闯关的形式，考查学生在本学期语文学习中的基础知识掌握及背诵积累情况。	出示情境：夏日炎炎，让我们一起畅游学海，"清凉一夏！"瞧！这些美丽的贝壳要送给你语文的趣味知识，快来把它们带回家吧！	请小朋友随机选取一枚"贝壳"，准确流利地读出上面的词语或背诵出对应的诗文篇目。
第二关	畅游学海之智海冲浪	通过乐学闯关的形式，考查学生在本学期数学学习中基础知识掌握情况。	出示情境：智慧的浪花在翻滚，你能用数学知识快速解决问题，在智慧海洋里勇往直前吗？	小朋友的生活中随处都有数学问题，算一算，这些问题的答案是多少；认一认，生活中有哪些你认识的图形呢？
第三关	畅游学海之艺海潜游	通过乐学闯关的形式，考查学生在本学期英语学习中的基础知识掌握及口语表达情况。	出示情境：美丽的海底世界，让我们一起乘坐知识的潜艇，将英语的缤纷美丽尽收眼底。	小朋友们，你的日常一天都有哪些活动呢？我们一起来读一读，选一选吧。
第四关	畅游学海之海滩派对	考查学生本学期所学习的歌曲，考查学生的歌唱表现能力。	出示情境：快乐的海边之旅到了尾声，让我们载歌载舞，用歌声表达自己的快乐！	小朋友们自行分组，表演一首本学期所学的歌谣，如果能加上动作和表情会更棒！

"缤纷夏日，畅游学海"活动旨在淡化一张试卷评价学生一期表现的传统做法，力图让评价更多元、更立体，让教育更具温度，更加灵动；旨在培养儿童浓厚的学习兴趣和良好的习惯，以实现快乐向上、幸福成长。

（三）五育并举，快乐向上

1. 丰富的活动月（见表3-1-5）

表3-1-5　丰富的活动月

时间	9月	10月	11月	12月	1月
活动内容	入学仪式	建队日活动	秋季运动会	元旦活动	期末活动
活动主题	怦然"新"动	铭记党史 筑梦未来	展赛场风采 畅璀璨未来	"一带一路" 双语迎新	勇闯智慧岛

2. 多彩的学科活动（表3-1-6）

表3-1-6　多彩的学科活动

科目	语文	数学	美术	音乐	劳动	体育
活动内容	阅读活动	计算比赛	绘画活动	红歌比赛	整理活动	体操比赛
活动主题	吟诵经典	数你最棒	最美街区	红歌咏流传	整理达人	快乐出发

活动是教育最好的载体，多样化的学科活动也是进行"五育"教育最好的阵地。学校应以培育新时代好少年为出发点，积极强化教育主阵地作用，以丰富多彩的活动为形式，整合公共资源、拓展教育载体，积极推进精彩活动进校园，为儿童点亮多彩的校园生活，助力儿童快乐向上地成长。

案例分享：指导学生有智慧

活动目的：让儿童主动学习，爱上学习。

活动过程：

语文课上，老师正在教写字："横要平，竖要直……"全班小朋友一起伸着小手，摇晃着脑袋，认认真真书空起来。叮叮的小手却藏在抽屉里，玩得不亦乐乎。老师发现了，并未直接提醒。下课后，老师找到叮叮，细细询问："叮叮是不是不喜欢上学啊？"叮叮好像被问到了，一时吞吞吐吐，不知怎么回答。老师不急不躁，理解叮叮刚从幼儿园过渡到小学阶段，有很多不适应的情绪，教师指着校园里"榜样墙"上哥哥姐姐的照片，耐心地说："叮叮，看到这些哥哥姐姐吗？他们进入小学以来可能干了，认真学习，积极锻炼，不光学习，样样都顶呱呱，所以他们才能成为榜样，让大家学习呢。"叮叮认真看了看照片，惊讶道："这个姐姐我认识！是我的邻居。""哇，邻居小姐姐这么棒啊！那我们的叮叮想不想也成为这样的小朋友，让大家都向你学习？"叮叮埋着头，小声地说："想……"老师摸了摸叮叮的头，鼓励道："叮叮真是个好孩子，那从现在开始，要向他们看齐哦！"叮叮兴致满满地回去上课了，他要用行动证明自己以后也可以成为榜样呢！

案例三 积极锻炼

体育是教育的重要组成部分，强身健体的同时塑造品格、养成体育精神。小学生积极进行体育锻炼，可以使骨质增强，促进生长发育，促进人体的新陈代谢，使血液循环加快，供给大脑的氧气和营养物质增多，提高学习效率。参加体育锻炼，能培养小学生机智、果断、沉着、冷静等心理品质，也可以培养小学生的集体主义意识，可以锻炼胜不骄、败不馁、勇敢顽强、坚持到底等良好作风。因此，引导儿童热爱运动，激发儿童积极锻炼的动力，使儿童在进入小学的学习生活中身心持续健康地发展，变得尤为重要。

小小难题：如何激发儿童积极锻炼的动力

> 叮叮和咚咚成为小学生后，很快地交上了好朋友，适应并喜欢上了小学的生活。全家都为他们感到骄傲。可是，在叮叮、咚咚心中，还是有几分疑惑。叮叮问："我们体育老师已经教我们跳绳啦，但我总是一只脚过去了，一只脚过不去，你呢？"咚咚也摇摇头："我感觉我跳得都要飞起来了，但绳子还是没有过去……"

大大办法：丰富活动 激发动力

一、活动目标

（1）儿童在良好的运动氛围中，感受运动的快乐。
（2）儿童愿意积极参与学校组织的各类活动，并养成日常运动的好习惯。

二、活动流程

（一）氛围营造，引导运动

活动：创设环境

学校体育氛围是建设校园文化的重要组成部分，它集经济、建设、娱乐、审美、传播文化等多种文化功能为一体，通过丰富多彩的活动，培养学生的参与意识，促进学生健全人格、情感和价值观的形成。通过展板、挂件、图片、视频等形式，营造充满力量的校园氛围。篮球场、足球场、乒乓台等，孩子们目之所及的一景一物，凸显着学校的体育精神，起着润物细无声的作用。积极良好的体育氛围，有利于全面推进学校体育的发展，提高学生的运动技术水平，培养学生对体育的兴趣，养成终身锻炼的好习惯。"更快、更高、更强""生命在于运动""重在参与"等体育精神，是对学生润物细无声的影响。

现在的体育赛事很多，报纸杂志等对于这些比赛的报道也非常及时，学生很容易从这些报道中找到自己喜欢的项目，及时欣赏到运动员的风采。教师可以收集这方面的资料或图片做一些展板，摆放在学生每天会经过的地方，比如篮球、足球、乒乓球等主题，让学生对这些比赛项目有一个比较全面的了解。这些图片也可以由学生去收集、整理，同时还能提升学生的组织能力和动手能力。

（二）借助多媒体

现在学校的资源配置比较充裕，教师可以借助多媒体器材，让学生更生动地了解比赛有关的情况，比如组织学生看运动比赛直播和录像，尤其是一些影响范围广、有教育价值的比赛，如奥运会、亚运会、世界杯等。这些比赛不仅能培养学生的爱国热情，树立集体意识，还能掀起一股练习的热潮，激发学生自主锻炼的兴趣。

活动：缤纷运动 精彩童年

教育家蔡元培先生提出了"完全人格，首在体育"的教育主张，学校应加强对学生的体育教育。坚持每天阳光体育锻炼一小时，设计缤纷趣味的运动会、丰富多彩的体育社团课程。让学生从小身体力行，不断提高身体素质，在运动中形成优秀的品格，大力促进学生德智体美劳的全面发展。

1. 新，课间花式趣味多

学校最大限度满足学生需求，打造高效课堂，丰富课间活动，引领儿童体验、释放、挑战、合作。听！校园里正奏响着以文明有序、修身健体、愉悦交际为主旋律的课间乐章。让儿童轻松学、愉快学的前提是拥有强健的体魄。修心健体的花式大课间真是丰富多彩！伴随《七彩阳光》的活力节拍，每一个动作都做到极致。自编韵律操《一年级》《生长吧》《向快乐出发》，以朝气点燃跳动的旋律。

2. 燃，赛场上的每一个你

通过体育锻炼使儿童享受乐趣、增强体质、健全人格、锤炼意志，为促进孩子们的全面和谐发展加油蓄力。每一年的体育文化节是孩子们最喜欢的时刻。孩子们气宇轩昂地走向运动场，展现了勇往直前的精神风貌；独具特色的服装是一道道靓丽的风景线，激发了学生对运动的兴趣、对趣味比赛的向往。

为了让每个班级的出场式令人难忘，且有育人价值，每个年级围绕一个主题进行呈现。比如：一年级——中国童话；二年级——国宝动物；三年级——十六名画；四年级——八大菜系；五年级——经典国粹；六年级——特色服饰。

3. 彩，运动社团显个性

"每天一节体育课"是阳光体育课程的基本内容。它不仅使校园更有活力，更是让爸爸妈妈再也不用担心孩子们的身体素质！优雅的校园波尔卡，有趣的五禽戏……学校的大课间也颇具特色。当旋律响起：规范的动作、轻盈的身姿，那是朝气与活力的完美绽放。体育课上没尽兴，别怕！学校还有体育社团：旋风足球社团、霹雳篮球社团、汉韵空竹社团……让儿童收获一项项体育技能。

案例分享：我运动，我快乐

活动目的：让儿童爱上运动，养成锻炼好习惯。

活动过程：

开学一个月后的一个课间，叮叮在教室的座位上闷闷不乐，老师第一时间走到叮叮的座位旁关心询问。叮叮一直特别喜欢老师，什么都愿意倾诉。细细询问后，了解到叮叮因为一分钟跳绳不到 100 个，所以不愿意再上体育课。老师也终于明白为什么最近几次体育课叮叮总是说肚子不舒服，在一旁观课，老师急忙走过来安抚叮叮："叮叮，老师知道，跳绳确实不是一件容易的事。"叮叮瞪着双眼听得特别认真。老师继续说："老师之前也看到了，你因为练习跳绳食指磨出了水泡，但你仍然坚持。老师都很佩服你，这个水泡就是你荣誉的勋章。"叮叮将信将疑地点点头。老师握着叮叮的手："你从不会跳绳，到现在能跳将近 100 个，已经很了不起了。当你觉得一件事越难，就代表着你在不断地进步，老师相信你继续坚持训练一定会有很大的进步！"叮叮坚定地点点头，从那以后，每一节体育课都认真坚持锻炼，在体育文化节上还代表班级参加了单人跳绳比赛，取得了第一名的好成绩！

案例四 动作灵活

教育家陶行知先生曾经论述过"手脑并用"的意义——要解放儿童的头脑、双手、脚、空间、时间，使他们充分得到自由的生活，从自由的生活中得到真正的教育。陶行知先生认为在用脑的时候同时动手去实践，用手的同时用脑去想，才有可能去创造。手和脑一块用，是创造教育的开始，手脑齐全是创造教育的目的。因此，培养儿童动手操作的能力，对儿童迅速适应小学阶段的学习生活起着至关重要的作用。

小小难题：如何训练儿童的精细动作

叮叮是一名刚进入一年级的小学生，迈进校园之前，叮叮心里对一年级的学习生活有着无限的憧憬和期待。但是在新学期一周之后，叮叮心情却有一点不好。原因是他老是收拾不好自己的桌子，桌子内有很多杂乱的物品，比如揉成一团的废纸、塞在书里面的口罩、横躺在里面的水杯……

老师和班级里的清洁委员会对叮叮进行提醒，叮叮自己也想做好个人卫生，奈何之前没有养成这方面的习惯，叮叮也很懊恼……

大大办法：提高效率 专注学习

一、活动目标

（1）培养儿童灵活的动作技能，促进儿童视觉、听觉、触觉、语言、想象、思维、手眼协调以及构造、企划能力的发展。

（2）提升儿童动作技能的速度，使儿童专注学习，提升效率，获得成就感。

二、活动流程

（一）家庭训练，人格独立

活动：我是家务小能手

在很多父母的心里，儿童永远都是小朋友，需要家长帮助和照顾，不忍心让儿童受一点点劳累，如早晨起床，帮助儿童穿衣刷牙；吃饭、洗碗、扫地、整理房间都由家长承担。儿童做得少了，动手能力自然就差了，其实培养儿童的家务能力，让儿童适当地参加到家务劳动当中，对儿童的成长有着极大的好处。

（二）家校结合，共同育人

活动一：习惯养成

1. 收纳整理

收拾整理不仅仅是个体力活，同时也锻炼儿童的思维能力，帮助儿童学习如何处理自己与物品的关系。收纳、整理、分类物品，会促进儿童思维能力的发展，让儿童做事变得有条理且高效，这本身也是智力形成的一个过程。而一个不善于整理的儿童，其思维是比较混乱的，智力也往往无法得到很好的发展。帮助儿童养成自己整理物品的习惯，对儿童和家长都有好处，可以从以下几个方面入手。

（1）固定儿童放物品的位置。

给儿童一个固定的地方，有条件的家庭可以给儿童一个专门的小柜子，摆放儿童的书本和玩具，要求儿童把课本、练习本、玩具分类摆放。

（2）父母要率先垂范。

父母的一言一行对儿童的影响较大，而且这种影响往往是潜移默化的，在收拾整理东西方面也不例外。要求儿童的鞋子摆放整齐，父母自己的鞋子不能乱扔；要求儿童把柜子和抽屉里的东西放好，父母自己就要把物品摆放得整整齐齐；要求儿童把用过的东西及时归原处，父母要做出表率。

（3）培养儿童收拾东西的习惯。

父母平时要经常教育儿童把东西放置有序，使儿童养成自觉收拾东西的良好生活习惯。父母要做到坚决不放过任何一次不按规定办的行为，只要发现一次，就要立即督促按规定摆放收拾好。有时候，儿童因乱丢找不到自己的东西，父母先不帮儿童寻找，"惩罚"儿童感受一下不按顺序摆放的后果，然后再帮助儿童。

2. 卫生清洁

（1）重视培养儿童"不乱丢垃圾、爱护环境"的好习惯。

我们要经常教育儿童：不乱丢垃圾，看见垃圾捡起来；不随地吐痰，不让病菌传染；不踩草坪、不折花木，让环境更美；勤换衣服，便后要冲水，做好个人卫生。

（2）让儿童独立完成家务事。

父母不妨让儿童从洗内衣和袜子、整理书包等小事做起，给儿童自己动手的机会，只要儿童能够独立完成的事情就尽量不要插手，就算做得没那么完美，也要给予儿童包容与理解，儿童就会越做越好。

父母可以不代劳，但要记得给儿童做示范，把一些好的整理方法教给儿童，或者给儿童一些明确的指令，而不只是下命令。

许多时候，不是儿童不爱整理，而是他们没有掌握正确的方法，不知道哪些东西应该放在什么位置，或者哪件事情应该做到什么程度。另外，也可以给儿童配备一些辅助的整理工具，如收纳盒、物品清单、分类标签等，帮助儿童做到有效整理。

（3）制作好习惯养成表，助力儿童做好个人卫生。

帮助儿童制定"好习惯养成表"，把希望儿童养成的好习惯按项列出来，刻意对儿童进行培养。如果儿童做到了，就在对应的一项后面画一个钩，如果没做到就画一个叉，并制定相应的奖励措施。

执行的过程中父母要有耐心，至少坚持一个月，如果儿童20天以上都能做到就给予奖励，不必惩罚，没有奖励就是惩罚，这样儿童会更愿意配合。

3. 学习习惯

习惯的力量是巨大的，成功的教育也是从良好的习惯养成开始的。可在现实中，有些家长往往更多地关心儿童对知识的掌握，忽视了儿童学习习惯的养成。其实，对小学生来说，在某种程度上，习惯的养成比知识还重要得多。那么，在家庭教育中，怎样培养小学生良好的学习习惯呢？

（1）督促和帮助儿童安排学习时间，以养成善于计划和追求实效的习惯。

古人云：凡事预则立，不预则废。为了追求实效，学习也要有计划，在家里的学习更需要详细的安排。家长要指导儿童按不同时间段的特点，制定具体的学习计划，如周一至周五在家学习计划，双休日学习计划，寒假、暑假学习计划。有了学习计划后，家长要督促落实。儿童当天的学习任务，一定要当天完成，双休日的任务也要分在两天各自完成，寒、暑假的学习任务，也要按具体情况分段完成，绝对不能拖到快开学集中突击去做。

（2）指导儿童认真检查作业，纠正错题，以养成善于反馈矫正的习惯。

儿童完成作业的过程中，容易犯两个错误：一是没有回头检查的习惯，二是不能自觉自愿地纠正错题，并且年级越低，表现越突出。完成作业的过程中，错误是难免的，检查验算可以发现错误。纠正和完善错题，才能弥补知识掌握过程中的缺陷。

（3）协助儿童认真完成口头家庭作业，以养成注重背诵记忆的习惯。

家庭作业有两种类型：一种是书面作业，如写生字、抄单词，完成课后练习题等；另一种是口头作业，如背诗词、背课文、背英语单词等。儿童往往重视前者，忽视后者，其原因就是教师不好检查后者。所以家长要通过家长群等途径，清楚孩子每天的作业，督促其完成口头作业。

活动二：多元评比

1. 五育并举，以赛促劳育

（1）整理小能手挑战赛。

在学校里面，教师将会通过开展多项活动，促进儿童进行自我物品整理，让儿童有收纳自己东西的意识，培养儿童的劳动意识、动手能力。儿童在比赛中也学会了如何正确整理自己的物品，比如水杯不应该放在抽屉内，而应该放在书包里或者书包旁边的口袋；各个学科的书本和作业题单等应该放在不同的文件袋，在文件袋外面用标签贴好科目，方便拿取。

儿童通过这次比赛，明白了干净的学习环境对学习的重要性，也通过和同学的竞争，获得了整理的乐趣。

（2）"劳动最光荣"体验活动。

班级还可以在校内开展劳动比赛，儿童带上清洁用具到教室，全班一起开展清洁教室的比赛，每个儿童用抹布擦拭自己的桌椅，清理座位上的垃圾，在活动中感受劳动的快乐。

2. 项目式学习，聚焦动手实践能力

项目式学习已经成为小学常态化的学习方式，它潜移默化地影响着每一个学生的成长，丰盈着师生的心灵。

在每一个节假日，教师以儿童面临的实际生活问题为驱动，链接到儿童的真实生活场景，积淀知识，积累经验，提升学生问题理解力、创造力。同时，在项目实施过程中，还体现了"五育融合"的教育理念，将德、智、体、美、劳巧妙地内化在项目学习中，培养善思善创的学生。

（三）适应校园，开启华章

活动：快乐学习，高效课堂

低段儿童通过在家里的训练，能够在课堂上集中注意力，控制住自己的手部小动作，思维也会更加活跃，更富有创造力，实现课堂教学高效率、高效益、高效果；使学生真正做到学会、会学、乐学，从而健康积极地发展，获得更多的成长体验。

案例分享：系鞋带初体验

活动目的：训练儿童的手部精细动作，让儿童学会自己的事情自己做。

活动过程：

叮叮是一个刚进入一年级的男孩，他非常聪明，看了很多书，知道很多班级里其他儿童都不知道的知识，比如恐龙化石是怎么形成的，还有大自然里一些很奇妙的奥秘，同学和老师都很喜欢他。

但是叮叮也有一些不好的习惯，比如收拾整理的能力较差，各学科的题单混在一起，自己的抽屉很杂乱；生活自理的能力也很差，早上起床都是妈妈帮助穿衣服，也不会系鞋带……有一次在学校里，叮叮的鞋带松开了，他走到老师面前,把腿一伸,问道:"老师,你可以帮我系一下鞋带吗?"老师哭笑不得地帮助他系了鞋带,同时也教他怎么系鞋带,班级里的同学也教他如何整理自己的位置……慢慢地,经过一学期的习惯养成,到了一年级下期的时候,叮叮已经能自己系鞋带了,而且自己的书桌也整理得非常干净,做作业时速度也变快了,回想起一年级上期的自己,叮叮也不好意思地笑了。

第二节 生活适应

案例一 生活习惯

生活习惯的培养,是奠定儿童一生良好品质的基础。有规律的生活有助于儿童身心健康地发展,保持充沛的精力,逐步适应小学生活。良好的生活习惯能够帮助儿童快速地适应一年级的学习生活,为整个小学阶段的学习做好铺垫。

小小难题:儿童不适应新作息

开学一周了,叮叮和咚咚在上学路上讨论着前一天发生的趣事,突然,叮叮控制不住打了一个大大的呵欠,咚咚问:"叮叮,你是不是困了啊?"叮叮点头:"对啊,之前幼儿园我们都不用每天早上这么早起床,现在每天八点半就要到学校,其实我还想再睡一会呢。"咚咚附和着:"确实是,我们原来还有专门的午休时间,现在都不能躺在床上睡午觉了。"

大大办法:适应生活 养成习惯

一、活动目标

(1)儿童养成早睡早起的好习惯,能够逐步适应从幼儿园到小学的作息转变。

(2)具有良好的生活和卫生习惯,能主动喝水,学习保护视力的基本方法。

二、活动流程

（一）规划时间，调整作息

活动一：一日常规"九宫格"

儿童每日在校常规可划分为九件事：温馨早安、活力早操、文明课间、有序如厕、足量饮水、亮眸眼操、美味午餐、多样午管、快乐放学。

"九宫格"的呈现不仅有常规的内容，还可以留出展示区，将一日或一周在该项常规上表现优秀的儿童进行展示，可以用展示姓名的方式，也可以让孩子选择一张自己最喜欢的照片进行展示。这样的活动可以督促儿童更加主动积极地适应小学常规，还可以让被表扬的儿童获得成就感。

活动二：我的时间我来定

以一年级下册《道德与法治》中第一单元《我不拖拉》这一课为载体，让儿童知道做事不应该拖拉，教育学生珍爱生命要从抓紧时间开始，使儿童了解无论在家里还是学校做事都要有计划，应当合理安排时间。

活动：小小讨论会

（1）讨论交流。播放课件，出示"医生在抢救病人""发生火灾，消防队赶到火灾现场""农民在农田里劳作"的图片，设想他们如果拖拉会有什么后果？

（2）拓展延伸：联想一下除图片以外的各行各业如果拖拉会有什么后果？

（3）儿童自由组合，任选其中一种职业或角色，用上道具，说一句"时间就是……"

教师总结：同学们，通过学习我们不仅知道了总把"不急""等一下""还没完"挂在嘴边就是拖拉的表现，而且了解到，如果总是拖拉的话，就会养成坏习惯，就可能对自己和他人带来不利影响，甚至会造成严重的危害。所以，我们从小就要学会不拖拉。要珍惜时间，从今天开始。老师希望大家都能做时间的主人，学会做事不拖拉。

活动三：我的十二时辰

刚进入小学的儿童作息时间有了巨大的改变，怎么让他们在身体和心理两方面都尽快适应小学的作息，是家长和教师都在担心的问题。为了让儿童在家有足够的休息和活动时间，提倡家校合作，由家长一起陪同儿童进行一次"我的十二时辰"作息时间表的制作。

学校为孩子设计一张作息时间表，留有足够的空间让儿童和家长自行填写其中的内容，因为刚进入小学的儿童还不会书写汉字，可以通过绘图的方式设计制作。

注意事项

（1）作息时间表应该由家长和儿童共同商量，再做决定。

（2）作息时间表制定时应注重"模糊概念"，不具体到几分几秒必须做某事，但一定要有一定的时间范围，可以留有灵活安排的时间。

（3）作息时间表一旦制定，便要严格实行。在执行过程中，家长要密切关注时间表的合理性，发现不妥应该及时与儿童一起调整。

（二）养好习惯，爱护视力

活动一：制作喝水提醒表

随着儿童由幼儿园到小学后生活习惯的改变和运动量的加大，所需要饮用的水量也在发生变化，所以如何安全饮水、适量饮水是我们需要关注的问题。教师可以在每个课间通过小口诀提醒儿童及时喝水，比如"下课口渴运动后，及时喝水身体好"；老师还可以在班级设立饮水管理员来提醒儿童。

活动时间：美术课或班会课。

活动目标：

（1）儿童了解充足的水分对于健康的身体具有重要意义。

（2）通过自己动手制作喝水表，增加对喝水的兴趣。

活动准备：

（1）提前查找相关资料，了解小学生每天饮水量应该在1 000毫升以上。

（2）各色卡纸、安全剪刀、胶棒等。

活动流程：

（1）教师出示相关作品范例，演示制作步骤。

（2）儿童设计并制作。

（3）班级评选最佳作品，为小组成员颁奖，并装饰于教室墙上。

活动二：我是健康小明星

儿童的健康牵动着每一位家长的心，也是学校十分关注的问题，儿童离开了以保育为主的幼儿园，需要培养良好的生活、卫生习惯才能更好地管理自己的健康。学校开展了"我是健康小明星"的演讲活动,让儿童展示分享自己掌握的生活、卫生小技能。

活动时间:班会、集体朝会。

活动目标:

(1)通过前期准备,让儿童自学一些常用的健康小知识。

(2)通过班级展示,让儿童互相学习,增加有用的生活、卫生小技能。

(3)通过班级竞赛、全校展示的方式,锻炼儿童的胆量,为儿童提供展示自己的舞台。

活动流程:

(1)班主任作为主持人介绍本次活动的主题、内容以及评选方式。

(2)儿童依次上台表演展示。

(3)班主任和全班同学投票评选最实用的小技能、最大方的小明星等。

(4)各班推选一名"健康小明星"在星期一的集体朝会时间,向全校师生分享自己准备的健康小知识。

活动三:科学用眼主题班会

为了让刚刚进入小学的儿童了解近视的原因和保护视力的方法,以及纠正其不良用眼习惯和错误的眼睛保健操动作,培养儿童养成良好的用眼卫生习惯,可以以班级为单位开展一次科学用眼主题班会。

活动流程:

1. **近视是什么?**

出示图片,请儿童观察这些孩子怎么了。

2. **近视了会怎样?**

(1)请儿童观察几幅图片的差异,说说有什么区别。

(2)请儿童以小组为单位讨论近视还会对学习和生活造成什么影响。

3. **为什么会近视?**

(1)提问:你知道为什么会近视吗?儿童发表自己的猜测。

(2)小组同桌之间讨论自己的观点。

(3)请儿童发言。

(4)教师补充可能导致近视的原因。

4. 怎样预防近视？

（1）规范地做眼保健操。教师叙述同学做眼保健操时存在的问题，并请做得好的儿童上台示范给全班看。

（2）教师领读《护眼歌》，儿童齐读。再次复习纠正写字、读书姿势，同桌相互检查，教师巡视，个别指导。

5. 巩固练习

出示多种用眼行为，请儿童判断哪种行为是正确的。

6. 小结

教师介绍用眼卫生"六要""五不要"。

活动四："寻找亮晶晶"眼保健操竞赛

眼睛是心灵的窗户，为确保儿童健康成长，增强儿童爱眼、护眼的自我保健意识，学校在全校范围内开展眼保健操竞赛活动，让儿童掌握保护眼睛的基本方法。

活动时间：早操时间。

活动地点：学校操场。

活动对象：一年级所有学生。

负责老师：班主任。

活动要求：

（1）任何学生无特殊情况，不得无故缺席，严格遵守比赛现场的操作规程。

（2）班主任利用健康教育课对儿童进行眼保健操的指导，使他们掌握正确的做操方法。

比赛要求：

（1）在音乐响后，儿童不能做其他事，准备做眼保健操。

（2）参赛各班级按班级顺序出场，注意队形编排及上下场的顺序，使队伍能够体现各班风采。

（3）评分最后结果以 10 分制进行计算，去掉评委打出的最高分和最低分（评分标准见表 3-2-1），最后算出的平均分为最终得分。

（4）各参赛队伍要求服装统一整齐，精神面貌良好。

（5）各参赛队入场时从正对舞台左侧入场，比赛完后从右侧出去。

表 3-2-1 眼保健操比赛评分标准

班级：　　　年级　　班　　　　　　参加人数：

项目	内容	得　分
一	精神面貌及参加人数（10分）：精神饱满，服装整齐，坐姿端正。一位学生不符合要求，扣1分；缺少一人扣1分，扣完为止。	
二	准备姿势（10分）：儿童听见音乐后按音乐提示完成相关动作，两手自然下垂，身体端正，双腿平放，全身放松。有一人不符合的，扣1分，扣完为止。	
三	眼保健操（50分）共五节，每一节10分，每节分穴位、节拍、手法、力度四项评分，每一节一人一项错，扣1分，累计扣分，扣完为止。　1. 按揉耳垂眼穴及脚趾抓地10分。　2. 按揉太阳穴刮上眼眶10分。　3. 按揉四白穴10分。　4. 按揉风池穴10分。　5. 按压头部督脉穴10分。	
四	闭眼（10分）：从轻闭双眼到结束时缓缓张开双眼，中间不睁眼。有一人睁眼1次，扣1分，累计扣分。	
五	个人卫生（10分）：要求儿童双手干净、指甲剪短、脸上无汗水和污迹，有一名儿童不符合要求扣1分，累计扣分。	
六	班主任到比赛场地指导（10分）：教师不准时到达比赛现场，扣10分；教师不做好监督和纠正工作，扣5分。	
合计得分		

活动五：家长成长营之爱眼护眼沙龙

正确用眼习惯的落实，不仅需要学校努力，更需要家长在家里对儿童进行监督。学校有条件的话可以邀请专业人员入校，以学校为平台，为家长开展沙龙、讲座等交流活动。只有家长引起重视，才能更有助于儿童的视力保护。

案例分享:"寻找亮晶晶"眼保健操比赛

活动目的: 让儿童正确规范做眼保健操,养成爱眼、护眼好习惯。

活动过程:

体育老师告诉儿童,下周全年级将举行眼保健操竞赛,到时候大家都会到操场上去参加这一场比赛。叮叮、咚咚听到后兴奋极了,他们多想和其他小朋友一起为班级争一个冠军!于是在每天两次的眼保健操时间,叮叮和咚咚做得格外认真,一边听着口令,一边专注地转动着眼珠,真希望能和示范的小老师做得一样好。

教师说,眼保健操不仅可以在课间做,还可以在家里长时间用眼后做,比如晚上看过电视后,也可以做一做眼保健操放松眼睛。叮叮为此还专门拜托班主任老师将眼保健操的示范视频发给了妈妈,这样她和咚咚在家也可以做眼保健操了。此外,在听到教师讲了长时间使用电子产品对视力有很大的危害之后,叮叮和咚咚每一次用平板看视频时,都会隔十几分钟做眼保健操休息一下自己的眼睛。

经过了一周的练习,叮叮和咚咚的眼保健操在全班是做得最标准的了,他们被老师选做了正式比赛时的领操员。这样一来,他们更是将正确做眼保健操、爱护自己的眼睛作为一件头等重要的大事。

案例二 自理能力

自理能力指人们在生活中照料自己的行为能力,是一个人最基本的生活能力之一。从幼儿园到小学,环境的巨大变化对儿童的自理能力提出了巨大的挑战,儿童逐步从教师的指导转向独立自主的自我服务。因此,在刚入小学的这个重要节点,应培养儿童的生活管理能力和收纳能力,帮助其树立责任意识,以良好的身体状态和情绪状态适应小学生活。

小小难题：我的文具去哪了？

一周的小学生活很快就结束啦，周末妈妈在家里帮助叮叮和咚咚整理书包。

"叮叮，你的橡皮去哪啦？"妈妈检查叮叮的文具盒时问道。

"啊？我也不知道。"叮叮摸着脑袋，一脸茫然。

"咚咚，老师发的作业本怎么不见了？"妈妈翻着咚咚凌乱的书包问道。

"啊，我装在书包里的呀！"咚咚一脸天真地说。

妈妈看着叮叮和咚咚，哭笑不得，心里却很是着急：这可怎么办呀，丢三落四，连什么时候丢的都不知道。

大大办法：巧手自理，分类收纳

一、活动目标

（1）儿童养成自我服务意识，不用成人提醒和帮助，能基本照料好自己。

（2）儿童学会及时收纳、分类管理好自己的物品，做好课前准备。

二、活动流程

（一）树立意识，明晰规则

活动一：巧用口诀——我们一起学规则

刚进入一个全新的环境，儿童对小学的生活还不是特别熟悉，教材和文具等新物品也随之增多，东西怎么放，放在哪里，他们都不了解。这个时候就需要班主任和副班主任事先制定班级的收纳规则，对什么物品放在哪里有明确的说明，然后带领儿童明晰自己的任务，将整理、收纳规则明确告知儿童。口诀朗朗上口，富有轻快的节奏感，在形式上与儿歌相似，便于儿童记忆。将规则和口诀巧妙结合起来，儿童更容易习得规则，更有利于养成整理、收纳的好习惯。

1. 学习用品收纳规则

（1）早上来到教室，将当天所需书本拿出来放进课桌里，书本放左边，笔记本放右边，文具盒放中间，大书放下面，小书放上面。

（2）书包、水杯、饭盒放在书包柜里，书包拉链拉好，书包放左边，饭盒放右边，水杯放在书包侧面的袋子里。

（3）课桌上放下节课所需用具，书本放左上角，笔袋放正前方。

（4）铅笔、橡皮用完及时放进笔袋，每一节课上完及时收拾桌面。

【小口诀】

左书包，右饭盒，水杯把它放包侧；

左课本，右笔记，中笔盒，分仔细。

2. 书包收纳规则

（1）物品分类，语文、数学、英语、美术单独准备文件收纳袋，分学科装书本和题单。

（2）学科收纳袋和要用的其他书本放主袋，笔袋放书包侧面。

（3）跳绳等其他小物品放在前口袋里，需要时再拿出来。

（4）水杯、雨伞放在书包侧袋中。

【小口诀】

小小书包作用大，我来把它整理好；

看课表，拿好书，根据大小层层放；

作业本，最上层，交给老师不忘记；

空水壶，小雨伞，侧口袋里来安家；

文具盒，准备好，前口袋里来放好；

最后放本课外书，高高兴兴把学上。

活动二：手绘海报——我们一起学收纳

儿童学会各种规则并迅速整理、收拾好物品，不是一蹴而就的事。我们可以做的是让这些规则可视化，以海报或者照片的方式清晰明了地展现出各个物品的位置，挂在教室前面，还可以在海报上标注好注意事项，为儿童提供一个很好的视觉提示，随时都能根据提示纠正自己的行为。

（二）内化行为，学会自理

活动一：班级评比——我有一双巧手

活动主题：我是自理小能手。

活动时间：开学第一个月。

活动目的：以全面发展为目标，以班级比拼的形式，在同伴竞争中培养儿童的自理能力，树立以自理自立为荣的意识，熟练掌握叠衣服、系鞋带、整理书包、收纳饭盒等基本技能。

活动形式：班队会。

活动准备：

（1）儿童在家练习叠衣服、穿衣服、系鞋带。

（2）教师准备队课 PPT、校服和有鞋带的鞋子。

活动流程：

（1）班主任介绍比赛意义。

（2）主持人介绍比赛过程及要求：① 参赛者按顺序完成叠校服、系鞋带、整理书包、收拾饭盒四项内容。② 比赛开始便计时，在最短时间内完成四项任务，且能做到校服整齐、鞋带系牢、书包整洁、饭盒有序的儿童为胜者。

（3）班主任宣布比赛结果，并颁奖。

活动二：校级评比——我与集体共成长

良好的学校文化氛围对儿童的成长有着积极的促进作用，学校适当展开关于班级自理和收纳方面的评比活动，让儿童在同伴的相互促进和学习中养成良好的行为习惯，营造良好的班级氛围和校园氛围。

1. 最美班级评选活动

活动目的：为促进学校班级文化建设，营造良好的班级学习氛围，增强儿童的自理能力，培养儿童的集体凝聚力，在为班级努力中养成良好的习惯，创建一个温馨和谐的教室环境，特开展最美班级评比活动。

评比办法：评比班级布置与卫生，包括收纳卫生、班级阵地、垃圾分类整理；旨在通过"美化环境、养成习惯"这一系统工程全面促进儿童整体素质的提升。

评比内容细则（自理和收纳方面）：

（1）教室内图书柜、多媒体设备及其他物品应清洁无尘，摆放整齐、合理、美观。

（2）桌面没有乱涂乱画现象，排放整齐；桌内整洁，桌上学习物品摆放整齐。

（3）清洁用具统一摆放，垃圾桶按照可回收物、其他垃圾标准摆放。

（4）整理好班级摆放的绿色植物。

（5）教室布置和谐、美观，色调统一（见图3-2-1）。

图 3-2-1　教室布置

2. 流动红旗评比

将学生自理能力、班级收纳等纳入每周的班级评级评比中，在日积月累、潜移默化中将规则内化为儿童的行为习惯。如：红领巾的佩戴情况、体育课衣物的整理、书包柜的收纳、清洁用具的摆放等。

（三）习得能力，快乐成长

活动一：光盘请亮灯——我是健康管理员

活动时间：每天午饭前后。

活动目的：为了大力弘扬勤俭节约的传统美德，为了让儿童懂得每一粒粮食的得来不易，养成好好吃饭、不挑食的好习惯，开展了"光盘请亮灯"主题教育活动，提倡吃光盘中餐，不挑食不剩饭！

活动流程：

（1）在每层楼布置了班级亮灯区域，并在每个班级倒饭桶上张贴了10～30的刻度标尺。

（2）班级选出一名管理班级灯的儿童，每天第三节课下课后到班级指定亮灯处挂灯。

（3）中午由楼层管理亮灯的大队委，分别查看班级倒饭桶的情况。刻度未超过10，予以亮灯。如果超过10，将不予亮灯。

（4）每个班级可以随时查看亮灯情况。中午12:40后教师拍照反馈到班主任群里，由大队委取下灯具并放好。

（5）大队委制作亮灯管理表格，每天做出记录。周五值周交接时，班级的亮灯情况和班级考评挂钩，一次未亮灯扣一分。

活动效果：有了光盘请亮灯的活动板块，儿童进餐的积极性增加了，有了初步的节约粮食不浪费的意识。有挑食习惯的孩子挑食时会鼓励自己："吃完饭不挑食，我的小灯就能亮起来了！"明亮的小灯激励着孩子良好进餐习惯的养成，也为挑食、偏食的儿童内心增加了驱动力（具体展示见图3-2-2）。

图3-2-2 "光盘请亮灯"展示

活动二：小鬼当家——我是小小指导员

儿童在学会叠衣服、系鞋带、整理书包等技能之后，老师带领他们来到幼儿园，以大哥哥、大姐姐的身份为幼儿园的弟弟妹妹们介绍自己在小学的学习生活，如给弟弟妹妹们展示自己整洁的书包和学习用具，帮助刚午睡醒的弟弟妹妹们穿衣叠被，教弟弟妹妹系鞋带，带领弟弟妹妹们整理玩具角等。重回幼儿园"大带小"的方式，既让儿童体会到自理自立的满足感和帮助他人的自豪感，又能培养他们的独立能力和责任感。

活动三：书柜收纳——我是"整理达人"

为了让儿童将学校习得的收纳整理行为内化为良好的习惯，从学校教育延伸到家庭教育，家校共同开展"争当整理小达人"的活动。儿童运用自己在学校习得的整理方法，独自整理自己的书架，将书本分大小、分种类摆放整齐。班主任每月定期抽查评比，家长拍照发到交流群里，评选出"整理小达人"。长此以往，既有利于养成良好的行为习惯，又能营造温馨的学习氛围，使儿童健康成长（见图 3-2-3）。

图 3-2-3　书架整理展示

案例分享：我的文具在"家里"

活动目的： 学会整理书包，分类摆放。
活动过程：

今天，叮叮和咚咚的班上开展了学习整理小书包的活动。教师让儿童拿出书包，为大家介绍了书包的外形和内部结构，叮叮和咚咚了解书包的作用。

教师提问："你们书包里都装了些什么呢？"孩子们七嘴八舌地议论开了……教师接着又问："我想知道你们书包里有哪些物品？数量是多少？"叮叮问："这么多的东西一下子怎么数得过来呢？"咚咚摇摇头也回答不出来。教师告诉孩子们，属性相同的文具可以归为一类，如铅笔分为一类、课本分为一类、作业本分为一类等。

儿童将书包里的物品都拿出来进行分类，老师发放统计表，让他们记录自己书包里每种物品的数量。叮叮和咚咚书包里的东西又多又乱，光铅笔就有七八支，橡皮也有三四块，还有图书、跳绳等物品，统计了好一会。通过统计，他们发现自己原来带了这么多东西来学校，好多都是用不上的。最后，叮叮和咚咚在教师的指导下，把整理好的书本文具按照整理书包的小口诀分门别类地放进书包里。

晚上回到家，妈妈检查叮叮和咚咚的书包，惊奇地说："今天的书包真整洁，书本文具一样儿没少！"叮叮和咚咚异口同声地说："整理书包，要分类摆放！"

案例三 安全自护

安全是儿童学习成长的保证，良好的安全意识、丰富的安全知识有助于提高儿童自我保护能力。小学生自我意识逐渐增强，但存在自身安全意识及安全知识不足的问题，因此应遵循儿童身心发展规律和个体差异，对儿童进行消防、避震、防疫、器材、校园行为等安全教育。

小小难题：如何提高安全自护意识

成为小学生一段时间后，一天叮叮对咚咚说："咚咚，你注意到了吗？在学校里，每层楼都有卡通人行走的标志，那是什么呀？"咚咚说："在街上我们经常能看到一个牌子，上面画着一个大大的感叹号，你知道它代表什么意思吗？""我们一起问问老师吧。"教师："其实生活中还有很多标志，它们都属于危险标志一类，让我们一起来认识它们吧！"

大大办法：增强意识 自护安全

一、活动目标

（1）认识安全标识，学会简单的自救和求救方法。
（2）能安排好课间活动，不做危险游戏。

二、活动流程

（一）增强意识，知晓风险

活动一：开展校园安全活动周

刚步入校园的儿童对安全标识的认识还不够清楚，如何让他们快速理解简单的安全标识是家长和教师都在思考的问题。为了让儿童能清楚认识并理解安全标识，学校可开展校园安全周活动，即在开学后第一周开展，主题为"快来认识我吧！"的校园安全活动周，在校园内外张贴安全标识，以游戏的方式开展安全标识主题班会，联动家长、社会，实现教会儿童认识简单的安全标识的目标。

活动过程：

1. 找安全标识

（1）激发儿童的学习兴趣。教师引导学生观看视频，就其中的交通安全小故事鼓励儿童探索根据什么标识过马路。
（2）提出问题，请儿童思考：
① 为什么要有这些安全标识，这些安全标识有什么用？
② 除了马路上的安全标识，你还见过什么安全标识？在什么地方见过的？它们表示什么意思？
③ 请儿童继续观看视频，寻找有关的安全标识。

2. 议安全标识

（1）儿童尝试从布袋中找出安全标识，并介绍这些标识是什么意思。
（2）讨论安全标识的用途：我们生活中为什么有这么多安全标识？它们对我们有什么用途？没有这些安全标识行不行？为什么？
（3）议一议没有安全标识的危害：

① 想一想、说一说没有这些安全标识的危害。

② 总结：每个人都生活在集体中，作为社会中的一员，一定要按安全标识上的要求行动，才能既方便自己，又不影响集体。如果不这样，会出现很多问题，人们的工作、生活、学习就不能正常进行。

③ 游戏："看谁找得准"，教师说出各种安全标识名称，请儿童迅速找出相应的安全标识卡片。

第一类：禁止标识。

这类标识用红色来表示，形状呈圆形，里面有图案或者表示"禁止""强制"意思的文字。用圆形来表示，是因为圆形给人的感觉比较直接，容易引起人们的注意（详见图 3-2-4）。

图 3-2-4　禁止类标识

第二类：认识警告标识。

这类标识用黄色三角形来表示，意思是有危险，要注意安全（详见图 3-2-5）。

图 3-2-5　警告类标识 1

教师向儿童出示常见的交通警告标识：三角形里面有一个感叹号，表示要注意安全。

教师再向儿童介绍几种常见的警告标识：当心火灾、当心爆炸、当心有毒、当心触电等（见图 3-2-6）。

图 3-2-6　警告类标识 2

第三类：生活中的危险标识。

生活中的危险标识见图 3-2-7。

图 3-2-7　生活中的危险标识

（4）做游戏认标识。

选出十人，分为五组，每组两人。第一组的一个同学站在讲台上，手里拿一张画有危险标识的图片，第一组的另一个同学来表演。第一组表演完，第二组接着表演，比一比哪个组表演得好。

活动二：N 种课间花式玩法

（1）拍手掌：两人一起拍，左手对左手，右手对右手，掌心对掌心，掌背对掌背，最开始拍 1，然后依次往上数 2、3……每次拍对方的手之前自己的双手先拍一下，直到谁出错为止。

（2）比大小：自己制作卡片，在上面写好数字，不让对方同学知道，然后相互进行对比，比一比谁出的数字大，比数字大的同学则获胜。

（3）猜字：一位同学在另一位同学的背上（用手指）写字，让对方凭感觉猜猜写的是什么字。猜出的则获胜。

（4）织花线：一人手上套着线，让另外一人来挑，一定要挑出形状来，不能让线散掉。

（5）词语猜猜猜：一人做动作，另一人猜词语，猜对者则获胜。

（6）拼图：如拼七巧板或自制其他拼图。

（7）玩照镜子：请几组人上台，一个人当照镜子的人，另一个人当镜子。当镜子的那个人要学照镜子的人的动作。

（二）安全落实，学会避险

活动一：安全课程

根据儿童学段特征、儿童成长变化规律、学校学情，构建"1+N"安全体系，即一个安全教育课程，N个特色活动。

根据时间轴，构建安全课程，具体学月安排如下：

1月：儿童寒假期间，学校将对儿童进行旅行安全、燃气安全、火灾防控安全等教育。

2月：落实安全稳定开学，并提醒儿童养成良好卫生习惯。

3月：为应对大型集会及突发性应急疏散情况开展防踩踏应急疏散演练，教授儿童在应急疏散中如何快速有序疏散到安全地带，同时教授儿童在遭遇踩踏事件时如何采取措施，避免摔倒被踩踏；并与德育处协同，在校园中开展交通安全知识竞赛，普及交通安全知识。

4月：气温逐渐升高，儿童消防安全为重中之重。将联合消防支队对儿童开展消防安全教育，并进行消防安全演练，教会儿童在火灾中逃生的技能，并利用展板、消防栓门张贴消防安全教育知识，开展消防安全教育月活动。

5月：结合"5.12"全国防灾减灾日，开展地震安全教育月活动，通过班会、集体朝会、安全演练等形式让儿童重视地震灾害，掌握避震知识，并结合美术学科开展"我会避震"作品征集活动。

6月：气温升高，戏水、玩水开始成为儿童的娱乐方式，因此要进行防溺水教育，禁止到不明水域游泳玩水，认识水域标识，鼓励儿童到正规场所学习游泳技能。

7、8月：暑假开启，学校将对儿童进行旅行安全、燃气安全、交通安全、火灾防控、防溺水安全等教育。

9月：一年级新生初入学校，需要熟悉学校应急疏散路线，以应对突发情况的应急疏散，因此将开展"大带小"应急安全演练。一二年级以熟悉安全疏散标识及清楚学校疏散路线为重点开展，高年级学生则以快速有序撤离教学楼为标准，建立疏散逃生时间记录。

10 月：开展网络安全教育月活动，通过班会、集体朝会等形式让儿童重视网络安全，掌握相关知识。开展"我来说网络安全"班会活动，儿童讲述网络安全知识，提高其对网络安全的了解。

11 月：结合"11.9 中国消防安全日"开展消防安全教育月活动。儿童消防安全为重中之重，将联合消防支队对儿童开展消防安全教育，并进行消防安全演练，教会儿童在火灾中逃生的技能。此外，开展"我来找一找家中疏散标识"活动，并收集家庭疏散逃生路线进行展览。

12 月：开展教授儿童卫生安全知识、预防冬季传染病活动，培养儿童卫生安全常识。

活动二：开展"大带小"应急安全演练

一年级的儿童初入校园，需要熟悉学校应急疏散路线，以应对突发情况的应急疏散，因此将开展"大带小"应急安全演练，一二年级以熟悉安全疏散标识及清楚学校疏散路线为重点。在开展演练之前，要做好安全演练班会的教育，教师要首先熟悉校园安全演练方案中应急疏散路线和演练安排。

注意以下讲解要点：

1. 可能导致踩踏事故的原因

人群较为集中时，前面有人摔倒，后面的人未留意，没有止步。

人群受到惊吓，产生恐慌，如听到爆炸声、枪声，出现惊慌失措的失控局面，在无组织无目的的逃生中，相互拥挤踩踏。

人群因过于激动（兴奋、愤怒等）而出现骚乱，易发生踩踏。

因好奇心驱使，专门去人多拥挤处探索究竟，造成不必要的人员集中而踩踏。

因特殊原因，如下大暴雨、沙尘暴等，儿童不走出教学楼，逆向回流。

2. 预防踩踏发生

要时刻保持冷静，提高警惕，尽量不要受周围环境影响。

要事前熟悉所有的安全出口，同时要保障安全出口处的畅通无阻。

当身不由己混入混乱人群中时，一定要双脚站稳，抓住身边一件牢固物体。

3. 发生踩踏事故如何做

（1）举止文明，人多的时候不拥挤、不起哄、不制造紧张或恐慌气氛。

（2）尽量避免到拥挤的人群中，不得已时，尽量走在人流的边缘。

（3）发觉拥挤的人群向自己行走的方向来时，应立即避到一旁，不要慌乱，不要奔跑，避免摔倒。

（4）顺着人流走，切不可逆着人流前进，否则很容易被人流推倒。

（5）假如陷入拥挤的人流，一定要先站稳，身体不要倾斜导致失去重心，即使鞋子被踩掉，也不要弯腰捡鞋子或系鞋带。有可能的话，可先尽快抓住坚固可靠的东西慢慢走动或停住，待人群过去后再迅速离开现场。

（6）若自己不幸被人群挤倒后，要设法靠近墙角，身体蜷成球状，双手在颈后紧扣以保护身体最脆弱的部位（头、颈、胸、腹部）。

（7）在人群中走动，遇到台阶或楼梯时，尽量抓住扶手，防止摔倒。

（8）在拥挤的人群中，要时刻保持警惕，当发现有人情绪不对，或人群开始骚动时，做好准备保护自己。

（9）人群骚动时，要注意脚下，千万不能被绊倒，避免自己成为拥挤踩踏事件的诱发因素。

（10）发现前面有人突然摔倒了，要马上停下脚步，同时大声呼救，告知后面的人不要再向前靠近。

（三）活动多样，共防危险

活动一：师生双岗护安全

为了保证学生课间文明休息，及时制止危险行为的发生，学校设置师生两岗，即教师课间文明休息安全岗与学生走廊管理岗。

校园安全教育不是一朝一夕的教育，需要教师及时给予正确的引导。因此学校在走廊拐角处、洗手间等校园公共区域设置教师课间文明休息安全岗，指导学生文明休息、健康游戏、爱护公共设施，遇到危险行为及破坏公物行为及时制止，并进行安全教育。对于多次教育仍不改正的学生应上报安全部门，由安全部门、德育处、班主任共同对学生进行教育。

学校把教育的主动权还给学生，设置学生走廊管理岗，希望学生通过角色扮演更加自觉地培养安全文明课间休息习惯，同时以身作则，积极提醒学生文明休息，起到榜样示范作用，用自身行动带动其他学生安全文明休息。各班每日安排一名学生担任走廊管理员，劝导学生课间文明休息，不做危险行为及游戏，劝阻无效时应及时向安全岗教师报告，班主任应公示每周学生走廊管理岗名单，并显示在电子班牌上。走廊管理员公示单详见表3-2-2。

表 3-2-2 _____年级_____班课间走廊管理员

星期	星期一	星期二	星期三	星期四	星期五
姓名	×××	×××	×××	×××	×××

走廊管理员职责：

1. 课间及时佩戴袖章，在负责班级区域巡视。

2. 劝导学生文明休息，发现奔跑打闹等危险行为及时劝阻。

3. 劝导学生爱护公物，发现损害公物的行为，应及时劝阻。

4. 提醒学生爱护花草树木。

5. 发现劝阻无效的学生应及时报告安全岗教师。

活动二：交通劝导维平安

1. **交通劝导记安全**

学校开展"三'盐'两语说交通"课程，通过课程引领，课程教育渗透，让儿童真正认识到交通安全的重要性。如"校内小交警"，通过交警手势指挥学生有序行进，让儿童从环境中浸润交通安全常识；如"交警手势操比赛"，学生全员参与，让每位学生懂交警手势，会做交警手势，从而提高交通安全意识。

2. **家校互动筑安全**

学校积极向家长推送交通安全知识，鼓励家长和学生共同学习交通安全知识，并鼓励家长以身作则，从生活中教育学生遵守交通规则，尊重交警叔叔。此外，学校还利用家长会、致家长一封信、告家长书等形式，家校协力开展学生交通安全教育。

3. **多点宣传解安全**

学校积极开展多途径多形式交通安全氛围教育，除了采用展报、展板等形式进行宣传教育，还在校园设置交通游戏站（详见图 3-2-8），儿童可以通过翻板游戏，学习相应交通指示符号所代表的意义，认识公路上的交通指示标识，让枯燥抽象的交通知识变得有趣，让儿童在玩中学，学中玩。

图 3-2-8　交通游戏站

案例四　热爱劳动

劳动关乎人的健康、智慧，也关乎人的快乐和美好，劳动使我们的生活丰富多彩。是否热爱劳动对儿童入学后的适应能力影响显著。劳动是一个探索、发现、成长的历程，在劳动的过程中，儿童可以不断挖掘自己的潜能，提高自理能力，实现自我满足感。因此，激发儿童的劳动愿望，使他们懂得劳动的意义变得尤为重要。

小小难题：如何激发儿童的劳动愿望

时光荏苒，双胞胎姐弟叮叮和咚咚已经进入小学，正式成为一名小学生啦！

这天，上课铃响了，同学们迅速回到自己的座位上，做好了上课准备。班主任老师走进教室，看到叮叮和咚咚的座位旁边有几张纸屑。英语老师请叮叮咚咚把纸屑捡起来扔进垃圾桶里。可是，叮叮说："老师，这不是我扔的垃圾，我看到是咚咚扔的，我不捡。"咚咚听到后，生气地说："叮叮，明明是从你的桌子上掉下去的，我也不捡。"叮叮和咚咚互相推卸，谁都不愿意去捡起这几张纸屑。

最后，班主任老师说："亲爱的同学们，我们现在已经是一名小学生了，虽然我也不知道这几张纸屑究竟是谁的，但是作为一名小学生，我们首先要做的就是要热爱劳动，应该要学会自己做一些简单的劳动。"叮叮听后，摇摇头："会不会很难呢？"

大大办法：美丽校园 我来建设

一、活动目标

（1）能学会一些儿童的必备劳动技能，并为此感到高兴和自豪。

（2）愿意帮助学校改善校园环境，积极参与学校和班级的活动，认识新朋友。

（3）体验劳动荣誉感以及做事的责任心。

二、活动流程

（一）班级劳动我参与

活动一：班级劳动大比拼

1. 活动目的

为促进学校班级文化建设，营造良好的班级学习氛围，培养学生的集体归属感、集体荣誉感和劳动责任感，创建一个温馨和谐的教室环境，特开展班级文化建设评比。

2. 参加对象

一年级学生。

3. 评比办法

评分细则详见表 3-2-3。

表 3-2-3 "班级劳动大比拼"评比细则

分类	内容	分值
班级布置与卫生	1. 走廊墙壁瓷砖、教室地面有污渍，墙面有灰尘，墙角有蜘蛛网，墙壁有涂画，门、窗不干净。	-1
	2. 教室内图书柜、多媒体设备及其他物品有灰尘，摆放不整齐、不合理、不美观。	-1
	3. 课桌椅不整齐有灰尘，桌面有乱涂乱画现象；桌内不整洁，桌上学习物品摆放不整齐。	-1
	4. 清洁用具没有统一摆放，垃圾桶没有按照可回收物、其他垃圾标准摆放，没有做到垃圾及时清理。	-1
	5. 没有清理、整理好班级摆放的绿色植物。	-1
	6. 教室布置不和谐、不美观，色调不统一。	-1
学生的言行举止	1. 在大型集会、放学路队行进中大声喧哗。	-1
	2. "两操"不认真，被多次提醒。	-1
	3. 吃零食，浪费饭菜、饮用水。	-1
	4. 说脏话、做不文明手势、追逐打闹、欺负同学、打架斗殴、乱起哄。	-1
	5. 乱扔垃圾、随地吐痰。	-1
	6. 不节约用电用水，如整班离开教室不关电器、无人使用不关水龙头。	-1
	7. 有意损坏学校公物，如实验器材、体育器材等。	-2
	8. 破坏花草树木，随意踩踏花台，污染墙面、地面、桌面等其他公物，故意损坏校园的各项设施。	-2
	9. 午餐打饭无序，用餐吵闹、追逐，乱倒剩饭、在学校水池洗碗。	-2
	10. 不尊重老师，顶撞、辱骂老师等。	-2
	11. 升、降旗仪式大声喧哗，擅自走动，不尊重国旗、校旗。	-2
班级特色和教学质量	1. 未按时出操、班级迟到现象严重。	-1
	2. 上课时间无故不进课堂、私自在校园游荡、未经允许擅自离校。	-1
	3. 课堂不安静。上课不积极回答问题，班级班风差。	-1
	4. 卫生保健方面，班主任未按时提交"晨午晚检"，没有做好班级学生个人卫生清洁。	-1
	5. 光盘未亮灯。	-1

本次评比出"美丽班级""真美班级"和"最美班级"三个等级。评比内容将涵盖班级布置与卫生，包括清洁卫生、收纳卫生、班级阵地、垃圾分类等。

活动二：班级管理我做主

1. 活动目的

为了培养儿童在劳动教育中的主人翁意识，发展儿童的劳动综合实践能力，培养儿童的劳动责任感，班级里设置了图书管理员、眼操管理员、卫生管理员、雨具管理员、交通安全员、课桌椅管理员等职位。儿童可以通过这些工作将平时学到的劳动知识运用到实践当中，并且为班级建设贡献一份自己的力量。

2. 参加对象

一年级学生。

3. 推选办法

班级岗位申请表详见表 3-2-4。

表 3-2-4 ××班小小管理员推选表格

我眼中的自己	优点：
	缺点：
父母眼中的我	优点：
	缺点：

续表

同学眼中的我	优点： 缺点：
我想选择的管理员岗位	
我的就职宣言	

步骤一：教师根据实际情况设置班级管理员岗位（如：图书管理员、眼操管理员、卫生管理员、纪律管理员、雨具管理员、交通安全员等职位）及人数。

步骤二：班级内每一位小朋友填写班级岗位申请表。

步骤三：教师组织学生及本班任课教师进行投票，随后在班级内公开唱票，推选出班级管理员。

活动三：劳动课程我参与

生活是最大的课堂，劳动是最好的老师。生活里的一茶一饭，劳动中的一物一景，都无时无刻浸润着儿童成长。为了让儿童身体力行去获取知识，提高劳动素质，促进他们德智体美劳全面发展，教师开展了一系列劳动课程让儿童亲身参与劳动。劳动课程的内容设置详见表 3-2-5。

表 3-2-5　劳动课程的内容设置

家务劳动	自我服务	民间手工	职业体验
洗手、系鞋带、系红领巾	整理书包、削铅笔、布置教室环境、制作贺卡	制作纸飞机、树叶贴画	文明督导员班级小小讲解员

（二）校园劳动我分担

活动一：小鬼当家——校园服务我当先

学校创建了各种各样的志愿者队伍，儿童在这些志愿者队伍中富有主人翁意识，不仅能管理好自己，还能够在各种校园服务活动中大展身手。学校开设了国旗班、小主持团、交警小分队、小礼仪队伍等志愿者队伍，儿童充分发挥各自所长，为其他同学服务！

通过加入学校的志愿者队伍，服务学校，儿童的主人翁意识逐渐增强。儿童在志愿服务中，习得方法，感悟人生，学会勇于担当。在未来，学校还会继续坚持五育融合的原则，致力于培养更多德智体美劳全面发展的小学生！

活动二：乘"绿色"列车，送垃圾回家

为了提高儿童的垃圾分类意识，养成良好的垃圾分类习惯，学校开展了垃圾分类活动。垃圾分类活动共分为五个部分：

（1）了解垃圾分类的有关知识。在学校的小广场，有很多和垃圾分类有关的小妙招！

（2）"光盘请亮灯"（见图 3-2-9）。吃光盘中餐，践行"光盘行动"！

（3）在教师的指导下利用废弃体育器材"变废为宝"。

（4）垃圾分类"互动空间"大挑战。在这个"互动空间"里，儿童不但能学到垃圾分类小常识，还能劳逸结合呢！

（5）了解垃圾回收的方式。学校积极寻求公益资源，将每日收集的可回收垃圾进行清运和有效投放，在做到垃圾分类的同时，也让大家有机会通过回收资源为班级筹集公益基金。

图 3-2-9　光盘行动

活动三：植物种植

阶段一：

以学科协同为导向，充分发挥儿童独立思考的能力和积极劳动的精神，开展校园种植活动，通过观察、文字记录、思维导图、拍照等方式记录植物的生长变化，收集相关种植基础知识，了解植物分类，制定种植计划。

阶段二：

在劳动过程当中，儿童学到植物培育和养护知识，感受劳动带来的快乐，并进行总结反思，最终养成良好的劳动习惯和劳动品质。

（三）社区劳动我出力

活动一："共育学堂"——社区改造

根据社区群众的需求，为向社区儿童提供丰富的兴趣课程，学校和社区共同打造了"共育学堂"，在"共育学堂"中，儿童可以阅读，可以绘画，甚至可以体验 3D 打印……儿童在体验中学习，在学习中成长。

学校的儿童也积极参与到"共育学堂"的建设中，积极地为社区贡献一份自己的力量。同时，也通过本次社区劳动活动，培养儿童的创新能力、细心程度、集体荣誉感和责任感。

活动二：见"圾"行事——垃圾分类

垃圾分类如今已成为全国上下的共识，成都也从 2021 年 3 月 1 日起正式执行《成都市生活垃圾管理条例》。儿童在小学里，会更全面地了解垃圾应该如何分类。为了让儿童将课堂上学到的垃圾分类知识运用到平时的日常生活中，同时培养学生的责任心，学校带着儿童走进社区，开始了垃圾分类的宣传与实践。

活动三：换位守护——志愿者服务

儿童步入小学以后，正式成为一名小学生，因此他们要在这个阶段养成换位思考的方式，培养做事的责任感。结合劳动教育，学校可开展换位守护——志愿者服务。例如儿童可以戴上鲜艳的橙色帽子，跟着教师的脚步，以小小文明倡导员的身份走出校门，走进社区，当起十字路口前文明礼仪倡导员，提醒人们一定要文明安全过马路。

案例分享：幼儿劳动有意义

活动目的：让儿童积极参与劳动并做力所能及的劳动。

活动过程：

放学的铃声响起了，叮叮、咚咚班上的小朋友们在老师的带领下拿好自己的书包、水杯等物品依次走出教室排队等候。叮叮、咚咚最后出教室。可在叮叮走出教室时，他瞥到了第一排座位下面还有几张纸屑。叮叮赶紧告诉了老师，并主动去把纸屑捡起来扔进了垃圾桶里。老师看到叮叮的行为，脸上露出了满意、欣慰的笑容。

在教室门外整队时，老师当着所有小朋友们的面，抱了抱叮叮，说道："今天，老师要夸奖一位积极主动为班级做贡献的小朋友，他就是——叮叮。叮叮今天发现班级有遗留的垃圾，主动捡了起来。如果所有小朋友们都能够向叮叮学习，看到班级有垃圾时，主动弯腰，那咱们班级和校园一定非常美丽整洁！"

所有小朋友立刻向叮叮投来钦佩的目光。咚咚也笑着说："老师，以后我会向叮叮学习的，保证我们班级和校园干干净净！"接着，所有小朋友也都纷纷认真地点点头。

第三节　社会适应

案例一　融入集体

一滴水只有放进大海里才不会干涸，一个人只有与集体相融合才最有力量。儿童的集体观念以及集体荣誉感对他的身份认同感及内驱力有着极大的推动作用。培养儿童融入集体的能力，才能让儿童最快地适应小学生活。

小小难题：如何帮助儿童尽快融入集体

> 叮叮盼望着上小学，终于到了上学那天，他和爸爸妈妈在学校门口告别后，迫不及待地背上书包走进校园。进入学校后不久，他就感到很沮丧和不安，因为他既不会像其他同学那样热情地认识新朋友，也不会读书本上密密麻麻的字，他感觉很难融入新的集体……

大大办法：认识集体　融入集体　热爱集体

一、活动目标

（1）能认识自己的集体成员，熟悉集体环境。
（2）融入集体，对新集体有认同感。

二、活动流程

（一）采集信息，互相了解

活动一：了解学生基本信息

教师在儿童正式到校前对儿童的性格、特长、爱好及幼儿园学习生活情况可以有一个初步了解，以便更有针对性地帮助每一个儿童快速、有效地融入新集体。在发生紧急情况时，也能针对儿童的个体差异快速地制定相应对策，帮助儿童消除或减轻进入新集体的不安感。在新生家长会上，可以请家长将儿童的基本情况和需要老师特别注意的事项整理成《给老师的一封信》，帮助老师及时有效地了解班级儿童的信息，也能一定程度上减轻家长的担忧，让家长在入校前就能感受到老师对学生的关爱。

注意事项

（1）明确目的。在与家长交流时要充分展示教师对儿童的关爱，让家长明确写这封信的目的是使教师更好地帮助儿童融入集体。

（2）明确内容。信中只需要介绍儿童的相关信息，不需要过多介绍其他无效内容。

活动二：猜猜我是谁

入学第一天的"同学互相熟悉"环节要具有趣味性、可操作性，要符合这个年龄段儿童的特点，即记忆力强，但持续专注力较弱，所以生生互识需要采用儿童喜爱且愿意接受的游戏方式进行才更为有效。

可以通过"猜猜我是谁"的游戏让学生们熟悉起来，具体做法如下：

在儿童背上贴一张便笺纸，上面写着人名或者一个物体的名字，儿童需要将便笺纸上的内容猜出来。在猜谜的过程中，他可以向班级其他同学提出问题，但同学只能回答"是"或者"不是"。

通过"猜猜我是谁"的游戏，让儿童在游戏中加深对集体成员的印象，拉近儿童之间的距离。活动形式有趣，活动效果切实有效。

（二）参观校园，熟悉班级

活动一：参观校园

幼儿园到小学的过渡期，是每个孩子人生路上的一个关键期。为了让儿童进一步了解和熟悉校园，减少陌生感，尽快融入集体，在开学第一天，老师可以带领学生有规划、有顺序地参观校园，熟悉洗手间、饮水机、大队部、老师办公室的具体位置，并且明确从教室到操场的规定路径。

注意事项

（1）在参观的过程中，教师要尽可能用低龄化的语言为学生进行讲解，

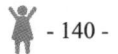

加深他们的印象，讲解办公室名称时，要同步说明相应办公室的作用以及儿童在今后的校园生活中可能会在什么情况下去到这个地方。

（2）在参观过程中要融入文明礼仪教育，排好队列、安静有序地依次进行参观。

（3）在参观过程中明确今后进入办公室的流程，如进办公室要先敲门、经过允许后才进入、离开时要关门等。

（4）参观过程中可以为儿童拍下第一次参观校园的宝贵留影。

活动二：熟悉班级

教室是儿童进入小学生活后待得最多的地方，熟悉教室内设施设备也有利于加速儿童融入集体。教室内有书柜、多媒体、台灯等设施设备，可以先给儿童讲解其用处及用法，再为每一个设施配备一位"小管理员"，以此增加儿童的责任意识，培养他们的集体责任感和对上学的憧憬。

注意事项

（1）任命管理员时尽量做到一人一岗，保证人人有岗位且不重复，尽量公平公正地覆盖每一个孩子，关注到每一个孩子集体责任感的培养，帮助他们融入集体。

（2）尽量根据儿童的特长及爱好进行分配，以利于他们开展工作。

（三）开展班会，设计班徽

活动一：开展班会

集体荣誉感是指儿童自觉意识到作为集体一员的尊严和荣誉，从而更加热爱集体，珍惜集体荣誉，并能推动儿童积极向上的一种情感。开学初期开展关于集体荣誉感的班会有利于引导儿童热爱集体，发挥主动性和创造性，表现出主人翁的责任感，进而更好地达到融入集体的目标。在活动中，可以先为儿童树立"一个班级""一个学校"的意识，再提出班级的共同目标，再共同讨论为了达成目标可以怎样做。

活动二：设计班徽

班徽作为一个班级的标志性图案，可以运用在今后的各种集体活动中。设计班徽可以采用学生喜欢的卡通图案，通过讨论决定班徽的组成部分，最后生成。在讨论、设计的过程中，培养了学生对集体的热爱，加快了儿童融入集体的步伐。

班徽示例见图 3-3-1。

图 3-3-1　班徽示例

注意事项

（1）设计班徽一定要多听取儿童的意见，才能有效利用设计班徽的过程加强儿童对班徽的认同感、对集体的热爱。

（2）在讨论的过程中，教师应当对儿童进行一定的指导，班徽的组成部分一定是合适并且正向的。

案例分享：活动互识有效率

活动目的：让孩子有效认识集体同学，记住对方的姓名。

活动过程：

叮叮背上书包开心地找到自己的班级，走进了教室。

一进教室，他就看到眼前全是陌生的面孔，不免开始紧张起来，小手也攥住了衣角，一言不发。

不一会儿，老师召集大家开始做"猜猜我是谁"的游戏，同学们先介绍自己的名字，接着就开始做游戏了。

"是""不是""哈哈哈哈"……在游戏的过程中，大家有说有笑，氛围十分融洽，不一会儿就热络了起来。

课后，大家都能叫出大部分同学的名字了，班级里也充满了欢声笑语，叮叮心想：我真喜欢这个新集体，同学们都很友善，我一定能很快交到好朋友的。

案例二 人际交往

《3—6岁儿童学习与发展指南》明确指出：幼儿社会领域的学习与发展过程是其社会性不断完善并奠定健全人格基础的过程。人际交往和社会适应是儿童社会学习的主要内容，也是其社会性发展的基本途径。儿童在与成人和同伴交往的过程中，不仅学习如何与人友好相处，也在学习如何看待自己、对待他人，不断发展适应社会生活的能力。良好的社会性发展对儿童身心健康和其他各方面的发展都具有重要影响。

小小难题：如何激发儿童交友愿望

叮叮上小学已经有一段时间了，但他每天在去上学的路上都很不高兴，到学校后则显得非常"文静"，总是一个人默默地坐在自己的位置上。平日里沉默寡言，不愿与班上同学交往，也不愿与老师交流，更不愿参加学校的各项活动。即使有游戏活动也只是站在一旁观看。回家后爸爸妈妈问叮叮在校的学习生活是否开心？有没有交到好朋友？他只会把老师教的儿歌、讲的故事复述出来，但怎么都不肯提起交朋友的事儿。在家长面前，他是个活泼的孩子，当有陌生人靠近时他就躲到家长的身后……

大大办法：创设情景 学会交往

一、活动目标

（1）创造儿童与人交往的机会，让儿童体会交往的乐趣，愿意与人交往。

（2）结合具体情境，指导儿童学习交往的基本规则和技能，善于发现同伴的长处，与同伴友好相处，建立友谊。

（3）关注儿童的感受，保护其自尊心和自信心，同时鼓励儿童自主决定，独立做事，增强其自尊心和自信心。

（4）引导儿童尊重、关心长辈和身边的人，尊重他人劳动及成果，学习用平等、接纳和尊重的态度对待差异。

二、活动流程

（一）愿意与人交往，认识更多朋友

活动一：新生问卷调研

即将进入一年级的小学生，面对陌生的环境、陌生的老师和同学，还有上课方式和时间的变化，容易产生孤独的感觉。良好的同伴关系能让儿童迅速融入班级，找到归属感，获得安全感和信任感，从而更好地适应小学的学习方式和生活模式。所以在新生入校前班主任先进行问卷调研很有必要，调研问卷内容可参考图3-3-2。

图3-3-2 新生人际交往调研问卷

【活动准备】

1. 入校前，问卷调研

（1）提前交流：提前与家长进行沟通，请家长帮忙填写儿童的性格、爱好、交友情况问卷。

（2）初识儿童：通过问卷了解儿童的个性特征、兴趣爱好、交友情况，

以达到问卷实效。

（3）明确目的：帮助教师充分了解儿童的个性特征，在儿童入校时展开有针对性的教学，帮助他们尽快熟悉陌生环境，结交好朋友，爱上小学生活。

（4）问卷准备：问卷内容多样，介绍儿童交友的理念及重要性；了解儿童的性格、爱好特征、交友情况；了解家长对儿童交友的理念；家长如何创设儿童交友氛围等。

（5）问卷方法：扫描问卷二维码或者进入问卷链接进行实名制填写。

2. 入校后，因材施教

（1）自我介绍：班主任先进行自己名字、爱好等方面的介绍，再通过前期问卷调查的反馈情况，创设自我介绍的氛围，鼓励儿童进行自己名字、爱好等方面的介绍，初识朋友。

（2）创设氛围：通过自我介绍，为儿童提供交友氛围，协助他们自由选择朋友进行交流。

（3）分享朋友：通过自我介绍时的初识印象，鼓励儿童"近距离"与同学相互认识、熟悉，彼此加深了解，再通过自己的交友方式，主动认识、结交新朋友，分享交友收获。

（4）交流讨论：哪种交友方式更容易结交更多的新朋友？运用礼貌用语、肢体语言等方式结交新朋友。

（5）提炼总结：点评每种交友方式的优点与改进建议，教育儿童运用文明礼貌的方式才能更容易结交到更多的新朋友。

3. 离校后，分享收获

（1）与家人分享：回家后与家人分享自己新入校园结交到的新朋友有哪些，如何结交到的，他们有哪些兴趣爱好，我为什么要和他做朋友等。让儿童把交友过程中的场景与细节描述给家长听。家长及时鼓励儿童大胆自信地分享自己在新学校礼貌交友的过程。

（2）家校合作：教师收集家长反馈意见，归纳优秀家长的育儿经验，适当放大并表扬孩子的优点，利用班会课、家长会等时机分享给儿童和家长听，以发挥榜样的力量，让他们在陌生的环境交到更多的新朋友。

4. 录制"交友启事"

刚进入小学的儿童对环境、对伙伴都有一个适应过程，一般只与自己坐在一起或住在附近的几个同学玩。开展"我是'交友小达人'"的活动，旨在让儿童彼此熟悉。班主任可以请家长帮孩子录制"征友启事",让更多的小朋友认识自己、了解自己。

5. 竞选"交友达人"

经过一段时间的互动,儿童对同班同学有了一定的了解。班主任鼓励儿童大胆伸出友谊之手,主动去交朋友,初步建立良好和谐的同伴关系。

班主任首先要教会儿童如何去交朋友。如,选择志趣相投的同学为对象;自己在言行上讲究文明礼貌,尊重他人;学会与人协商,态度温和,不盛气凌人等。

其次,班主任要格外关注性格内向腼腆、倔强爱较劲等儿童。平时对他们多加引导,还要号召家长重视问题,家校合作一起帮助儿童。

再次,给予足够的时间(最少一到两个月)让儿童去相处实践,再以主题班会的形式进行分享。让儿童介绍自己在班上交了多少好朋友、好朋友间如何相处、发生了什么趣事等,感受与同伴交往的美好。

最终,选出最佳"交友达人",给予奖励。

(二)能与同伴友好相处,建立长久友谊

《3—6 岁儿童学习与发展指南》指出,5—6 岁儿童在能与同伴友好相处时,能想办法吸引同伴和自己一起游戏;活动时能与同伴分工合作,遇到困难能一起克服;与同伴发生冲突时能自己协商解决;知道别人的想法有时和自己不一样,学会倾听和接受别人的意见,不能接受时会说明理由;不欺负别人,也不允许别人欺负自己。

活动一:朋友树

1. **环境创设**

在教室内创设"朋友树""我会关心你""今天谁没来""心情小屋"和"我喜欢谁"等活动区域、文化墙布置。如在活动区域中提供抱枕、画笔、各色纸张、舒缓音乐……引导儿童将图片以及作品通过多种方式粘贴起来,使儿童感受和好朋友在一起的快乐,知道好朋友应互相帮助和关心,懂得分享自己快乐的情绪,学会安慰同伴的方法。

2. **情境创设**

在课堂中创设"能与同伴友好相处"的教学情境,如"猜猜他(我)是

谁""好朋友交换市场""我来帮助你""我们一起玩"等游戏，让儿童在游戏中与同伴友好相处，建立一定的人际关系。

活动二：猜猜他是谁

【活动目标】

（1）引导儿童仔细观察同伴外貌，根据每个人独特的特点辨别出熟悉的人。

（2）引导儿童根据同伴外形特征，准确猜出同伴名字。

（3）让儿童通过游戏加深同伴之间的友谊，并从中获取积极愉快的情绪体验，感受同伴之间友爱的情感态度。

【活动流程】

1. **请你猜猜他是谁**

教师前期引导儿童仔细观察同伴外貌，根据每个人独特的特点辨别出熟悉的人。

教师提前抓拍班上一些儿童的活动背影、有明显特征的动作等照片。通过多媒体播放，将儿童熟悉的小朋友的背影及特征展现在同伴面前，让其他儿童猜猜图片上人的是谁，又是怎样判断的（头发、衣服、体型、爱好、动作等典型的特征）。

教师引导儿童分享交流，各自是通过什么特征猜出同伴的。

2. **教师小结**

我们能根据某个特征准确猜出同伴的名字，是因为我们日常生活中曾仔细观察身边的朋友，很熟悉他们的各种特点。

3. **教学反思**

这种有情景性、趣味性、生活性的活动，能调动儿童观察、比较、联想、判断的积极性，让儿童通过游戏加深同伴之间的友谊，从中获取积极愉快的情绪体验，感受同伴之间友爱的情感态度。

案例三　遵规守纪

矩不正，不可为方；规不正，不可为圆。儿童正式迈入小学阶段，跟幼儿园的区别不仅仅是知识上的要求更严格，行为规范上也是有要求的。做好幼升小的过渡，才能更好地让学生正式步入小学的生活。学校应引导儿童主动发现社会、学校、家庭中普遍存在的各种规则现象，但是由于儿童年龄特点所限，绝大多数儿童不能理解规则的必要性。因此，让儿童知道遵规守纪的重要性，知道规则与我们的生活密不可分，明白规则无处不在是十分有必要的。

小小难题：如何让儿童遵规守纪

午休的时候，叮叮和咚咚睡不着，于是就唱起了歌。老师走过来提醒他俩说："睡午觉的时候不可以唱歌，好孩子要守规矩。"下课了，同学们正在排队玩游戏，叮叮和咚咚想插队先玩，就挤在了同学的前面，这时老师走过来说："玩游戏要排队，好孩子要守规则。"叮叮和咚咚不知道该怎么办了……

大大办法：创设环境 遵规守纪

一、活动目标

（1）了解生活中的规则，知道遵守规则的重要性。
（2）懂得人人都要遵守规则，并尝试自己设计一些简单的规则标识。
（3）遵守游戏规则，体验与同伴合作游戏及控制性活动带来的快乐。
（4）把规范的要求内化为自己自觉的行为，做一个遵规守纪、诚实守信、勤奋向上的小学生。

二、活动流程

（一）开展调查活动——"学校规则面面观"

活动一：我是小记者

学校生活有各种各样的规则，如《小学生日常行为规范》和《小学生守则》里面就有很多规则。课前，教师请儿童以小记者的身份参加一项调查活动——"学校规则面面观"。调查表见表 3-3-1。

表 3-3-1　调查表

采访目的			
采访对象		采访时间	
参与人员			
工作分配			
采访准备			
采访问题			
采访总结			

注意事项

1. 采访前

（1）了解学校、家庭、社会生活中有哪些规则。

（2）准备一些与被采访人密切联系的有关规则方面的资料。

（3）及时捕捉、拍摄儿童在学校生活中涉及规则的相片。

2. 采访中

（1）仪态仪表。调查时，应服装得体、落落大方、举止文雅，举手投足间让被采访者感受到调查者的素养。

（2）时间控制。调查时，要注意围绕主题进行沟通，适时引导话题，时间最好控制在 5 分钟以内。

（3）调整态度。调查时，调查者应诚挚、亲切，言辞得当，主动与被采访者打招呼，可伴有亲切的微笑、温柔的抚摸。平等交流并认真倾听他人的言谈，给予他人信赖感与亲切感，从而让被采访者诚心诚意地支持、配合工作。

3. 采访后汇报

采访后，需要把采访到的信息做一个小结。从学校规则、家庭规则、社会规则等方面进行分类整理，对照行为规范表，想想自己哪些规则做得好，说一说自己的感受。利用班会课时间进行分享汇报。

（二）联系实际——遵规守纪，争做文明少年

活动一：遵规守纪，争做文明少年

良好的行为习惯是构建优秀班集体的前提和保障，为创建和谐文明的校园，培养遵规守纪、诚实守信、思想健康、道德高尚、举止文明、行为端正、勤奋向上的儿童，可召开主题班队会，所有儿童决心从自我做起，从点滴做起，努力提高自己的文明修养，做一个守纪律、有诚信、讲文明、懂礼貌的好学生，争做"班级好少年"。

1. 儿童分享

将采访调查到的内容，进行信息整理分类。如果大家都不遵守规则，会出现什么情况，对大家有什么影响？通过展示案例，加深儿童印象。

2. 了解学校"一日常规"

抓实、抓细学生一日常规是以《小学生在校一日常规》为指导，为儿童日常养成教育提供具体有效的要求和标准的抓手，让养成教育看得见，摸得着。学生行为规范养成是一个长期的教育过程，坚持立德树人，德育为先，把日常行为规范抓细、做实，让校园文明之花常开！

活动二：遵规守纪——做"规则小天使"

一个优秀的班级，可以从班风和学风看出来，必然离不开其严格要求又富有人性化的班级规定。要想创建一个优秀的班集体，必须从班级公约开始。利用班会课的时间，儿童动手设计班级徽章，共同制定班级约定，联系自身实际生活，让儿童自己当回"规则小天使"，把他们的"温馨小提示"写在卡片上，送给自己或同学，提醒自己或同学今后要怎样守规则。看了"规则小天使"对自己的提醒，让儿童反思自己以后要怎么做，进一步加强遵规守纪的意识。

行为养成，贵在自律，习惯培养，尚在自主。在学校养成教育规范中，

为落实养成教育的内容成效，培养儿童参与管理、自觉自律的主人翁意识，班级可举行"手绘班规班约"活动。结合班级实际，进行班规班约的内容制定、版面设计及书写绘图。通过本次探究活动，让儿童了解规则，并且自觉地遵守规则，让儿童从有意识地"要我遵守规则"转变为"我要遵守规则"，从外在的道德教育转化对儿童道德的引导，进而促使儿童内化为自己的行为。

（三）遵规守纪，争做文明践行者

如何让协同育人工作做在细处，落在实处，走向深处？学校选择了"小交警"项目作为育人的载体，不断丰富其志愿者服务内涵、营造家校社共育氛围。由此引申出交通安全教育、小交警手势操、小交警志愿者拓展课，同时对接遵规守纪文明点赞卡。

学校用心培育特色鲜明的校园文化，发挥环境的育人功能，使学校由物到人，一墙一画都发挥着育人功能，安全教育、规则意识已经成为一种内在的精神文化。学校小交警在学校大队部的带领下，迅速进入正轨，课间巡视检查，提醒同学文明休息，上学、放学路队规范。参加主题活动和宣传片的拍摄，丰富遵规守纪的形式，增强儿童的社会责任意识。同时，我们以家校互动为支撑，提升文明素养。主动开发家长资源，共同致力于学校的安全教育工作，家长和孩子主动申报，组成了一支志愿者亲子活动队，共建、共进、共育、共赢。

案例分享：遵规守纪 做文明践行者

活动目的：让孩子学会遵规守纪，争做文明践行者。

活动过程：

下课咯！咚咚激动地说："终于可以到走廊里'放松放松'啦！让大家都见识见识我风驰电掣般的速度吧！"这时，小交警出现了并制止咚咚说："同学你好！请你停下脚步！课间文明休息不能忘哦！在走廊里不可以快速奔跑，太危险了！你看，楼道公约也不能忘，课间休息还要注意声音的分贝，今天是我第三次提醒你了，现在我要给你开一张'课间文明提醒卡'！"咚咚疑惑不解地答道："我就是下课放松一下，怎么了？没有人规定下课不能放松啊！"课间的确应该放松，可是你知道应该怎样合理地"放松"吗？小交警叫来了其他课代表来到咚咚身边，准备给他讲一讲课间应该怎样文明休息？

数学课代表用数学的知识讲到，在本学期的学习中，我们学习了通过调查了解收集数据，再将数据进行整理，用图示法表示出来，最后观察分析做出推断。

第一步，数学课代表通过课间仔细观察，收集到每个同学下课后的课间十分钟在干什么，然后一一记录下来，按照学号把记录的内容填写在方框里。

第二步，数学课代表用图示法把记录的内容用图整理出来了。数学课代表用了两种表示法，第一种是用"×"表示一个数据，第二种用画"正"字的方法，每一笔表示一个数据。

通过这两幅图能清晰明了地看出课间娱乐人数最多，有部分同学在疯跑。因此，我们班级还需要进一步加强课间安全意识的教育。我们要及时提醒和制止危险的行为，共同努力营造一个文明的课间休息环境。

科学代表说："难道你忘了科学课上做过的碰撞试验了吗？"通过模拟实验我们可以发现，鸡蛋在不同的速度下发生碰撞时产生的结果是不一样的，速度越快，伤害越大。同学们还设计出了各种材料的碰撞实验，并得出结论，课间在楼梯间里快速奔跑是一件非常危险的事情！为了我们自己和大家的安全，让我们的校园环境变得更加美好，现在就开始行动起来吧！

信息技术课代表说道：

"这学期我们在信息技术课上学习了如何用电脑绘画，而我手中的这幅画，综合运用了画图软件中的矩形工具、文字工具、颜色填充等工具绘制而成。这就是我用画图软件绘制的'我的课间十分钟'。

我的课间十分钟主要分为三大板块：第一个板块是学习准备板块，我会利用1~2分钟时间，收拾好本节课学习的物品，并且准备好下一节课的书本；第二个板块是生活准备板块，我会利用1~2分钟时间，喝水或者去上洗手间；第三个板块便是我最期待的游戏活动板块，一般能保证有5分钟的时间，我通常会选择自己看看课外书，或者跟同学一起玩我设计的'多国之战'纸上历史游戏，或者玩玩五子棋等益智游戏。最后，我一般会在上课前提前1分钟结束游戏，收拾物品，让自己进入到准备上课状态。怎么样，是不是既科学又高效，同时还能放松身心呢！

亲爱的同学们，你知道课间十分钟有什么作用吗？每一个课间十分钟都是让大家在课与课之间做适当的休息调整；或者适当地开展一些有益的活动，换换脑筋，以便下节课能精神饱满地上课学习。"

语文课代表站出来说道：

"俗话说生命在于运动，健康来自运动。有趣多样、文明有益的课间活动能使我们的身心更加健康，让我们的头脑更加聪明，成长更加快乐。现在我向全校的同学们发出倡议：希望大家加入我们的'快乐课间十分钟'活动中来，让我们一起科学、快乐地享受'课间十分钟'。

（1）下课后及时整理收拾好上节课的学习用品，并迅速准备好下节课的课本及相关学习用品。

（2）课间迅速有序地做好生活上的事情，比如喝水、上厕所。

（3）下课后不追逐打闹，做到轻声慢步，可适当在教室后方或走廊走动或轻松地做运动。

（4）课间尽量极目远眺，多看看窗户外面远处的景色，也可以洗手后做眼保健操或轻揉眼眶，在放松大脑的同时，更好地保护我们的视力。

（5）有事需要上下楼梯的，请靠右行走，遇到教师主动问好，遇到同学相互礼让。

（6）值日生及时擦黑板，下节课课代表积极帮助教师准备上课所需教学用品。

同学们，课间文明休息，请牢记你我心。平安校园是我家，健康快乐靠大家。在课间十分钟，看一看可爱的校园吧，在操场上、在篮球场边、在走廊上，处处有游戏的足迹。"

咚咚听了大家的话，终于明白了，课间十分钟不仅要文明休息，还要合理安排。他垂下头告诉小交警，他认罚，低头伸手接罚单。其他人欣慰地笑了。

案例四 品德养成

品格指个体在遗传和环境的交互影响下形成的道德、人格、社会性方面的认知、情感与行为。品德，即道德品质，也称德行或品性，是个体依据一定的道德行为准则行动时所表现出来的稳固的倾向与特征，与品格一脉相承。儿童的社会性建立，需要以多次重复行为中逐渐养成的特定品格习惯为前提，才能更好地融入社会团体，进行良好社会实践。

小小难题：如何培养儿童的良好品格

双胞胎姐弟叮叮和咚咚终于开始了精彩的小学生活啦！他们对学校的生活充满了好奇，可是，最近咚咚发现自己总是不能集中精神做好一件事，而且自己的东西放得乱七八糟的，总是不能很快就找到它们，心里十分苦恼。咚咚问："叮叮，我怎样才可以让自己的眼睛一直盯着老师，不东张西望呢？"咚咚摇头："我也不知道，我有时候也感觉好像有点不能控制自己！"

第二天，叮叮咚咚带着心中的疑问，找到了他们的老师……

大大办法：品格启蒙 活动塑德

一、活动目标

（1）通过认识品格小精灵，明确品格的定义。
（2）在丰富的品格活动和比赛中，能积极展现品格的魅力。

二、活动流程

（一）认识精灵，实践体验

活动一：争做专注小鹿

拥有良好的专注力，是儿童适应社会、学会学习的前提，是儿童感知事物、学会记忆和思考的基础。教育家陈鹤琴先生说过，小孩生来是好动的，是以游戏为生命的。丰富有趣的专注力游戏能够更好地激发儿童的积极性，提高儿童专注力，培养儿童的学习兴趣与品质。

1. 认识专注小精灵——小鹿

小鹿是动物界最专注的动物之一。它的眼睛、耳朵、鼻子随时随地会保持专注与警觉，一旦分心，它的生命就会受到威胁，小鹿用专注保护着自己的生命，所以被称为专注小精灵。

2. 明确品格的定义——专注

专注是我们对某一个事物专心使用感官（视觉、听觉、嗅觉、味觉或触觉）的程度，它需要我们专心、全神贯注地做事情。

3. 遵守品格的约定——专注

眼睛看着对我说话的人

身体、耳朵倾向发言的人

能端正地坐好和站好

不做无关的动作引起别人的注意

避免眼、耳、手、口、脚等做分心的事

4. 体验品格的游戏——专注

通过活动体验让儿童直观感知保持专注的重要性，通过简单有趣的小游戏，让儿童掌握集中注意力的基本方法，并初步体验耳、眼、口、心在集中注意力中的作用，引导儿童逐步学会自我控制，从而提高儿童的注意力。

（1）抓鸭子、抓青蛙游戏：通过开火车抓小动物的方式，增强注意力。

（2）反动作我来做：通过做出与口令相反的动作，培养儿童的手眼协调能力。

（3）拍拍操、只读颜色不读字：通过听口令、做动作，"看颜色"和"说汉字"交替进行，锻炼注意力和快速反应力。

活动二：我是有序的花栗鼠

埃德蒙·伯克曾说：良好的秩序是一切美好事物的基础。"有序"品格的教育对其他好的行为素养的形成，起着重要的奠基作用。儿童过渡到小学后，需要养成有规矩有序列的行为习惯。他们这个年龄阶段的学习方式主要是以模仿为主，这个时候，如果给他们"有序"的正确示范，则更容易习得和养成。

1. 认识有序小精灵——花栗鼠

在动物界里面，花栗鼠是一种具有有序品格的小动物。它会把收集到的食物摆放整齐，拿取食物的时候也会做到按顺序拿取。在它的家里，每样东西用过之后都会被归回原位。花栗鼠随时保持着干净、整齐、有序的环境。

2. 明确品格的定义——有序

有序——做事情有条理，有次序，整齐不乱。

3. 遵守品格的约定——有序

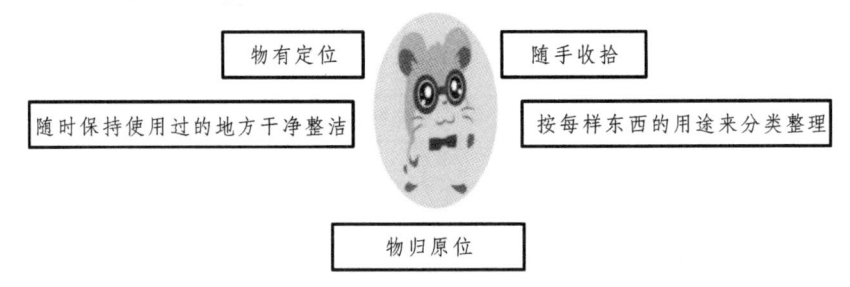

物有定位

随手收拾

随时保持使用过的地方干净整洁

按每样东西的用途来分类整理

物归原位

4. 体验品格的游戏——有序

（1）书包整理大师：利用白板交互，小朋友模拟将书包里的东西有序归类整理。

（2）自制拼图：将喜欢的画做成一幅拼图，和朋友交换拼一拼。

（二）品格比赛，争当先锋

活动一：玩出专注 玩出彩

活动时间：开学第一周。

活动目的：在活动中关注儿童专注力的培养，让儿童能够养成专注做事的好习惯。

准备材料：舒尔特方格、计时器1个、铅笔1支、游戏时间记录表（见图3-3-3）。

活动形式：游戏通关大比拼，计时按顺序划出数字，小组比赛，时间最短者获胜，优胜者代表小组进入决赛。

图 3-3-3　游戏材料

游戏玩法：

（1）游戏开始时，请儿童从 1 开始，按顺序依次指出数字位置，用笔画掉，同时诵读出声，找到并读出最后一个数字游戏便结束。

（2）记录所用时间，越快越好。

活动二：争当有序闪亮星

活动时间：开学第一周。

活动目的：从生活、学习两个方面入手，引导儿童整理自己书包、学习用品等学会有序管理个人生活；引导儿童在课前、课中、课后规范自己言行，将有序品格内化于心，外化于行，评选优秀的有序之星。

活动形式："班级有序活动大比拼"，针对一日活动的有序性项目进行积星评比。

注意事项

进行有序品格的班级环境创设，利用润物细无声的影响浸润儿童的有序心理。

我是闪闪有序星				
课前静息 （2颗星）	课桌整理 （2颗星）	有序如厕 （2颗星）	有序就餐 （2颗星）	路队静齐 （2颗星）

案例分享：这样整理水杯真好

活动目的：让孩子学会有序地整理个人物品，有序地礼让和遵守规则。

活动过程：

户外活动结束了，孩子们陆陆续续涌入了水杯区，"这是我的水杯！我要马上拿走！"咚咚大声地呼喊着。"咚咚，你不要挤啊！你再挤我就要摔倒了！""老师，他们把我的水杯挤掉了！""老师，我的被套被他们弄不见了！"耳边一阵阵的吵闹声，让叮叮觉得头晕眼花。叮叮连忙请来了老师帮忙。

"孩子们，你们拿水杯的时候到底出了什么问题呢？"老师耐心地问道。

"我们总是没办法拿到水杯，大家都想要拿水杯！"咚咚说道。"水杯这里一个，那里一个，我们分不清楚谁是谁的水杯！大家都想第一个拿，可是就很拥挤了。"叮叮补充道。

"你们已经认识了有序小精灵花栗鼠，你们能想想有什么好办法来解决这个问题吗？"老师提醒道。

"我们可以提醒小朋友们把水杯摆放整齐。""我们可以用一个篮子把水杯都装进去！""我们拿走水杯的时候，也需要把水杯放回原来的位置，这样别人才能找到自己的位置。"小朋友们争先恐后地讲道。"你们真的太厉害了！那我们就先这样做，试一试好吗？""好！"大家齐声回答。

水杯事件再一次引发了无数的吵闹声。叮叮咚咚对视一眼，异口同声地制止了这场混乱，可是问题又出在哪里呢？原来大家都想要当第一个拿水杯的人，蜂拥而上，导致了你推我搡的混乱现场。"老师，请您再帮帮我们吧！"叮叮喊道。"那小朋友们，我们怎样才能让本来有序排放的水杯，能够继续有序地被我们拿走呢？""你们想想，有第一个去放水杯的，接着就有第二个小朋友放……"老师说着。

"我知道了！我们可以按照放水杯的顺序，按顺序去拿水杯！我还可以当值日生，提醒大家排好队呢！"咚咚笑着说道。

"真棒！那如果我们的队伍很长很长，大家很口渴了，按顺序要等很久，有什么好办法吗？"老师问道。"嗯……我们可以把水杯按小组分区域放好，做好不同颜色的标记，然后按小组去拿，就会快很多了！"叮叮补充道。

"你们真是爱动脑筋的小精灵！现在水杯问题我们解决了吧！"老师笑着说道。"对！"叮叮和咚咚带头鼓起了掌，他们也明白了，原来这样整理水杯真好，有序的行为让生活更好啦！

第四节　学习适应

案例一　乐学好问

儿童是天生的哲学家，他们不停地抛出问题是因为觉察到了世界的不简单，并且已不满足于表面化的观察，想要挖掘更深层次的内容。这表明儿童的观察力、想象力、创造力、学习能力都在悄悄萌芽，他们探索世界的欲望和能力正在逐步提高。儿童刚刚进入小学时，教师需要保护他们的好奇心，由好奇引发问题，对不懂的问题进行追问和探究，从而培养儿童乐学好问的良好品质。

小小难题：如何延续儿童的好奇心

> 叮叮马上上小学了，他非常高兴。前段时间，小学的老师们来到了叮叮所在的幼儿园，给叮叮和同学上了一堂课。叮叮也去了小学，和小学的哥哥姐姐们近距离接触，提前体验了一把小学生活。叮叮对于小学的一切都充满了好奇：小学的老师是什么样的？同学是不是很多？中午饭菜是什么？下午有点心吃吗？叮叮好想马上就可以读小学。可是，叮叮也很担心和害怕：如果我不停问问题，老师会不会很生气？同学会不会嘲笑我什么都不知道？
>
> 带着忐忑和不安，叮叮走进了小学的校园……

大大办法：创设真情境，激发求知欲

一、活动目标

（1）在观察、阅读、互动讨论等情境中，让儿童发现问题、提出问题。

（2）让儿童充满好奇心，能够对不懂的现象进行追问和探究，乐于动手动脑。

二、活动过程

（一）创设真情境，敢问敢想

活动一：小喜报

"小喜报"以书面报喜的形式告知受表扬或被鼓励的儿童，这种鼓励方式跟口头表扬相比，更具有激励性和长效性，儿童也可以跟家人分享快乐。儿童可以通过在新环境得到满足、快乐和成就感，快速适应环境。我们可以制作"小喜报"，每周或每月举行表彰会，表扬主动提问表现优秀的儿童，让儿童敢问敢想。

活动二：积分奖励

制作提问鼓励卡（问号卡），以小卡片等形式，小卡片可以起名为"亮眼睛""金耳朵"等，表扬课堂上主动提问的儿童，以积分的形式进行累积，可以在班级里兑换奖品、权益。

比如，每个班级都有自己的班级文化，都设计了自己的班徽，教师可以将班徽制作为班级贴纸，将班徽贴纸作为班级奖励，每月或每周以贴纸兑换奖品和权益。奖品可以包括学习用具、受欢迎的小玩具等，权益可以选择打一次彩虹电话（给家长打电话表扬）、做一次班级管理员等等。

活动三：问答板

教师要尊重儿童身心发展特点，接纳、鼓励儿童对新事物的观察、提问等探究行为，避免简单打断或否定儿童的奇思妙想。如：把儿童有浓厚兴趣的问题作为集体讨论的话题，鼓励儿童分享自己的发现和观点，支持他们进一步探究想法和行动。为此，教室内可以设置白板"问答板"，每日让班级儿童提出 1~2 个有价值的问题上墙展示。儿童通过在问答板的问题，跟同学进行沟通交流，同时引导儿童留心周围的事物，细致观察。

注意事项

1. 活动前

教师应当为学生讲解问答板的功能、作用、使用方法等，避免使用过程中的损坏；向儿童讲解问答板的意义，使学生重视这次活动。

2. 活动中

班主任每天早晨可以向学生收集问题，然后梳理出最具代表性的两个问题，书写在问答板上，以供学生思考。同时，需要注意的是，儿童在刚进入小学时，识字情况不一，老师需面向全班朗读问题，儿童才能进行进一步的思考。学生提问后，教师面向全班回应问题，表扬提问的儿童。教师可以引导孩子自己思考自己回答，全班交流讨论，鼓励儿童分享自己的发现和观点。

3. 活动后

教师可以收集和梳理儿童问答板上的问题，厘清儿童进入校园后最关心最好奇的事物或事情，形成纸质文档，形成经验。可以制作班级的"十万个为什么"，按学期记录班级儿童提出的所有有价值的问题，整理成册并出书。

（二）激发求知欲，鼓励探究

活动一：规范习惯

儿童在提问之前，教师需先训练儿童规范的提问语言和习惯。儿童在问问题之前，需要养成良好的倾听习惯。儿童提问时有口令，比如"我有不同的想法""我有疑惑"等，为培养良好的习惯打下基础。例如，儿童在课堂上，会有很多疑问，往往会因为激动，一边举手，一边大喊："老师！老师！"以此来吸引教师的注意。在其他儿童发言时，也没有认真倾听，随意打断。因此，教师在鼓励儿童提问的同时，也应当注意儿童提问习惯的培养。

注意事项

1. 关注倾听

教师告诉学生倾听时应该全神贯注，不东张西望，不能一边说话一边听人讲话，一边玩东西或想别的事情、写作业等，这是一种最基本的礼貌。可以要求儿童：在听同学的发言前，猜猜要发言的同学会说些什么。发言中，找找他的发言有没有和自己观点不同的地方，想想同学发言讲的重点是什么。答案是否完整。快速整理下针对同学的发言你如何给予评价。

同时，儿童无论听教师讲课，还是听同学发言，都要听完整，听仔细。在同学发言有错或语无伦次时，也要耐心倾听，不随意插话和打断别人的话。即使不同意对方意见或认为对方再说下去没有任何价值，也要礼貌地等待对方把话说完。

2. 礼貌提问

教师要注意引导儿童礼貌提问，形成良好的提问习惯。提问前举手示意，身坐正；提问时使用正确的语言，如"我有不同的想法""我有疑惑"；提问后，认真倾听老师或同学的解答。

3. 正面引导

教师在儿童提问后，多使用正面、鼓励性或引导性的语言，如：
"你很聪明！"
"你的思维真敏捷！"
"你这种方法太有想象力了！"
"你很有学习潜力。"
"这个问题提得很好，能问在点子上，说明你是用心思考的。"
"你提的问题很有思考价值，我们共同研究一下。"
"猜测是科学发现的前奏，你已经迈出了精彩的一步！"
"会提问的孩子，就是聪明的孩子！"
"小疑有小进，大疑有大进！"
"老师很佩服你的钻劲儿！"

活动二：游戏化教学

游戏化教学，是以传播知识为目标，以学习者为中心，将游戏元素和游戏机制融合进教与学的过程当中，通过互动有趣的教育游戏激发儿童的好奇心、兴趣和专注力的一种教学活动。学和玩结合起来可以充分激发儿童的求知欲，将抽象的知识具体化，例如将知识点与游戏、绘画、歌曲等相结合。

以英语课堂为例，英语课程话题大多贴近儿童生活，例如拓展关于红绿灯的英文互动歌曲 *Red light stop, green light go*，儿童在欢快的节奏中游戏并体会歌曲意义。

同时通过 *Look left, look right* 的短片补充学习交通指挥语，最后儿童穿上小交警的衣服，进行职业体验与游戏。

再以语文学科"查字典"为例，查字典是一年级儿童必须掌握的一种语文学习技能，于是开展了"查字典我最棒"的语文学科活动。儿童将书本上学到的"音序查字法口诀"这样的理论知识和实际操作相结合，在自己动手翻阅字典的过程中明白何为先把首个字母找,什么是音节,以及找到音节所在的页码后如何找到要查找的汉字。通过这样一步步动手实践,不断熟练音序查字法的方法和步骤,最后达到强化学科基本知识的目的。

注意事项

1. 活动目标

(1)通过查字典比赛,儿童进一步掌握音序查字法的方法,达到熟练的程度。

(2)儿童在规定时间内迅速准确查出指定的字。

(3)激发儿童使用字典这一工具书的兴趣,养成查字典的好习惯。

2. 活动准备

(1)儿童熟练掌握音序字母表和音序查字法。

(2)准备查字典比赛的生字卡片和箱子。

(3)准备五本字典,在书本上选择容易组词、容易错的字。

3. 活动方法

全班五人一组,进行小组内比赛。孩子们在生字百宝箱内抽取生字,拼读,然后用音序查字法查字,口头组词,抽取两个生字。最先胜出的儿童获得五个星星的积分,积分按完成顺序依次递减。

案例分享:好问小明星

活动目的:

(1)在观察、阅读、互动讨论等情境中,能发现问题、提出问题。

(2)有好奇心,能够对不懂的现象进行追问和探究,乐于动手动脑。

活动过程:

"问题小宝宝"叮叮终于成为一名小学一年级的学生啦!开学第一天,叮叮就成为班级中的"好问小明星",他总是提出各种各样的问题,让老师应接不暇。比如:今天的饭菜是什么呀?下一节课是什么课?足球课我们要上什么呢?杨老师多大了呀?不但如此,叮叮在上课时脑子里也充满了问号:五十六个民族是哪些呢?他们跟我们的生活一样吗?叮叮的问题好多,但是老师从来都不会不耐烦，每次都认真聆听他的问题，然后摸摸他的脑袋，笑着回答，还不时夸奖："叮叮真是个会思考的小朋友！""好问小明星"的称号就是老师第一周发给叮叮的小喜报，叮叮可开心了，回到家就跟家人分享了这份喜悦。

可是，当叮叮在课堂上随意打断同学的发言，直接站起来说话时，老师也会批评叮叮，告诉了叮叮应该礼貌提问，叮叮学会了认真聆听同学的发言，坐得端端正正举手发言，告诉老师："我有疑问。"于是，这周老师又赋予了叮叮"文明有礼星"的称号。

叮叮非常喜欢在学校的生活，觉得课堂很有意思。他们会在语文课堂上用橡皮泥捏出拼音的形状，还会在课堂上表演情景剧，会在数学课堂上玩"盲人摸图形"，会在英语课堂上角色扮演，一切都是这么有趣。

案例二 学习习惯

从以游戏为主的幼儿园进入以学习为主的小学，每个儿童都将经历人生第一个重要转折点。由于幼儿园与小学在教育教学以及生活上存在明显差异，大部分儿童在适应新的环境时，会出现比较大的困难。幼儿园和小学不一样的教育侧重点，使得儿童难以快速适应规律的学习生活。儿童进入小学后，学习主观能动性、学习兴趣等因素，直接影响到学习效果。因而做好儿童幼儿教育与小学教育的衔接教育非常重要，尤其要注重儿童良好学习习惯的培养。

为让儿童较快地适应，幼儿园与小学均需做好幼小衔接工作。其中，培养儿童良好的学习习惯尤为重要。下文主要探讨培养儿童认真倾听、语言表达、正确读写姿势等良好学习习惯的方法。

小小难题：如何养成良好的学习习惯

金秋九月，一对好朋友叮叮和咚咚进入小学，成为小学生啦！可是，开学后的课堂里，他们却遇到了一些问题：叮叮虽然发言积极，但有时教师没有发出发言指令就随意发言，扰乱课堂纪律；而咚咚上课时坐不住，爱走神，爱讲小话……

大大办法：培养学习习惯 创造高效课堂

一、活动目标

（1）做好思想、书写和专注力等方面的入学准备。
（2）重视阅读、倾听和勇于表达习惯的培养。
（3）制订良好学习习惯的养成计划。

二、活动流程

活动一：谁是倾听小明星

《3—6岁儿童学习与发展指南》指出"倾听与表达"是语言领域的核心目标。在小学低段的学习活动中，教师应有意识地为儿童创设有利于倾听和交谈的环境，积极主动地运用标准、正确的语言与儿童交谈，引导儿童关注他人谈话、认真倾听、捕捉信息。

例如，教师可以带领儿童开展"有爱的同学"这一活动。活动中，儿童依次走上讲台，向同学介绍自己的兴趣爱好，其他儿童认真聆听。几个同学为一组完成介绍后，教师可随机点名刚才介绍过自己的儿童，并要求其他同学讲出这名小朋友的兴趣爱好，以此培养儿童的聆听习惯，锻炼其记忆能力。同时，选出"谁是倾听小明星"。

教师还可以带领儿童开展"有趣的动物"这一活动。活动中，儿童依次走上讲台，向同学介绍自己喜欢的动物及原因，在过程中找同学重复，最终选出"谁是倾听小明星"。

注意事项

在活动过程中，教师要做好记录，关注到每一个儿童的状态，让每个儿童都有发言的机会。

在讲述与动物相关的教学内容时，可以向儿童提出这样的问题：你们喜欢小动物吗？最喜欢哪种小动物呢？喜欢的原因是什么呢？教师提出问题之后不要急于让儿童回答，而是要给他们留出一段时间思考，然后随机挑选几个小朋友回答。在其中一位小朋友回答时，教师可以先强调一遍在这位儿童回答的过程中其他儿童要认真听，然后再鼓励这位儿童发言。如果这位儿童说他最喜欢的小动物是小狗，他家里就养着一只小狗，这只小狗能够给他带来很多快乐。教师就可以根据这位小朋友的回答再次向另外几位小朋友提问：你也喜欢小狗吗？和他喜欢的理由一样吗？因为教师之前已经强调了儿童在回答的过程中要学会倾听，所以大部分的儿童都能配合。如果教师没有强调，一位儿童在回答的过程中其他儿童可能就会打断他的发言。因此，教师在幼小衔接阶段要着重培养儿童的倾听习惯，这样才能引导儿童自主思考。

活动二：谁是表达小能手

为了奠定好儿童今后阅读理解和写作的基础，在幼小衔接阶段，教师可通过绘本阅读、情景表演、话剧、区域活动中的语言区活动等形式培养儿童的语言表达能力。

例如，让儿童自制指偶、头饰、故事板等材料，儿童可以自由地选择材料进行故事讲述或故事表演；利用"精彩一分钟"活动，创设儿童自我介绍的环节，锻炼儿童的语言表达能力和在众人面前讲述的勇气；创设"小导游"带领参观的客人游览校园特色墙面；餐前设置"午餐管理员"介绍今日菜谱。

活动三：谁是书写小明星

教师要利用图书和绘画，引发儿童对阅读和书写的兴趣，培养阅读和书写技能。在小学阶段的学习中，文字的比例开始大幅增加，除了培养儿童的阅读能力，另一个需要重点培养的就是儿童的书写能力。比起阅读，书写难度更大一些。尽管很多儿童已经有了一定的书写基础，但是面对系统规范的要求，还需要加强锻炼。

例如，在集中活动中，利用"大白鹅""大虾"等故事角色引导儿童学会正确的坐姿；在儿童日常画画、记录过程中，留心观察儿童的姿势，一旦发现儿童的书写姿势有误，当场给予纠正和正确示范。同时，可在班级内举办书写大赛，让儿童在规定时间内描红与书写。

活动四：游戏中认识同学

"认识名字"这个游戏有助于增进感情，提高儿童的人际交往能力。开学第一天，教师组织儿童在游戏、活动中进行自我介绍，主要介绍自己的姓名、兴趣爱好等，训练儿童倾听与表达能力。

活动五：活动中培养学习习惯

以传统节日、课本内容、校园生活三大主题设计形式丰富的活动，让儿童在活动中培养学习习惯。一年级第一学期，要常常开展活动，使儿童在丰富多彩的活动中养成良好的学习习惯。

活动六：我是阅读小能手

步入小学以后，儿童不再进行以图画为主的学习，而是要接触占书本大部分的文字，阅读水平在这个阶段开始变得重要。这就要求家长和教师在幼小衔接期间注意锻炼儿童的阅读能力，有意识地扩大阅读书籍的范围，适当改变阅读内容，激发儿童对书籍的阅读兴趣，在潜移默化中扩大儿童的知识面，增加阅读量，为上小学一年级做好准备。

比如，亲子共读不仅能促进儿童阅读能力的发展，而且能促进亲情的交流沟通。在阅读题材上，选择儿童感兴趣的内容，像《小鱼散步》《一片叶子落下来》这类书籍。

班级内可不定期地组织开展读书交流会。活动中，儿童可以向其他小朋友介绍自己阅读过的一些故事，谈一谈自己的想法，让儿童感受到阅读的快乐，从而养成良好的习惯。教师也可以为儿童准备积累本，通过涂星星和分享的形式，激发儿童阅读兴趣与表达能力。

案例分享：训练与培养倾听习惯

活动目的：
逐步提升儿童倾听能力。

活动过程：
课堂上乐乐和美美十分兴奋，今天是他们最喜欢的口语交际课程。上课铃声响了，教师热情地进入教室，在黑板上写下"有趣的动物"。

接着，教师介绍道，在活动中大家要依次走上讲台，向同学介绍自己喜欢的动物及原因，在介绍的过程中找其他同学重复，最终选出"谁是倾听小明星"。

这样的方式完全迷住了两位小朋友和班上其他同学，一边沉浸在"认识动物"的游戏中，一边跟新同学熟悉起来。

案例三 学习兴趣

"知之者不如好之者，好之者不如乐之者"，学习兴趣在学习活动中起着十分重要的作用，当儿童产生学习的兴趣时，就会随之产生强烈的求知欲和好奇心，儿童就愿学、爱学、乐学，而且学得活、学得好。那么如何培养儿童的学习兴趣呢？

小小难题：如何培养儿童的学习兴趣

在全家人的盼望下，一起长大的好朋友乐乐和美美终于要进入小学啦！可是，乐乐和美美又胆怯了。乐乐说："美美，幼儿园每天都可以玩积木，还可以玩各种各样的游戏，听说小学会学习很多知识，会不会不好玩了呀？"美美说："乐乐，我好想每天也能开开心心继续玩游戏呀，不知道小学是怎样的呢？"开学那天，两个好朋友各自跟着爸爸妈妈来到学校门口，充满了激动与紧张……

大大办法：巧设导语 实践体验

一、活动目标

（1）带领学生做各个学科的游戏，在游戏中获得知识。
（2）引导学生在实际生活中体验，在学习中培养兴趣。

二、活动流程

对于刚从幼儿园毕业的小朋友来说，进入小学等于进入一个新鲜又陌生的学习环境，对即将开始的小学生活，他们感到既新奇又胆怯，可能会有不同程度的不适应。由于幼儿园与小学阶段的学生具有不同的身心发展特征，可以通过绘本、游戏、闯关等形式在开学第一课巧设情景，为今后的校园学习生活做铺垫。

（一）巧设导语，激发兴趣

活动一：开学第一课

活动目的：

（1）带领孩子熟悉校园环境，教育儿童爱校、尊师，激发其成为小学生的自豪感。

（2）进行坐、立、行、路队等训练，帮助儿童尽快适应小学生活，逐步培养学习兴趣。

活动过程：

入学后，孩子们第一次踏进校园，老师带领孩子们熟悉校园环境，完成初次"校园探险"。怀着激动的心情，同学们会继续完成第二个路队训练的挑战。大家在教室外整齐列队，庄严肃穆，开学第一课就将爱党爱国的种子深深扎根在心中。同时，各班用心将开学书本准备好按桌次摆放，给予孩子第一天的仪式感。最后，学生入座，由教师精心讲解小学生的行为准则，细心引导新入校的学生初步认知小学生行为规范，这样可以树立起学生即将成为小学生的自豪感，激发学生对小学生活的向往。

（二）实践教学，寓教于乐

结合传统节日和实际情况，我们根据本校一年级学生的实际情况，设计了很多实践性的教学活动，在活动中寓教于乐。

活动二：花朝节

活动目的：

（1）了解与花朝节相关的传统文化习俗，在活动中激发学习兴趣。

（2）学习与花相关的知识，感受传统节日的魅力。

（3）培养学生的民族认同感与自信心，使其热爱中国优秀传统文化。

活动过程：

1. 花团秀俏影

语文教师准备与花朵相关的朗诵诗词，其他各科老师也将"花"融入课堂当中。

2. 花径展春姿

（1）衣着：穿汉服或带花的衣服，可化妆。

（2）盆花：学生带一盆自己最喜欢的花到学校，贴上花的名片（花盆上贴好班级、姓名）。

（3）摆放：沿着校门口，一直摆放到学校操场边。

（4）朝会：两个班级上台表演有关花的节目（一个节目3分钟左右）。

（5）花神："花神娘娘"赐福，并宣布游花径活动开始。

（6）游花径：各班上主席台展示后，沿着盆花摆放的路线回教室。

（7）红绳：每个班选出做得好的经典花诗句，系在教室门口墙上。

3. 花海寻春踪

每个班会得到八张校园内花的照片，请学生自己寻找，根据找到的花的数量，进行评分。

4. 花市觅知音

在操场领回自己的花回到各自班上，介绍自己的花，并开展"互换"活动（可选择不换）。

（三）生活体验，延展渗透

小学各个学科的学习都应在教学中渗透生活体验，不应局限于课本知识。以语文学习为例，课本中的情景源于生活中语言文字运用的真实需求，服务于解决现实生活的真实问题，应引导学生在多样的日常生活场景和社会实践活动中学习语言文字的运用，每个学科的活动安排都可以与生活体验进行链接。

活动三：在生活中学会打电话

"打电话"是一年级下第五单元的口语交际，本课与实际生活紧密相连，具有较强的生活性和实践性。口语交际"打电话"由四部分组成：第一，提出两个问题，明确本次口语交际的要求和内容；第二，图文并茂地呈现了一次打电话的情景；第三，提供三个情境，让学生试着打打电话；第四，出示"小贴士"提醒学生打电话应注意的事项。通过对文本、教材和教参的研读，明确了本次口语交际的训练重点是在真实的情境中明确打电话的步骤，学会独立接打电话。

在这样真实的生活情境中演练如何接打电话，既巧妙将书本知识融入生活实践中，又在生活的体验中进行了渗透，极大地激发了学生的学习兴趣。

活动四：我理想中的教室

为了让学生尽快熟悉和适应小学的学习生活，较好地激发其学习兴趣，结合多学科活动，设计英语学习主题：我理想中的教室。学生从自己学习的教室进行观察，教师引导孩子思考两个问题：你理想中的教室是什么样子的呢？你理想的教室里有一些什么物品和设施呢？

在学习的过程中，对自己的教室甚至班集体有了更强的归属感，也不断熟悉身边的物品对应的单词，发现字母拼读的奥秘，积攒学习的兴趣。

活动五：我是小小科技迷

结合低龄段儿童的心理特点，一年级科学课堂可以融合学校的资源开展神奇、有趣的科技活动，让学生体验科学带来的奇思妙想。例如，四川科技馆的"科技大篷车"开进校园，通过让学生了解展品和参观实践活动，亲身体会科技的神奇，感受科技的魅力；同时，学生们也可以绘画科幻主题的图画，表达自己对未来科技生活的美好畅想。利用多方资源，融合学科活动，科学课堂能够充分激发儿童对学科学习的向往和兴趣。

案例分享：激发学习兴趣

活动目的：

逐步提升孩子的学习兴趣。

活动过程：

今天是叮叮和咚咚非常期待的一年一度的花朝节，他们早上非常高兴地让妈妈给自己穿了汉服，还在额头间画了代表祝福的花钿。踏进校园，他们觉得脚步都轻盈了起来：铺满花朵的小径让整个校园充满了花香，变得更加美丽了。

这时，上课铃声响了，只见老师也换上了传统的汉服，在黑板上写下"花朝节"，叮叮和咚咚觉得今天的老师与平时很不一样。

接着，老师介绍说，"花朝节风俗其实是我们中华民族传统文化的一部分，花朝节也指百花的生日。它的习俗非常多，包括踏青、赏红、装狮花等。今天，小朋友们可以在充满花的校园里游花径、寻花影、展花姿以及诵读花的诗词等。"

这样的方式完全迷住了两位小朋友和班上其他同学，一边沉浸在"花朝节"的氛围中，一边跟其他同学聊起来。

这时，老师给大家准备了今天的特别学习内容：与花有关的古诗词。例如《梅花》《竹枝词九首》《白梅》等，叮叮和咚咚都沉醉在满是花的世界当中了，仿佛现在不仅仅是坐在教室里朗读诗词了，而是在和古人手牵手踏青赏花呢！

下课了，穿着汉服的叮叮和咚咚忍不住去校园里寻找花影了。叮叮说："看来我们平时都没有认真观察过，原来校园里还有这么多花朵呢！"咚咚也说道："是呀叮叮，今天通过寻花影，我才知道这些花朵真的很美！"孩子们觉得这一天的校园变得美丽又特别。

案例四 学习能力

大多数一年级新生在入学阶段并没有形成基本的学习能力，许多儿童还不具备良好的学习习惯，包括读写和握笔姿势等。小学课程对于每个新生来说都是苦乐交织的，因为这是一个探索和发现的历程，需要趣味的引导、竞争的激励，也正是在这个过程中，儿童不断挖掘自己的潜能，磨砺自己的意志与学习能力。

小小难题：如何养成基本的学习能力

开学快一个月了，双胞胎姐弟叮叮和咚咚又有了几分担心。叮叮和咚咚互相诉说着课上的遭遇，叮叮说："上课真没意思，不能玩游戏，也不能和好朋友说话。"咚咚附和道："我也觉得，只能下课玩游戏，但是有时候教师又要我们写作业，课间都不能玩，上小学一点都不好。"

叮叮和咚咚的父母也犯了难，他们总说一年级的生活太枯燥，不愿意学习，怎么才能让儿童爱上学习，提高学习能力呢？

大大办法：创设环境 培养能力

一、活动目标

（1）在课堂教学中，能领会同学和教师说话的主要内容，并能积极回应。

（2）喜欢阅读，对感兴趣的人物和事件有自己的理解和想法，能随着作品的展开产生相应的情感体验。

（3）能较完整地讲述小故事，能简要讲述自己感兴趣的见闻。

（4）乐于在阅读的语境中识字。学习认识汉字的笔画和间架结构，初步掌握写字的基本笔画、笔顺规则。

（5）能在日常生活中发现并提出简单的数学问题，尝试用不同的方法解决。

二、活动流程

活动一：七巧大比拼

游戏化教学有助于儿童在游戏中学习，收获成长与快乐。在七巧板大比拼中，同学们充分发挥自己的智慧，在平板上快速又准确地拼出了一幅幅可爱的图形，在游戏与竞技中体会到了"七巧板"的奇妙，发现数学之美，发散数学思维。

活动二：课前三分钟

《关于大力推进幼儿园与小学科学衔接的指导意见》（以下简称《意见》）指出："能较完整地讲述小故事，能简要讲述自己感兴趣的见闻。"这是对儿童表达能力与表达自信的培养。班级内可以开展"课前三分钟"活动，给每个儿童一个小小的舞台，儿童们可以分享自己喜欢的书、故事，可以分享自己看到的或听到的事情，还可以分享自己经历过的一场旅行或奇特的冒险。这既能让同学们互相了解，也能鼓励儿童积极表达、自信表达。

活动三：读书分享会

《意见》指出："喜欢阅读，对感兴趣的人物和事件有自己的理解和想法，能随着作品的展开产生相应的情感体验。"阅读既能帮助儿童增加识字量，也能帮助儿童在阅读中增加对不同事物的理解与认识，获得不同的情感体验。

班级内可以设置图书角，让儿童每人自带一本书。课间及课后服务时间，儿童可以自行借阅，共同阅读。每月班级内可开展一次读书分享会，选出一本最受欢迎的图书进行师生共读，共同梳理故事内容。

活动四：自己来整理

《纲要》指出："能在日常生活中发现并提出简单的数学问题，尝试用不同的方法解决。"数学思维的培养不仅限于课内，也应在课外有所延伸。数学教师可在课内、课外组织开展让儿童自己整理书包、图书或房间的活动，儿童在整理活动中不断尝试用不同的方法来解决问题，以此促进儿童逻辑思维能力的提升，提高儿童的数学思维能力与学习能力。

案例分享：阅读能力的培养

活动目的：

逐步提升儿童的阅读能力。

活动过程：

课堂上叮叮和咚咚十分兴奋，今天是他们最喜欢的阅读分享课。上课铃声响了，教师热情地进入教室，在黑板上写下"有趣的图书分享"。

接着，教师介绍，在活动中大家要依次走上讲台，向同学介绍一本自己最喜欢的图书及理由。

这样的方式让两位小朋友和班上其他同学很着迷，一边沉浸在"寻找自己最喜欢的图书"的思考中，一边热情地跟新同学讨论起来。

在讲述与图书阅读有关的教学内容时，教师向同学们提出这样的问题：你们喜欢阅读吗？最喜欢读什么类型的书呢？喜欢的原因是什么呢？教师提出问题之后并没有急于让大家回答，而是给他们留出了一段时间思考，然后按学号顺序挑选今天要分享图书的几个小朋友回答。其中一位小朋友回答时，教师会将小朋友事先准备好的故事片段以 ppt 形式呈现，这位小朋友分享完后再与其他同学共读，并根据故事内容提问，邀请其他小朋友回答。

叮叮分享了他最喜欢的图书《成语大王》，并与大家共读了《画龙点睛》的故事，读完故事后，叮叮问了以下几个问题：《画龙点睛》的主人公是谁呀？他为什么要画龙？他为什么要给龙画眼睛？龙有了眼睛之后又发生了什么？一系列的问题像一颗颗激起水花的小石子，同学们一下子激动起来，纷纷举手想要回答问题。

第四章

幼儿园入学准备教育活动案例

启发与引导

- 为什么要在小中班做好入学准备渗透，它和大班的入学准备渗透有什么关联？
- 如何在小中班进行入学准备活动渗透？
- 小班、中班、大班儿童入学准备会存在哪些问题，该如何解决？
- 在各年龄段开展入学准备活动时如何层层递进，如何把握目标？
- 大班阶段，如何在游戏活动、生活活动、运动活动、学习活动中开展入学准备？
- 活动开展中，儿童如何构建经验？教师如何支持儿童习得新经验？

3—6岁是为儿童终身学习和发展奠基的重要阶段，引导儿童做好入学准备是幼儿园教育的重要内容，有利于促进幼儿园与小学科学衔接。以入学准备教育活动资源为载体，开展幼小衔接课程的建构、研究与实践，有机渗透于保育教育的全过程，能帮助儿童做好入学准备，引导儿童实现从幼儿园到小学的顺利过渡。故而，本章在国家教育政策和相关教育理论指导下，重点体现幼儿园如何将入学准备有机渗透到保育教育的全过程，关注"四个准备"的关联与衔接，关注入学准备活动的顶层设计与系统推进。

第一节 身心准备

案例一 向往入学

向往入学在小班保教活动中的渗透

从熟悉的环境、适应的生活向未知的环境与生活过渡，儿童向往入园与向往入小学的激动、期待是类似的，入园后可能面临的适应性问题与入学后面临的适应性问题也是类似的，因此引导儿童适应儿童园生活的思路和方法在引导儿童步入小学生活上同样也具有推广和借鉴意义。

小小难题

（1）适应的差异性。儿童在离开熟悉的家人，进入新集体的时候可能产生分离焦虑，分离焦虑容易使儿童对新集体产生恐惧，不同的儿童分离焦虑的时间和过程是不一样的，如果不能帮助儿童顺利度过分离焦虑期，儿童在下一次面对新环境的时候可能还会产生更加严重的分离焦虑，影响顺利入学。

（2）自理能力的差异性。儿童在入园和入学过程中都面临着自理能力的挑战。在幼儿园，儿童要逐渐学会独立完成洗手、喝水、吃饭、上厕所、睡觉、游戏与学习等事件，期间伴随教师的指导与帮助；入学后的小学生则需要自主安排课间并平衡好生活、学习和游戏的时间。

（3）个人走向集体的过程差异性。儿童入园的过程是一个从个人走向集体、家庭走向学校的过程。曾经家人可以围绕一位儿童展开儿童喜爱、有趣的活动，但入园后全部的儿童要跟随相对一致的生活节奏和活动内容，对集体的接受程度、适应情况、规则的理解程度和遵守意愿等会直接影响儿童对新的集体生活的适应情况

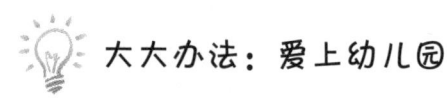

大大办法：爱上幼儿园

一、活动目标

（1）儿童能够在幼儿园中感受到被关注、理解与支持。

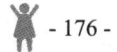

（2）儿童能够在幼儿园与班级教师或朋友建立新的亲密关系。

（3）儿童喜欢幼儿园，愿意在幼儿园活动。

二、活动建议

《3—6岁儿童学习与发展指南》指出：在成人的帮助下较快地让儿童适应集体生活，注意观察儿童在新环境中的饮食、睡眠、游戏等方面的情况，采取相应的措施帮助他们尽快地适应新环境，对幼儿园的生活好奇，习惯上幼儿园。具体活动内容见表4-1-1。

表4-1-1 "爱上幼儿园"活动内容

	活动	渗透建议
有机渗透	我的小标记	支持儿童选择自己喜欢的标记，感受到在集体中"我"可以选择，集体是"我的集体"。
	我的小毛巾陪我上幼儿园	1. 感受自己在陌生的环境里是被关注的，而非忽视的，从而给儿童留下积极的集体印记。 2. 在儿童分离焦虑期时，通过多种方式回应儿童的需求，缓解分离焦虑，例如给家人打电话，看一看家人的照片等。
	幼儿园里快乐多	引导儿童思考、回忆在新环境中的快乐情景，加强儿童对新环境的适应。
	亲爱的教师妈妈	教师通过拥抱、陪伴、组织有趣的游戏等形式向儿童传达对他们的爱，让儿童理解到儿童园里也有教师妈妈。
	我长大了/我能自己照顾好自己	为儿童提供生活自理能力锻炼的机会，贯彻落实自己的事情自己做，通过生活成就感提升自信

向往入学在中班保教活动中的渗透

幼小衔接是幼儿园三年和小学低段全程贯通的系统工程。在幼儿园，从小班到大班，项目化开展"我的生活我打理""我的游戏我做主""我的学习我负责"等活动，搭建起由被动到主动、他控到自律、简单到复杂的发展成长阶梯。进入中班，儿童开始关注除自我以外的他人与集体，这对于幼小科学衔接做好身心准备有着重要的奠基作用。

小小难题

（1）适应的差异性。在班级生活中，我们往往看到儿童的适应程度有着不同的表现，教师在组织教育活动时应注重儿童不同的差异性及表现，为儿童预设出适宜其差异性发展的教育方法。

（2）自我服务能力的差异性。在幼儿园的一日生活环节中，我们常常能听到"我不会""不是我的事情，不该我负责""我要自己做""我会做"等儿童的表达。通过不同的表达，能感受到对于自我服务，儿童之间不同的差异。有些儿童还在探索和依赖，有些儿童已经可以自我服务，并且乐于尝试自我服务，体验其中的成就感。

（3）个人走向集体的差异性。班级活动中，儿童与儿童之间会产生冲突或矛盾。中班年龄段的儿童对于交往的需求在逐步增加，也会有越来越明确的集体意识，此时是培养儿童热爱班集体、热爱朋友的关键时期。

大大办法：热爱班集体

一、活动目标

（1）愿意积极参加集体活动，与同伴之间能一起交流、沟通、相互倾听。
（2）热爱班级，感受班级友爱的氛围，在集体中愿意为同伴和班级做事情。

二、活动建议

《3—6岁儿童学习与发展指南》指出，教师应吸引和鼓励儿童参加集体活动，萌发集体意识。儿童喜欢并适应群体生活，具有初步的归属感。在中班年龄段具体表现为：愿意并主动参加群体活动，喜欢自己所在的幼儿园和班级，积极参加集体活动，愿意为集体做事。教师在园组织活动时，应有意识地培养儿童对集体的认识和对集体的归属感。具体活动内容见表4-1-2。

表 4-1-2 "热爱班集体"活动内容

	活动	渗透建议
有机渗透	班级讲解员	儿童细致观察与体验新的班级环境,自行分组选择喜欢的区域,以解说员的形式向其他班级的儿童进行介绍。
	朋友你我他	通过游戏"猜猜他是谁"的方式,儿童描述同伴的外貌特征,引导其他儿童猜出同伴,增进同伴之间的了解。
	我们的共同约定	儿童以画画的方式描绘出理想中优秀班级的样子,与老师一同制定班级公约。
	请让我来帮助你	儿童通过自己的眼睛,发现身边需要帮助的同伴,每天为同伴做一件有爱心的小事情。
	装扮我的教室	儿童通过讨论,画出自己心目中装饰教室的样子,再与老师一同以剪、贴、画、做、挂等方式,亲自动手参与其中。
	班级管理员	老师与儿童共商班级事务,根据需要设置多种形式的管理员,儿童每日领取管理任务并认真当好小小管理员

向往入学在大班保教活动中的准备

向往入学,是儿童开启小学学习生活的情感动力,也是重要的入学心理准备。为入小学做准备是幼儿园教育的基本功能之一,教师要倾听儿童的声音,满足儿童现阶段的身心发展特点与科学幼小衔接的需求。

小小难题

儿童面对小学生活,除了向往,也有许多担忧,他们担心迟到,担心学习成绩,担心吃饭的问题等等。这些让儿童内心产生了压力,出现了对未来小学生活的焦虑。同时,对儿童而言,小学又是一个陌生却富有吸引力的地方,教师要及时抓住儿童对小学的好奇、即将成为小学生的自豪,激发对小学的向往,从身心发展的多方面做好进入小学的充分准备,实现从学前教育到小学教育的顺利过渡。

大大办法：我要上小学了

一、活动目标

（1）初步了解小学，对小学生活充满期待。
（2）希望成为一名小学生，愿意为入学做准备。

二、活动示意图

"我要上小学了"活动示意图详见图4-1-1。

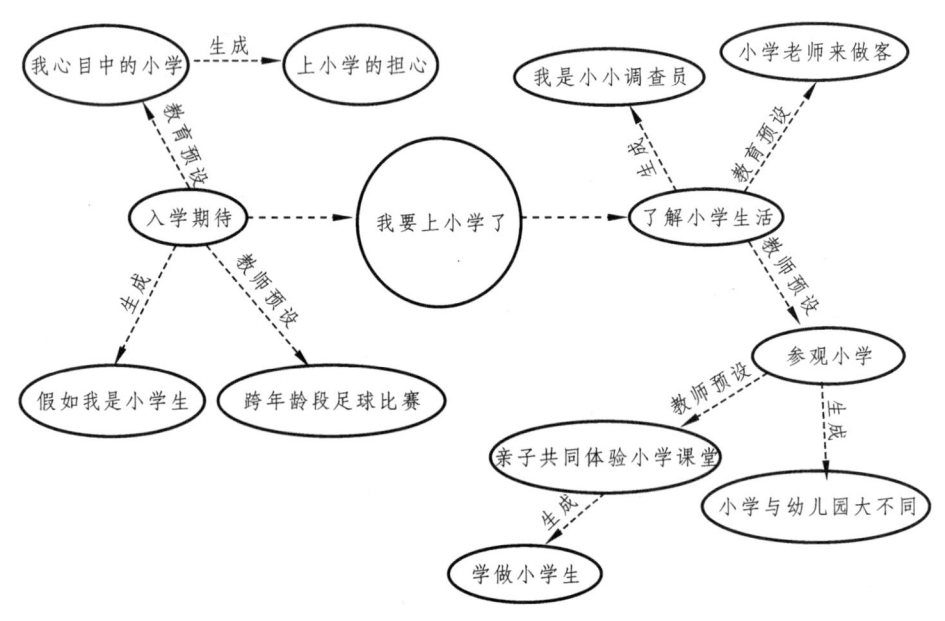

图 4-1-1　"我要上小学了"活动示意图

三、活动过程

《3—6岁儿童学习与发展指南》指出：儿童在群体活动中积极、快乐，对小学生活有好奇和向往。幼儿园组织活动时，可以经常打破班级界限，让儿童有更多机会参加不同群体的活动。带领大班儿童参观小学，参与小学有趣的活动，唤起他们对小学生活的好奇和向往，为入学做好心理准备。

（一）入学期待

活动一：我心目中的小学

1. 开展"心目中的小学"谈话活动

引导儿童讲出心中的期待与向往，问问他们"你心中的小学是什么样的？"

2. 绘画表达"心目中的小学"

（1）引导儿童将关于小学的猜想用绘画的方式表达。

（2）将儿童的绘画剪切下来，与儿童一起将其组合在一起，共同建构一所小学的样态，可参考图4-1-2。

图 4-1-2 "我心目中的小学"展示

活动二：上小学的担心

1. 开展关于"上小学的担心"谈话活动

（1）了解儿童要上小学的内心的困惑与担忧，问问他们"如果你上小学了，你担心遇到什么困难？"

（2）引导儿童寻找解决困难的办法，问问他们"你想怎么解决这个问题？""谁能够解决这些问题？"

2. 绘画或符号记录困惑与担心

用画图或符号的方式记录心中的困惑和能想到的解决方式。在寻找解决办法的过程中,能够获得"我可以"的积极体验。

活动三:假如我是小学生

1. 开展关于"假如我是小学生"谈话活动

鼓励儿童充分发挥想象,尽情表达自己对小学生活的向往,问问他们"假如你是小学生,你会去做什么事情?"

2. 绘画或符号表达"假如我是小学生"

用绘画或符号记录的方式表达自己的想法并分享,激发儿童对小学生活的向往,为儿童顺利进入小学做好心理准备。

活动四:跨年龄段足球比赛

1. 比赛前儿童讨论规则与组队

(1)引导儿童讨论足球比赛的规则,问问他们"足球比赛需要遵守什么规则?"

(2)引导儿童表达关于组队的方式,问问他们"你们想怎么组队?""你们想怎么安排球员的站位?"

(3)鼓励儿童思考战略战术,问问他们"你们有什么踢球战术吗?"

2. 比赛结束后关于球赛的讨论

(1)引导儿童交流活动中的优点与不足并讨论如何改进,问问他们"大家配合得怎么样?""有遇到什么问题吗?""大家有什么好办法解决吗?"

(2)引导儿童正确面对输赢。

3. 绘画或符号记录足球比赛中的感受

儿童将活动中遇到的问题或有趣的事情以绘画或符号记录的方式进行记录,并与同伴分享。

(二)了解小学生活

活动一:我是小小调查员

1. 调查前模拟访谈

(1)引导儿童表达关于小学想知道的问题,如"你还想知道哪些关于小学的事情?"

（2）引导儿童讨论在哪里进行访谈，如"在什么地方可以找到小学生？"

（3）引导儿童学习如何有礼貌地询问，如"怎么有礼貌地询问，才能让哥哥姐姐愿意回答你的问题？"

（4）引导儿童学习如何表达清楚问题，如"想问几个问题？""想问关于小学的什么问题？"

（5）引导儿童思考如何把哥哥姐姐回答的内容记录下来，如"什么时候记录回答？""怎么记录哥哥姐姐回答的问题才不会忘记？"

2. 分类整理调查内容

教师将儿童的问卷调查按内容分类整理，展示于墙面，供儿童之间交流分享。可参考表4-1-3。

表4-1-3 访谈内容

调查对象：

调查时间：　　　　　　　　　　　　　调查人：

问　题	我提出的问题	小学生哥哥姐姐的回答
问题1		
问题2		
问题3		

活动二：小学教师来作客

1. 小学教师来到幼儿园

（1）通过与小学教师的见面、玩游戏，缓解儿童对小学教师的陌生感。

（2）小学教师引导儿童画画。

（3）赠送儿童小礼物。

2. 欢迎小学教师的到来

（1）儿童为小学教师表演节目，积极展示自我。

（2）儿童将自制的礼物送给小学教师。

活动三：参观小学

1. 活动目的

幼儿园大班升入小学是教育过渡的关键时期，具有承上启下的作用。本次活动旨在让儿童感受小学生活，走进小学课堂，了解小学环境，使幼儿园儿童从生活、学习、心理等方面能喜欢上小学，为尽快适应小学学习生活打好基础。

2. 活动时间

周一上午。

3. 活动组织人员

园长、行政、大班各班级教师。

4. 活动具体安排

（1）小学门口集合。

教师、儿童与家长在小学门口集合。

（2）体验庄严的升旗仪式。

观看小学的升旗仪式，感受在小学的仪式感，小学的哥哥姐姐给弟弟妹妹们佩戴校徽，让儿童萌发自豪感，对小学充满憧憬与向往。

（3）体验有趣的课堂。

详见后文活动四。

（4）感受快乐的课间操。

儿童参观 10 分钟课间操。

（5）参观美丽的校园。

① 参观运动环境。参观足球场、篮球场、乒乓球场、羽毛球场、田径运动场等运动场所。

② 参观学习环境。参观图书室、科学探索室、音乐活动室、教室等场所。

③ 参观生活环境。参观食堂、开水房、厕所等。

（6）和小学说再见。

家长护送儿童到幼儿园。

活动四：亲子共同体验小学课堂

1. 亲子共同体验一堂课

儿童来到小学听一堂课，体验小学生有趣的课堂，产生即将成为小学生的自豪感。

2. 家长结合观察表进行观察

家长可结合观察表（详见表 4-1-4），观察孩子在课堂上的专注力、专注持续时间、活动中的积极性、与教师互动情况、倾听、表达与坐姿等情况。

表 4-1-4　"体验小学课堂"儿童观察记录表

班级：　　　　　　儿童姓名：　　　　　　家长姓名：

1. 孩子是否按时到达地点集合？	A. 是　　　B. 否
	若未按时达到，迟到的原因是：
2. 孩子是否自己背书包？	A. 全程自己背 B. 部分路程自己背 C. 没有自己背
3. 孩子是否认真聆听进入校园的规则？	A. 是　　　B. 否
4. 参观校园时，孩子是否遵守约定的规则？	A. 是　　　B. 否
5. 在课堂中，孩子的坐姿是否端正？	A. 是　　　B. 否
6. 在课堂中，孩子是否能理解教师的任务要求？	A. 是　　　B. 否
7. 在课堂中，孩子是否能独立完成教师布置的任务？	A. 是　　　B. 否
8. 对于课堂中教师提出的问题，孩子是否积极回答？	A. 是　　　B. 否
9. 课堂中孩子的注意力能持续多久？	A. 5～10 分钟 B. 10～20 分钟 C. 20 分钟以上
10. 孩子是否能专注地倾听教师讲课？	A. 是　　　B. 否
	走神____次，在做什么？
11. 参观活动后，您认为您的孩子还需加强_____方面。 您希望班级教师给予_____引导。	

活动五：小学与幼儿园大不同

1. 讨论幼儿园与小学的不同

引导儿童谈论自己发现的小学与幼儿园的不同，如"你觉得小学和幼儿园有哪些地方不一样呢？"可以引导儿童从教室环境、桌椅布置、户外环境、功能室房间、用餐方式、午睡等方面表述不同。

2. 绘画记录幼儿园与小学的不同

幼儿园与小学的课桌不一样，幼儿园是几个朋友一张桌子，小学生是一人一张桌子（见图 4-1-3）。幼儿园的书架只有一个，小学的书架有好几个，幼儿园的操场是方形的，小学的操场是圆形的（见图 4-1-4）。

图 4-1-3　儿童绘画 1　　　　图 4-1-4　儿童绘画 2

3. 建构游戏：修建小学

鼓励儿童将对小学的感知经验在建构游戏中运用起来，如"你想搭建的小学里有哪些建筑？"

活动六：学做小学生

1. 讨论要成为小学生要有哪些好习惯

引导儿童思考成为小学生应该要有哪些好习惯，如"我们想要成为小学生应该要具备哪些好习惯呢？"

2. 制作"养成好习惯"记录表

教师根据与儿童的讨论，制作"养成好习惯"的记录表（见表 4-1-5），帮助儿童养成好习惯。

3. 表格发放方式

（1）每周一将表格发给孩子，孩子在家自己完成表格内容并记录。

（2）第二周周一交给教师，并领回一张新表格继续填写。

表 4-1-5　"养成好习惯"记录表

时间：　　　　　　　　　　　　　　　　　姓名：

时间	7:00—7:30 起床	帮父母做事（画图记录）	看书或写数字（画图记录）	自己洗漱、穿脱衣服	21:00—21:30 睡觉
星期一					
星期二					
星期三					
星期四					
星期五					

4. 表格运用方式

（1）孩子们通过自己每天的实践、记录，以此来养成一定的好习惯。

（2）教师可以通过表格的记录不断发现孩子的问题，找到问题的根源，并帮助孩子采取个性化的方法来解决问题，以此来培养孩子良好的生活习惯、学习习惯以及劳动意识和责任意识。

案例二　情绪良好

情绪良好在小班保教活动中的渗透

小班幼儿刚从家庭进入幼儿园，其生活环境发生了巨大的变化，幼儿的情绪也会因此受到影响。小班幼儿的情绪存在难以自制的特点，其情绪认知和情绪控制能力还不足，教师应为幼儿营造温暖、轻松的心理环境，用恰当的方式表达情绪，为幼儿做出榜样。在老师的关心和爱护下，幼儿能够对新环境有安全感，那么幼儿进入小学，迈进新集体时，幼儿这种有意的体验会被唤醒，从而更快地适应小学。

小小难题

不同的幼儿来自不同的家庭，其教养方式、生活习惯方面存在差异，也常常因为各种原因表现出不同的情绪。幼儿在感到不安时，会采用哭闹、打闹等方式来宣泄，在开心激动时，部分幼儿会用打闹、摔东西等方式来表达。

大大办法：做个开心娃娃

一、活动目标

（1）认识基本情绪，体验不同的情绪感受，接纳自己的消极情绪。
（2）让儿童在被接纳的环境中感受安全感。

二、活动建议

《3—6岁儿童学习与发展指南》指出：保持良好的情绪状态，以积极、愉快的情绪影响幼儿。以欣赏的态度对待幼儿。注意发现幼儿的优点，接纳他们的个体差异，不与同伴做横向比较。"做个开心娃娃"活动内容详见表4-1-6。

表4-1-6　"做个开心娃娃"活动内容

	活动	渗透建议
有机渗透	会变的脸	引导幼儿通过观察面部表情，了解基本情绪。鼓励幼儿尝试画一画自己开心时候的样子。
	快乐抱一抱	引导幼儿在表达高兴、开心的情绪时，可以用轻轻拥抱的方式与同伴分享。
	表情歌	引导幼儿与自己的生活经验相结合，体验不同情绪的表达。知道难过、伤心等情绪是正常的情绪表现，学会接纳不同的情绪。
	心情卡	教师关注幼儿在心情卡上的图画表达。教师创设多元的情景氛围，为幼儿创造愿意表达和倾诉的环境。

情绪良好在中班保教活动中的渗透

情绪管理能力是幼儿心理素质的重要组成部分，对幼儿的身心健康发展有着重要影响。当幼儿有良好的情绪体验时，会提高幼儿兴趣，促使他们更加努力地参与活动、思考、学习，形成一个良性循环。中班幼儿在情绪方面表现出强烈的易冲动、易外露、易变化等特点，学会积极面对情绪、有效表达情绪、善于控制和调节情绪尤为重要，这既是幼儿园教育的重要内容，也是帮助幼儿科学做好入学准备的重点。

小小难题

（1）情绪表达的个体差异。情绪是个体对客观事物是否符合自己生理需要而产生的主观体验。幼儿比较常见的情绪表达方式有：掩饰、平静、夸大、弱化，不同的个体对情绪的表达会存在差异。

（2）消极情绪影响正常活动。消极的情绪不利于幼儿身心发育，会使幼儿对学习或者活动失去信心。如果情绪得不到适当的调控，会导致严重的消极体验，即情绪障碍。这些障碍表现为忧愁、焦虑、愤怒等，严重干扰幼儿的正常活动。

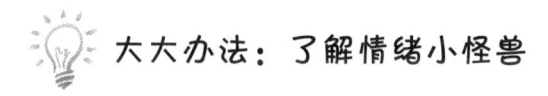

大大办法：了解情绪小怪兽

一、活动目标

（1）知道每个人都有情绪，并能辨认几种基本情绪。
（2）能对自己的情绪做出确切的表达，初步知道调节自己的情绪。
（3）关注他人情绪，了解更多调节情绪的方法。

二、活动建议

《3—6岁儿童学习与发展指南》指出：幼儿要经常保持愉快的情绪，不高兴时能较快缓解；有强烈情绪反应时，能在成人提醒下逐渐平静下来；愿意把自己的情绪告诉亲近的人，一起分享快乐或求得安慰。情绪管理在幼小衔接中是不可或缺的一环，幼儿本身具有各种情绪，如愤怒、恐惧、快乐、害怕、惊讶等，对幼儿的情绪做出正确引导，帮助他们保持情绪安定，提升情绪管理能力是教育的重要目标之一。"了解情绪小怪兽"活动内容见表4-1-7。

表4-1-7 "了解情绪小怪兽"活动内容

	活动	渗透建议
有机渗透	表情变变变	幼儿可以通过观察多种面部表情了解不同的情绪状态，并且用恰当的方式将自己所观察到的、感受到的表达出来，建立表情变化与情绪情感之间的联结。
	分享一件事	引导幼儿从现实的生活经历与体验出发，明确情绪是一个人心理活动的正常表现，树立正确的情绪态度，学会正确认识和评价自己的情绪。
	做一碗生气汤	以故事的形式把孩子们引领进丰富的情感世界，学会排解心中不快和烦恼的方法。
	他不开心了	通过活动感知他人的情绪变化，能有意识地关注身边朋友、家人、同伴的情绪变化。
	我会制造快乐	幼儿尝试用不同的方法来寻找快乐，了解更多调节情绪的方法。

情绪良好在大班保教活动中的准备

学前儿童正处于迅速发展的年龄阶段，对外界影响的刺激极为敏感。保持良好的情绪状态，具备一定的情绪调控能力，不仅能帮助儿童在变化的环境中获取关键经验，还能唤醒儿童内在对于探索新事物的原始动力。而对幼小衔接的全面认识，不能忽视对儿童经验和期待的深入理解，并引导他们对进入小学产生一定的期待，怀揣美好的情绪。

小小难题

情绪直接指导着学前儿童的行为，当儿童不开心时，容易发脾气，不能够接纳自己的消极情绪，不知道怎么讲述不开心的事情和原因。积极情绪可以起到正向推动作用，消极情绪则会降低活动效率，甚至引发不良行为，起着反向作用。

大大办法：和情绪做朋友

一、活动目标

（1）能经常保持积极、稳定的情绪。

（2）遇到困难和不开心的事情，不乱发脾气，不迁怒于他人。

二、活动框架

活动框架详见图 4-1-5。

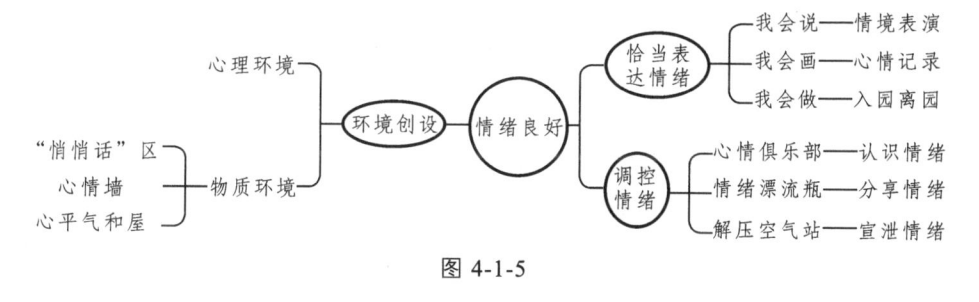

图 4-1-5

三、活动过程

《3—6岁儿童学习与发展指南》指出：儿童经常保持愉快的情绪，知道引起自己某种情绪的原因，并努力缓解。表达情绪的方式比较适度，不乱发脾气。能随着活动的需要转换情绪和注意。

（一）积极的情绪体验

活动一：环境创设

1. 创建"悄悄话"区

创设"悄悄话"聊天室，让儿童有机会、场地和老师及同伴说悄悄话。引导儿童了解每个人都有不好意思或者不敢说出的话，如"你有没有想说又不好意思或者不敢说的话？"

2. 设立"心情墙"

在班级内设立一面"心情墙"，为儿童提供丰富的材料，鼓励儿童用不同方式表达自己的心情并贴在墙上，如"今天你的心情怎么样？""分享下你开心或者不开心的事情"。

3. 创设"心平气和角"

引导儿童在"心平气和角",心平气和地讲述自己的经历、体验和情绪情感,如"你遇到了什么事情?"

引导儿童寻找解决困难的办法,如"你想怎么解决这个问题?"

活动二：心理环境

1. 教师对幼儿情绪的影响

教师整体状态是积极向上、阳光明媚的。

教师多用正向、积极的语言与儿童进行对话,如"早上好。""见到你真开心。"

"你的回答真有意思。""你的办法真棒!""你已经做得很好了。""加油。"等。

2. 创设轻松愉悦的游戏氛围

教师要关注儿童水平,顾及儿童自尊,有意让儿童尽可能获得成功的体验。

不强迫儿童参与游戏,当儿童不想参与游戏时,应该立刻关注到儿童的情绪和想法,针对不同情况来引导儿童。

（二）恰当表达情绪

活动一：故事讲述

教师讲述关于情绪方面的绘本故事,例如《生气汤》《杰瑞的冷静太空》《当情绪来敲门》等。

引导儿童带着问题听故事,如"故事中发生了什么事情?""为什么会这样?""他们怎么解决问题的?"

教师引导儿童正确表达情绪,如"当我们情绪不好的时候,我们可以怎么做?"

活动二：谈话活动

借助谈话活动,让儿童学习表达情绪,鼓励儿童讲述引起这种情绪的原因。和儿童一起品味美好,如"你可以把你遇到的高兴的事情分享给大家吗?"

"你可以把你遇到的不高兴的事情讲给大家听吗?我们可以一起解决。"有时,只需要表达出来,情绪就解决了。

活动三：心情记录

1. 心情日记

引导儿童关注一天中影响自己情绪变化的事情，尝试用画日记的形式单幅或多幅图记录表达自己情绪变化的过程，告诉儿童"可以将今天开心或者不开心的事情画一画，记录在心情日记本上"。参考图 4-1-6。

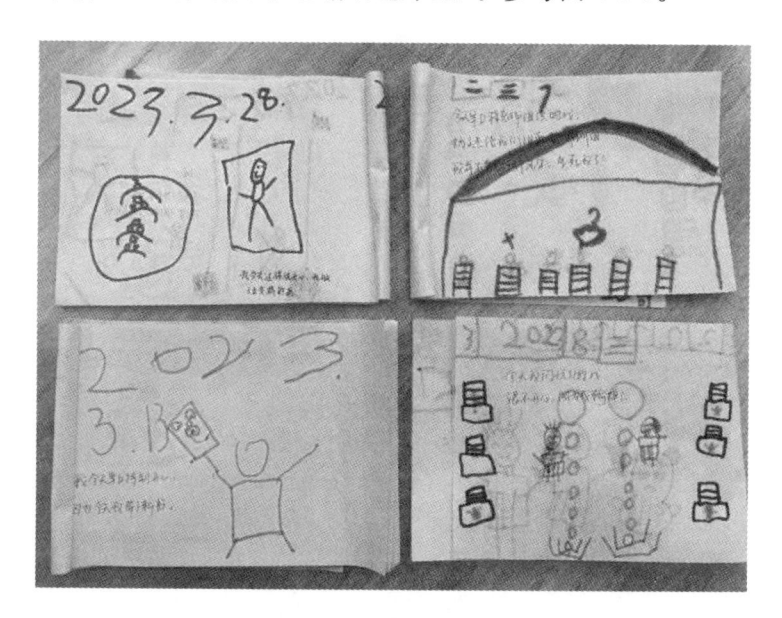

图 4-1-6 "心情日记"展示

2. 自制情绪故事书

引导儿童每周整理自己记录的心情日记，制作成一本小书，供儿童回顾和分享。

3. 打卡说心情

儿童尝试制作不同表情的卡片（参考图 4-1-7）。

教师引导儿童根据当天的心情，把相应的卡片插到自己名字下面，问问他们"今天你的心情怎么样？""什么事情让你开心和难过？"

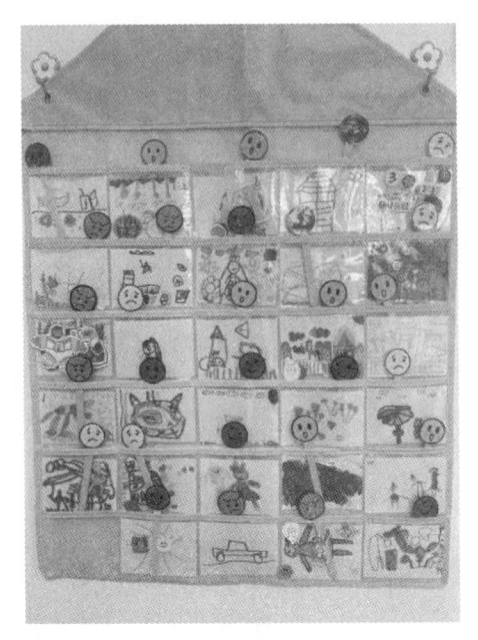

图 4-1-7 "表情卡片"展示

（三）调控情绪

活动一："说话棒"

当儿童之间遇到矛盾冲突时，引导儿童手拿"说话棒"，用语言表达自己的情绪，轮流说出自己的情绪、感受和想法，并和同伴讨论解决矛盾冲突的办法。

引导儿童友好沟通，学会安静倾听和理解他人的内心。

活动二：面对比赛的输赢

当儿童输掉一场比赛时，帮助儿童接受比赛的结果，儿童能够表达出输掉比赛的心情，给予及时的安慰。同时引导儿童思考、分析比赛输赢是因为什么原因，下次应该从哪些方面去调整和努力。

活动三：观点不被认同

当儿童自己的想法不被同伴认可时，教师应该给予及时的肯定，如"你能勇敢地回答出来，真棒！""每个人都有不同的想法，不同的理解。""我们不是必须有相同的想法。"

鼓励儿童大胆表达自己的观点，告诉他们观点没有对错之分。

案例三 喜欢运动

喜欢运动在小班保教活动中的渗透

合理的体育运动可以为儿童提供良好的身体素质，积极的生活态度，通过活动中的互动来促进儿童适应集体生活，培养儿童坚持、勇敢、乐观的生活态度，为今后进入环境更丰富的集体生活做好身心准备。

小小难题

（1）肌肉发展的差异性。不同儿童肌肉的发展水平是不同的，这种不同会影响儿童的行动敏捷度、活动参与度。小肌肉的发展会影响到幼儿握笔能力、用筷进食等精细动作，大肌肉发展会影响幼儿平衡能力、日常运动等。因此教师需关注儿童的发展水平，因材施教来发展不同儿童的不同弱项，使儿童肌肉得到均衡发展，帮助儿童克服身体上的困难，适应新环境。

（2）合作经验的差异性。小班儿童每个人在不同生活环境下，有着不同的合作经验。而合作是学习的一种重要方式，同伴合作会影响幼儿的社会交往情况、语言发展、问题解决能力等。因此教师需要为儿童在户外活动中创造合作的机会，让儿童感知合作的快乐，增加儿童合作经验。

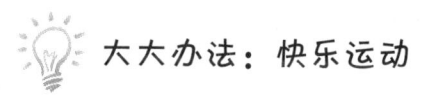

大大办法：快乐运动

一、活动目标

（1）愿意参加体育活动。
（2）能在较冷或较热的户外环境中活动。

二、活动建议

《3—6岁儿童学习与发展指南》指出，儿童阶段是形成安全感和乐观态度的重要阶段。因此，在体育活动中教师应当适时安抚儿童，帮助儿童建立稳定情绪，培养儿童乐意参加体育活动、能在不同环境下适应并进行体育活动的意愿以及积极向上的生活态度。这既能激发儿童喜欢运动的情绪,也能为其他领域的学习与发展打下基础。"快乐运动"活动内容参见表 4-1-8。

表 4-1-8 "快乐运动"活动内容

	活动	渗透建议
有机渗透	欢乐滑滑梯	支持儿童在游戏中自主选择同伴进行游戏,感受和同伴游戏的快乐。在游戏中学习遵守规则,并能保护好自己。
	田鼠运输队	激发儿童喜欢运动,愿意参与运动,儿童通过走跑、钻爬、平衡等动作感知运动给身体带来的愉快。
	送小兔回家	儿童在双人或多人的合力下将"小兔"运送回家,体验与同伴合作游戏的快乐,同时感受合作成功后的喜悦。
	沙地寻宝	通过参与挖沙坑、筛沙子、利用沙子等游戏活动,感知大自然,与大自然进行互动,从而和同伴感受游戏的乐趣

喜欢运动在中班保教活动中的渗透

儿童阶段是身体发育和机能发展极为迅速的时期,发育良好的身体、强健的体质、协调的动作、良好的运动习惯是儿童身心健康的基础。幼儿园开展丰富多彩的户外游戏和体育活动,提高儿童动作协调性、灵活性,培养儿童参加体育活动的兴趣和习惯,增强体质,适应环境。儿童的身心发展既为入学准备奠定良好的身心基础,又助力于儿童德智体美劳全面和谐发展。

小小难题

中班孩子的动作发展逐步协调,运动能力和运动量都在不断增加。但有的幼儿在运动中跑跑就累了,不能坚持;跑时步小、步频大,容易摔倒;有的幼儿拍球时,总是拍不准,控制不住球,手眼的协调能力较差。所以给予孩子足够的运动空间和自由,提供一些有趣并有所挑战的活动环境与器械必不可少。

大大办法：我运动，我快乐

一、活动目标

（1）具有一定的平衡能力，动作协调、灵敏。
（2）具有一定的力量和耐力。

二、活动建议

《3—6岁儿童学习与发展指南》指出，幼儿园应合理利用多种活动发展儿童身体平衡和协调能力，活动中关注良好运动习惯的培养，增强体质锻炼，提高儿童对环境的适应能力。"我运动，我快乐"活动内容参见表4-1-9。

表 4-1-9 "我运动，我快乐"活动内容

	活动	渗透建议
有机渗透	基本动作的锻炼	利用丰富多样的体育器械，支持儿童的走、跑、跳等运动发展，锻炼儿童的基本动作，促进儿童具有一定的力量和耐力。在动作挑战中体验成功，建立自信心。
	民间体育游戏	积极开展躲猫猫、丢沙包等民间体育游戏，支持儿童在传统游戏中发展一定的平衡力，动作协调、灵敏。在体育游戏中自主探索，培养其独立性、自主性、创造性，促进人际交往。
	利用自然因素锻炼	充分挖掘和利用自然因素，促进儿童身心健康发展。如利用废旧物品自制体育器械，保护我们身边的绿色环境。利用山坡、沙池、空气等自然环境，开展山坡游戏、沙水游戏、"三浴"锻炼—空气浴，支持儿童自主创造游戏。在锻炼身体的同时，又增进儿童与周围环境的亲近感，提升对环境的适应能力

喜欢运动在大班保教活动中的准备

儿童早期的动作是心理发展的主要建构力量,与智力发展水平是连在一起的,显而易见,儿童的运动是至关重要的。《3—6岁儿童学习与发展指南》中强调,开展丰富多样,适合儿童的体育活动是增强儿童体质,增进儿童健康的积极手段和重要途径。

小小难题

当下儿童的运动现状有几大问题:在每年健康体检中,我们发现存在儿童超重或偏轻的现象;有的儿童总是爱生病,体质下降;有的儿童在运动中跑跑就累了,不能坚持;跑步时步小、步频大,有头重脚轻的感觉,容易摔倒;有的儿童拍球时,总是拍不准,控制不住球。《3—6岁儿童学习与发展指南》在健康领域中明确指出,儿童的身心正处于迅速发育和发展的重要时期,关注和促进儿童的身体健康和心理健康,不仅关系到儿童当前的健康状况,还会对其未来的发展乃至一生的健康产生重要且深远的影响。

大大办法:爱上运动

一、活动目标

(1)积极参加多种形式的户外活动。
(2)能连续参加体育活动半小时以上。

二、活动示意图

"喜欢运动"活动示意图见图 4-1-8。

三、活动过程

《3—6岁儿童学习与发展指南》指出:能在斜坡、荡桥和有一定间隔的物体上较平稳地行走;能以手脚并用的方式安全地爬攀登架、网等;能连续跳绳;能躲避他人滚过来的球或扔过来的沙包;能连续拍球;能双手抓杠悬空吊起 20 秒左右；能单手将沙包向前投掷 5 米左右；能单脚连续向前跳 8 米左右；能快跑 25 米左右；能连续行走 1.5 千米以上（途中可适当停歇）。

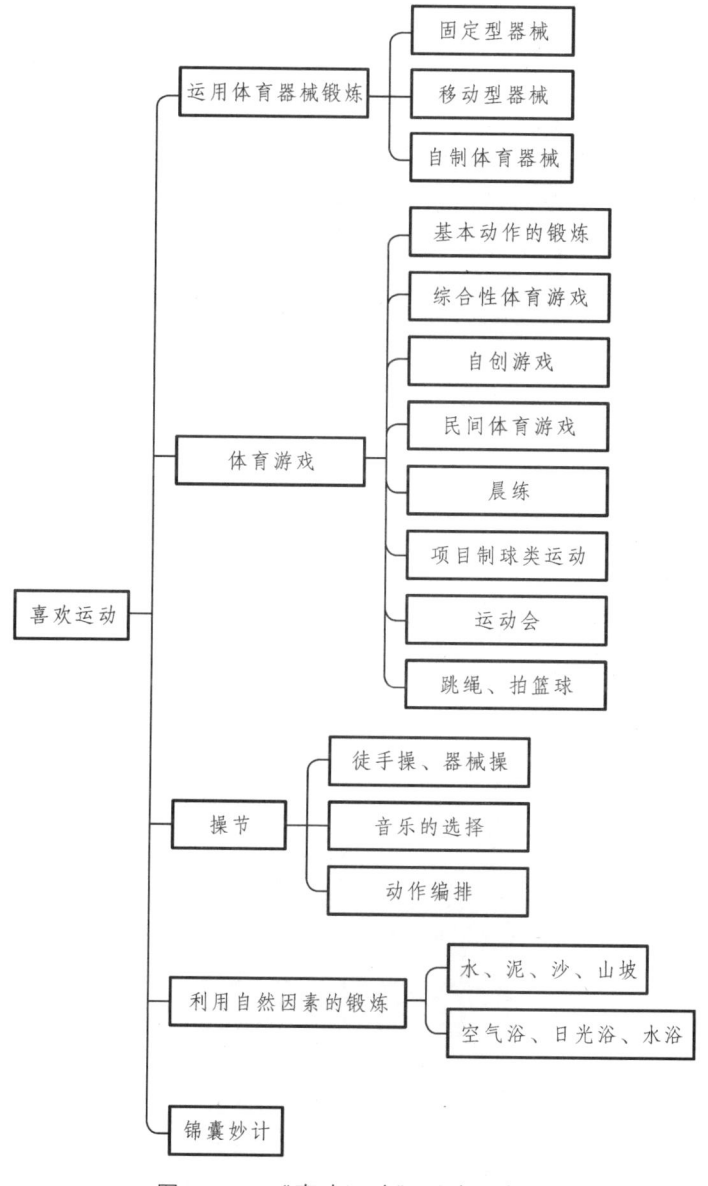

喜欢运动
- 运用体育器械锻炼
  - 固定型器械
  - 移动型器械
  - 自制体育器械
- 体育游戏
  - 基本动作的锻炼
  - 综合性体育游戏
  - 自创游戏
  - 民间体育游戏
  - 晨练
  - 项目制球类运动
  - 运动会
  - 跳绳、拍篮球
- 操节
  - 徒手操、器械操
  - 音乐的选择
  - 动作编排
- 利用自然因素的锻炼
  - 水、泥、沙、山坡
  - 空气浴、日光浴、水浴
- 锦囊妙计

图 4-1-8 "喜欢运动"活动示意图

（一）运用体育器械锻炼

活动一：固定型器械

1. 滑梯（见图 4-1-9）

图 4-1-9　滑梯

（1）玩法：

① 用不同的姿势从上往下滑。

② 拉住滑梯两边的扶手由下爬上滑梯的顶端。

③ 除了单人滑，还可以多人一起滑。

（2）建议：上下楼梯时要保持一定的距离，不要推挤；从上往下滑动前，要强调次序，不能拥挤；从上往下滑动始终是头上脚下，不能头部向下。

2. 攀登架（见图 4-1-10）

图 4-1-10　攀登架

（1）玩法：

① 沿不同方向（上、下、左、右、里、外）攀爬、钻爬。

② 在水平的横杠梯上缓慢地直臂悬垂。

（2）建议：器械上的人数不能超过八人；教师的站点站位要确保儿童安全，儿童在教师的视线范围内活动。

3. 单双杠（见图 4-1-11）

图 4-1-11　单双杠

（1）玩法：

① 双手抓住单杠，引体向上，锻炼手臂力量。

② 双手抓住双杠的两杆，引体向上，锻炼手臂力量。

（2）建议：在游戏之前，检查场地是否安全。可摆放海绵垫，辅助游戏。

4. 秋千（见图 4-1-12）

图 4-1-12　秋千

（1）玩法：

① 扶着秋千的绳索坐稳后开始游戏。

② 能自行将秋千荡起、荡高。

（2）建议：在儿童玩耍秋千时，教师注意提醒并保护儿童，防止儿童由于抓绳不稳而从秋千上滑落；其他儿童观看荡秋千时注意保持一定的安全距离，防止碰撞发生；定期检查，更换绳索。

活动二：移动型体育器械

1. **倒"U"形弯**（见图 4-1-13）

图 4-1-13　倒"U"形弯

（1）玩法：

① 进行手膝着地、手脚着地的钻爬类活动。

② 儿童运用其上肢进行负重活动，锻炼手臂力量。

（2）建议：引导儿童自发地探索倒"U"形弯的多种组合和玩法。

2. **三拼接圆**（见图 4-1-14）

图 4-1-14　三拼接圆

（1）玩法：
① 拼成圆形，向前推着走。
② 组装成蛇形，进行爬平衡训练、走平衡训练。
（2）建议：引导儿童结伴游戏，自由拼搭，探索多种拼搭方式。

3. 羊角球（见图 4-1-15）

图 4-1-15　羊角球

（1）玩法：
坐在羊角球上，拉住两角，原地蹦跳、行进跳、向后跳、横向跳以及原地转着跳。
（2）建议：可在场地上画上图形，设置障碍，创设情景，儿童可以沿着图形的边进行跳动，也可以绕着障碍进行跳动。

4. 扭扭车（见图 4-1-16）

图 4-1-16　扭扭车

（1）玩法：

① 双脚离地，扭动车子的把手不断前行。

② 双脚踏地，借助双脚的力量不断前进、后退、转弯等。

③ 一人坐于车上控制方向，一人在车后推动前进。

（2）建议：儿童自主合作，结伴游戏；可在场地上画上图形，设置障碍，创设情景，儿童可以沿着图形的边通过，也可以绕着障碍进行通过。

5. 独轮车（见图 4-1-17）

图 4-1-17　独轮车

（1）玩法：

① 推着独轮车走或者跑。

② 在车上装上物品，进行运送。

③ 用独轮车运送其他小朋友。

④ 推着独轮车通过各种障碍。

（2）建议：游戏中注意避让行人。

6. 体操垫（见图 4-1-18）

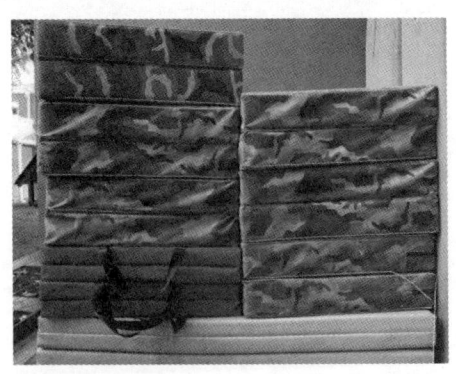

图 4-1-18　体操垫

（1）玩法：

① 体操垫上进行钻爬活动。

② 在体操垫上进行前滚翻、侧滚翻等动作训练。

③ 利用体操垫搭建山洞，进行各种游戏以及活动。

④ 将体操垫置于云梯下方，起保护作用。

7. 滚筒（见图 4-1-19）

图 4-1-19　滚筒

（1）玩法：

① 将滚筒竖立，进行打地鼠的游戏。

② 将滚筒放倒，儿童躺进桶里，儿童自主翻滚游戏。

③ 将滚筒放倒，开展钻爬活动。

（2）建议：滚筒体积较大，置于空旷地方游戏。

8. 圈（见图 4-1-20）

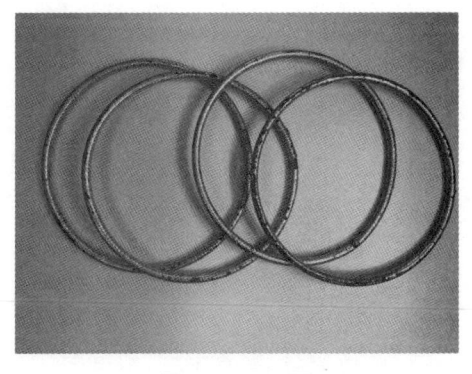

图 4-1-20　圈

（1）玩法：

① 用力向前滚圈并追圈。

② 按不同的方位摆放圈，尝试各种跳跃。

③ 把圈套入手臂、颈、腰、腿部，转动这些部位并带动圈一起转动。

④ 将圈竖起，儿童按不同的方位、方式钻越。

⑤ 3~5人结伴，把圈套在身上，连接成"小火车"。

⑥ 套圈游戏。

（2）建议：引导儿童自由探索圈的各种玩法。

9. 篮球架（见图4-1-21）

图 4-1-21　篮球架

（1）玩法：进行各类投篮活动。

（2）建议：篮球架较高，移动篮球架过程中注意安全。

10. 三轮车（见图4-1-22）

图 4-1-22　三轮车

（1）玩法：

① 单人或搭载同伴进行骑行。

② 划定路线，摆放障碍，按照固定路线骑行并通过障碍。

（2）建议：三轮车体积较大，骑行过程中避让行人，放慢速度。

11. 独轮平衡车（见图 4-1-23）

图 4-1-23　独轮平衡车

玩法：

（1）保持车身平衡并骑行。

（2）划定路线，摆放障碍，按照固定路线骑行并通过障碍。

12. 多人协力车（见图 4-1-24）

图 4-1-24　多人协力车

玩法：
（1）多名儿童合力将车子滑行。
（2）设置赛道，团队之间进行滑行速度比赛。

13. 投掷器（见图4-1-25）

图 4-1-25　投掷器

玩法：
（1）定点将投掷物投进投掷器。
（2）在规定时间内将更多投掷物投进投掷器。

活动三：自制体育器械

1. 材料准备

与儿童一起收集生活中可再次利用的废旧物品，例如奶粉筒、易拉罐、旧布料等。将收集的材料带到幼儿园，并对材料进行检查和消毒，保证其安全、卫生。

2. 器械制作

（1）围绕动作设计制作。

围绕儿童走、跑、跳、钻、爬、投掷、平衡等动作设计制作器械，参见图4-1-26。

（2）趣味性和操作性。

根据废旧材料的特征将其制作成适合大班儿童动作发展，具有趣味性和操作性的器械。

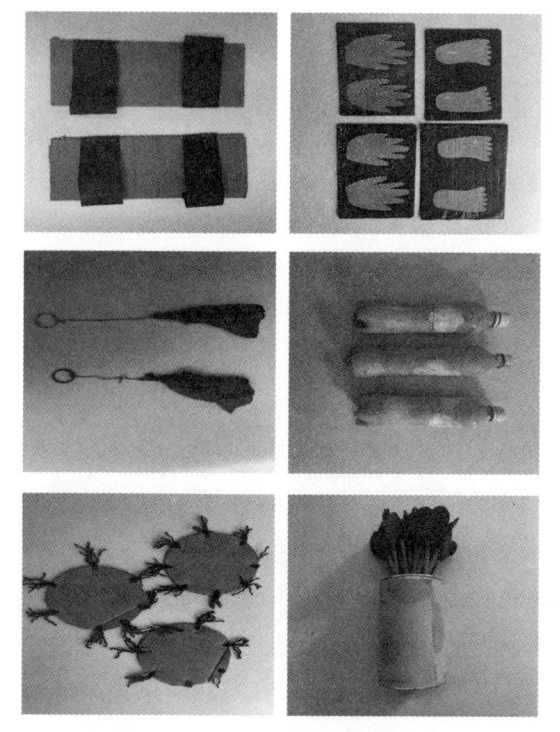

图 4-1-26　自制体育器械展示

3. 自制体育器械的使用

（1）儿童在游戏中了解自制体育器械的基本玩法。教师创设游戏情景，带领儿童在游戏中了解器械的基本玩法。

（2）使用器械的注意事项及安全。教师观察儿童游戏中使用自制体育器械的情况，引导儿童讨论如何安全使用自制体育器械，例如"怎么使用器械更安全？"

（3）引导结伴游戏。引导儿童在自己创设的游戏情景中自由探索器械的不同玩法。

（二）体育游戏

1. 基本动作锻炼

活动一：以走、跑、跳为主的活动

（1）活动准备。为儿童准备适合活动的场地，选择宽阔、平整、地面较软的场地。

（2）创设游戏情景。为了把走、跑、跳等动作联结起来锻炼，教师可以创设情境。比如：设置"参观动物园"的游戏情节，开着小汽车（小跑步）来到动物园，看到小鱼在水里游（边走边做两侧划水的动作），看见小鸟在天空中飞（小跑步做小鸟飞的动作），看见小兔在玩耍（双脚往前跳）。

（3）运用音乐、道具、头饰辅助活动开展。根据游戏情节，提供相应的辅助材料开展活动。准备音乐，让儿童随着音乐的节奏快走或者慢走；准备风车，让儿童拿着小风车跑，看看谁的小风车转得快；戴上头饰，模拟动作跳、爬等动作。

（4）教师指导建议。充分利用场地的特点和体育器材，采用多种方法激发儿童参与活动的兴趣。比如在两棵树之间绑一根绳子，挂上水果，请小朋友们跳一跳摘水果。

活动二：以钻、攀爬为主的活动

（1）活动准备。活动前准备好活动中需要的体育器材，比如垫子、攀爬架。

（2）开展具有挑战性的活动。活动难度应该层层递进，并且应该略高于大部分儿童的能力水平。如穿越火线，在游戏中设置三种"火线"穿越方式，穿过"呼啦圈火线"，爬过"滚筒火线"，钻过"火线墙"。

（3）教师指导建议：

①引导儿童学习正确的钻、爬姿势，保障活动安全。

②经常变换器械、障碍物，增强游戏趣味性。

③做好个别儿童的指导工作。

活动三：以投掷为主的活动

（1）活动准备。开展投掷活动前需为儿童准备开阔的场地，往没有人经过的地方投掷，避免误伤。准备好足够儿童使用的沙包。

（2）创设游戏情景。教师们可以选择老鼠过街、抛绣球、投篮等游戏情景，发展儿童的投掷能力。

（3）逐渐增加游戏难度，使活动具有挑战性。比如：在老鼠过街活动中，增加老鼠的移动速度；在抛绣球、投篮活动中，增加投掷的远度。

（4）教师指导建议：

①肩上投掷沙包是投掷的重点，注意形成正确的动作姿势，初期不要过度追求远度。

②投掷活动主要是上肢力量锻炼，因此可以与跑、跳等活动结合。

2. 自创游戏

自创游戏是指儿童利用体育器材（包括自制体育器材、小型可移动的体育器材），在自然环境中，自由选择游戏同伴以及游戏地点，自由探索、创造新的游戏玩法。

（1）活动前的准备。为儿童提供丰富、安全的体育器材，检查活动场地是否安全。

（2）儿童游戏。游戏中，儿童可以自由结伴，自由选择游戏材料以及游戏地点。

（3）教师指导建议：

①为儿童提供安全的环境，尊重儿童的选择。

②在儿童有需要时及时给予帮助。

③活动中，教师要注意站位，确保儿童在教师的视野范围内活动。

④注意保教结合，及时提醒儿童增减衣物。

3. 民间体育游戏

民间体育游戏简单易学，能够提升儿童的身体素质，对空间和设施的限制较少，能很好地适用于幼儿园教学中。

活动一：斗鸡

选择一块平坦的场地或草地，两人一组左（右）单脚站立，一条腿收起，用手握住腿踝关节，游戏开始，双方用膝互撞或用躲、闪等动作使对方失去平衡。

活动二：拍人

场地上画两个半径相差 40 厘米的同心圆圈。大圈外的儿童双脚立定跳进小圈，然后转身跑出大圈外（也可以跳进跳出）。拍人者在小圈内跑来跑去，想办法拍到跳进小圈内的儿童，被拍到的儿童暂时休息。

4. 晨间户外活动

晨间户外锻炼是儿童入园的第一项活动，也是他们一日生活的开始，使儿童精力更加充沛，以更加积极、阳光的精神面貌，在愉悦的情绪中积极、有效地参与到儿童园的一日活动中去。

活动一：大循环体能活动

（1）活动准备：

① 教师设计布置的区域：跨跳区、爬行区、攀登区、翻滚区、平衡区、跳跃区。

② 教师在不同区域准备不同体育器械：跨跳区准备跨栏、轮胎等跨跳器械，爬行区布置软垫、钻爬网等，攀登区设置攀爬架、攀爬梯、攀爬网等。

（2）活动开展方式：

儿童根据教师设计布置的区域规划自己的游戏路线，在游戏前制定游戏计划，也可以教师根据本班儿童体能发展水平设置体能路线，儿童依次通关。

（3）活动指导：

儿童根据自己制定的计划去相应的区域进行体育锻炼，对应区域的教师及时进行动作指导，鼓励儿童坚持、努力完成。

（4）游戏后整理与放松：

全体儿童在播放音乐后陆续结束游戏，将体育器械归位整理并回到班级。

活动二：自选游戏

（1）材料准备：

晨间户外锻炼以趣味性为主，同时兼顾安全。教师在投放材料前要提前检查材料的安全性，判断是否能进行投放，是否会对儿童的安全造成一定的影响。同时，材料要丰富多样，满足不同儿童的锻炼需求。

① 球类：皮球、篮球、足球、羽毛球、海洋球、乒乓球。

② 绳子：提供不同长短，不同材质的绳子，儿童探索绳子的各种玩法。

③ 沙包：玩沙包，探索各种沙包游戏的玩法，练习单手肩上投掷。

④ 平衡：平衡木、高跷、梅花桩等平衡类器械，锻炼儿童身体协调及身体平衡。

⑤ 攀爬类：软垫、攀爬架、攀爬网、攀爬梯等，儿童进行匍匐爬、手着地屈膝爬、四肢着地爬。

⑥ 圈类：呼啦圈、转圈、套圈等。

⑦ 自制游戏材料类。

（2）环境准备：

教师提前根据儿童兴趣设置好游戏区域，投放游戏材料，供儿童选择。

教师应提前检查游戏场地安全，清理游戏场地中与运动无关的杂物，布置好游戏场地，及时发现并消除安全隐患。

（3）开展方式：

儿童自选材料、自由结伴、自选场地、自选游戏。

（4）教师指导方法：

运动示范，语言提示，及时鼓励，及时总结。

（5）教师指导要点：

① 运动前为儿童划定本班活动范围，和儿童共构安全游戏的规则，帮助儿童掌握游戏中保护自己的方法，知道根据体感穿脱衣物照顾自己。

可以给儿童提出如下要求：第一，游戏时，不用器械做危险动作。第二，正确安全使用游戏器械，使用游戏器械时注意身边是否有同伴经过，小心避让。第三，根据天气情况，冷热及时穿脱衣物，擦汗饮水，自我照顾。

② 运动中，班级教师做好保教配合，注意站点站位，确保每一名教师都能随时观察到儿童情况，确保每一名儿童都在教师的视线范围内，在指导儿童进行身体锻炼的同时，保证儿童的游戏安全。教师注意儿童运动时的动作指导，及时地示范与纠正，帮助儿童达到最佳的锻炼效果。

③ 运动后，适时、适度地鼓励表扬儿童，激发儿童的运动热情与积极性。及时与儿童共同总结，帮助儿童提升运动经验。

5. 运动会

教师和儿童共同策划一场运动会，包括运动会项目的设置、赛程设置、规则设置、邀请运动员、运动会材料的准备、运动会场地的设置等。

（1）运动会前开展相关集体教育活动。观看运动比赛视频，帮助儿童对运动会有较全面的认识，为后期儿童自主策划运动会打下基础。

（2）筹备运动会。

① 制定运动会方案。

以"我期待的运动会"为切入点，和小朋友们聊一聊他们想参加什么样的运动会。

确定运动会项目以及各项目所需器材。

根据运动项目以及儿童园户外场地情况进行运动场地的划分。

确定比赛时间。

讨论运动会大致流程。

儿童将自己心中期待的运动会用绘画的方式记录下来，分别进行展示和介绍，由小朋友们选择一个最喜欢的运动会方案。教师加以引导，帮助儿童进一步完善方案。

②分组筹备运动会。

儿童根据事前制定的运动会方案分组进行筹备，例如器材准备组、赛事组、运动员组、裁判员组。

器材准备组。根据儿童选择的运动项目，为儿童提供半成品或材料，引导儿童自制部分比赛器械。

绘画比赛场地图，在教师的帮助下充分利用室外与室内场地，对运动会器械材料进行合理的设计和布局。

赛事组。制作比赛时间表，师幼共同制作比赛计划，确定每一个时间段的比赛项目以及比赛人员。

制作运动员邀请卡。为每一名儿童制作运动员邀请卡，给予儿童充分的活动体验，激发儿童参与运动会的热情。

运动员组。了解、记录、统计每一个项目的参赛人员。

裁判组。讨论制定各运动会项目的规则、计分方式等。

③运动会进行时。

器材组摆放道具，布置运动会场地（教师协助，注意检查器材是否安全，以及摆放时的安全指导）。

④运动会颁奖仪式。教师协助裁判组统计各项目比赛得分，为比赛胜利运动员颁发奖励。师幼共同总结比赛，发现同伴好的行为，比如团结、友爱、坚持等。

⑤儿童运动会关注重点。

选择的体育运动类型符合儿童身心特点。儿童肌肉力量相对较弱，不能开展过于剧烈的运动，与成人相比更适合开展有氧运动，如短距离极速跑、慢跑、双脚跳、投掷、钻、爬等，且每次运动不能给心肺系统带来过大的压力。

做好运动前的身心准备。运动前带领儿童做好热身，调动儿童身体的各个器官，可以做一些热身运动，例如头部运动、腕部运动、脚踝运动、肩颈运动等。也可以做一些游戏替代，把儿童的关节、韧带和肌肉活动开，避免运动时受伤。在活动前也可以采取适当的方式为儿童打气，激发儿童的运动热情。

做好安全教育，提高儿童自我保护能力。教师可以在运动前，开展相应的安全教育活动，提示儿童注意到运动会中可能发生的安全问题，和儿童共同讨论怎样避免这些安全问题，保护自己不在运动中受伤。教师也可以为儿童提供一些自我保护的方法，增强儿童自我保护的意识，在教师和儿童的共同协作下使得运动会顺利完成。

培养儿童意志品质，做好品德教育。关注儿童在运动会中的情绪，及时引导儿童正确面对输赢，不怕困难，勇敢坚强。在团体竞赛中和同伴互相帮助，友好合作，培养儿童初步的团队和合作意识，使儿童感受到合作带来的喜悦。

6. 跳绳和拍篮球

根据《国家学生体质健康标准》一年级的项目要求，一分钟连续跳绳17个即为及格，一分钟连续单手拍篮球60~70下。因此，跳绳、拍篮球活动在大班阶段是必要且重要的。跳绳、拍篮球也一直是儿童比较喜爱的体育活动，能够锻炼儿童的动作协调性、身体敏捷度。

（1）活动准备。

① 物质准备：人手一根跳绳（教师帮助调整到儿童合适的长度）、人手一个篮球（符合儿童园年龄标准的4号篮球）、宽阔的场地。

② 安全提示：在宽阔的场地进行活动；活动时注意观察四周情况。

（2）活动建议。

活动前了解儿童对跳绳以及拍篮球的兴趣程度。以"你玩过跳绳和拍篮球游戏吗？""你喜欢跳绳、拍篮球吗？"为话题，与儿童展开谈话。

调查活动。制作表格，采访并用自己的方式记录下朋友、教师和家长1分钟内跳绳、拍篮球的数量（见表4-1-10）。

表4-1-10 统计表

类别	朋友1	朋友2	教师1	教师2	家长1	家长2
跳绳						
拍篮球						

注：表格中朋友、教师、家人的名字可以请对方自己写。

（3）游戏活动。

活动一：一物多玩

利用跳绳和篮球开展相应的游戏，让儿童先对跳绳和拍篮球产生兴趣，如教师与儿童进行踩小蛇、揪尾巴、抛接绳子、拉绳游戏、钻绳游戏、传接球、胯下拍球、跳拍球、抛接球、滚球、脚夹球等游戏。

活动二：引导儿童制定跳绳、拍篮球目标和计划

儿童给自己设定一个目标，如一分钟内拍球多少个、跳绳多少个，并且想办法去实现目标；制作跳绳、拍篮球计划表（见表 4-1-11）。

表 4-1-11　计划表

时间	我能跳/拍多少个	我想跳/拍多少个	怎么实现我的目标

活动三：跳绳、拍篮球比赛

在班级内、班级间开展跳绳和拍篮球比赛，引导儿童正确面对输赢，积极向同伴学习好的方法和经验。

开展花式跳绳、拍篮球展示会，儿童分别展示自己设计的跳绳、拍篮球新玩法，每名儿童说出自己最喜欢的三种游戏玩法。

（三）体操

1. 体操的基本类型

体操包括徒手体操（徒手操、模仿操、韵律操、武术操等）和器械体操（轻器械操：彩旗操、棍杆操、哑铃操、圈环操等；辅助性器械操：椅子操、皮筋操等）。

2. 体操创编的基本原则

体操创编时需关注儿童的年龄特点，注重游戏性和趣味性，激发儿童参加体育锻炼的意愿。

根据儿童动作发展规律编排动作。动作的编排顺序，一般为上肢动作→扩胸、转体动作→腹背动作→下肢、全身动作→放松、整理动作。动作速度由慢到快，再由快到慢，强度由小到大，再由大到小。具有前、后、左、右四个方位的变化，注重正确的身体姿势和协调性。

选择与体操强度、节奏风格相一致的音乐。音乐的选择符合体操主题，音乐与每节动作的强度、节拍特点相适应，节奏鲜明，音乐变化可以与动作结构和队形统一。

（四）居家锻炼

活动一：散步

散步时间：饭后一小时儿童在家长的陪同下进行半小时以内的散步。

游戏推荐：猜拳迈步游戏。在散步时家长可以和儿童一起猜拳，赢的一方可以向前迈一步，看最后谁迈得远。

活动二：慢跑

慢跑时间：儿童在家长的陪同下进行一小时以内的慢跑。

活动准备：慢跑前进行充分的热身，选择平坦且安全的道路。

游戏推荐：小猪游戏。在慢跑时可以和儿童一起扮演小猪角色，利用角色特点引导儿童慢下来，在跑步间隙提醒儿童休息，适度锻炼。

活动三：骑车

骑车时间：儿童在家长的陪同下进行一小时以内的骑车。

活动准备：家长为儿童选择适合的车型（如儿童平衡车、自行车等）；宽敞安全的场地；护腕、护膝、头盔。

游戏推荐：线线大挑战。在地上画不同形态的线，儿童按照线的方向、样态进行骑行，平稳、安全骑过一条线就代表通过一关。

活动四：跳绳

活动准备：家长为儿童选择适合的跳绳、宽敞平坦的场地。

游戏推荐：亲子双人跳绳游戏。家长和儿童一起进行双人跳绳，及时鼓励，和儿童一起总结连续跳绳的经验。

活动五：拍球

活动准备：一个5号儿童篮球。

游戏推荐：花样拍球。用篮球进行转圈拍球、双手交替拍球等。家长可以和儿童一起进行拍球挑战，看谁拍得多。

（五）利用自然因素的锻炼

活动一：沙池

玩法1：藏宝图游戏。将宝藏（乒乓球、玩具、宝石等）埋在沙坑的某一处，教师用绘画的方式把宝藏所在的位置画出来，儿童拿到藏宝图用工具去寻找宝藏。

教育建议：

（1）教师绘画的藏宝图可以根据儿童的年龄特点在难度上有所不同。如：小班儿童的藏宝图要用写实的手法，藏宝图应简单易懂、容易找到参照物；中大班儿童的藏宝图可以加入一些符号性的表征，如用半弧形表示桥，用圆形表示树桩等，在儿童的可理解范围内增加一些难度。

（2）教师可鼓励儿童自主画出藏宝图，相互寻"宝"，如"小朋友们，今天让我们都来当一次藏宝专家，将宝藏所在的位置画下来，让好朋友找一找。"

玩法2：赤脚踩沙坑。儿童将鞋脱下，赤脚感受沙、泥沙，可进行走、跑、跳、爬等活动。

玩法3：沙池娃娃家。儿童可将沙池当作某一场景，如沙漠、海滩等，在沙池运用简单的道具，如野餐玩具、推拉小车等，进行娃娃家的游戏。

教育建议：

（1）教师提前检查沙坑周围的环境及安全，宝藏须藏于安全的地方。

（2）教师可为儿童提供适宜的故事场景进行玩学融通。如在讲述了《小蝌蚪找妈妈》的故事后，为儿童提供蝌蚪头套、青蛙服装等，穿戴好后进行沙池娃娃家游戏。

活动二：小山坡

玩法1：滑草游戏。儿童自主选择滑草工具，从小山坡的下端走到最顶端，找到合适且安全的滑草位置，从顶端滑下山坡。

玩法2：奔跑吧（携物）。儿童可空手或携带自制纸飞机、自制风筝等，有序地从下往上或从上往下、有控制地奔跑。

玩法3：小山坡娃娃家。儿童可将小山坡当作某一场景，如丛林宴会、滑翔基地等，在小山坡运用简单的道具，如野餐道具、娃娃家玩具等进行游戏。

玩法4：坡道游戏。儿童可用"新材料+斜坡"的方式，把材料从山坡上滚动或滑动到山坡下。如：轮胎+坡道，呼啦圈+坡道，报纸球+坡道。

教育建议：

（1）教师提前检查小山坡周围的环境及安全。

（2）若游戏人数太多，需要排队进行游戏，以免发生安全事故。

（3）教师可引导儿童共同约定滑草规则、奔跑游戏的规则、坡道游戏规则。

（4）教师可激励儿童自创更多在小山坡的玩法。

活动三：水

玩法 1：水下寻宝。儿童可在蓄好水的水池里寻找宝石，如彩色鹅卵石等。

教育建议：

（1）教师提前检查蓄水池内的环境及安全，水的深度没过儿童脚踝即可；水下的宝物应圆润、光滑，无安全隐患。

（2）教师提前告知家长，带上替换的衣物鞋袜，以便打湿后更换。

玩法 2：吹泡泡。儿童可在教师带领下，兑好泡泡水，用吹泡泡工具吹泡泡。

玩法 3：玩水乐。教师蓄好水，儿童用玩水工具，如水枪、水瓢等进行玩水游戏。

教育建议：教师需提前看天气预报，在温度适宜、天气适宜的情况下玩水。

活动四：泥

玩法 1：跳泥坑。儿童穿上雨靴，在雨后的泥土地或泥沙地上自由跳泥坑。

玩法 2：和稀泥。儿童穿上雨靴，可借助玩沙的工具或者用手在稀泥地上进行游戏，如修沟渠引流、建高地望远等。

教育建议：教师需根据实际情况，在温度适宜、天气适宜、环境条件适宜的情况下带儿童玩泥。

活动五：三浴锻炼

1. 空气浴

教师带领儿童在适宜的空气环境下，进行户外活动，用身体感受空气的温度、湿度、气流、气压等物理因素对人体的作用。

教育建议：选择在无空气污染，阳光不直接照射，温度不低于 20 ℃，相对湿度在 60%以下，风力 3 级以下的时候进行。

2. 日光浴

教师带领儿童在适宜的阳光环境下，进行户外活动。如夏季可安排在上午 8 至 10 时，春秋季在上午 10 至 12 时。

教育建议：

（1）阳光主要照射背部和臀部，提醒儿童眼睛不能直视太阳，避免阳光刺激眼睛。

（2）日光浴时最高气温为 30 ℃（阴凉处的气温），最低为 24 ℃，要避免冷热过度。

3. 水浴

教师带领儿童在适宜的环境中进行水浴。室温应在 20 ℃ ~ 21 ℃，水温为 33 ℃ ~ 35 ℃。

教育建议：每次浸浴时间不超过 5 分钟，浸浴结束再以低 1 ℃ ~ 2 ℃ 的水冲淋，随即擦干，穿好衣服。

案例四　动作协调

动作协调在小班保教活动中的渗透

小班儿童处于动作迅速发展的时期，其中动作协调能力的发展能有力地推动儿童神经发育成熟，进而促进儿童语言、智力、情感等的发展，对儿童后续的身体发育和思维发展有重要的价值。因此，关注儿童动作协调能力的发展以及培养策略的探究对儿童进入小学后的健康成长具有重要的意义。

小小难题

（1）儿童手部小肌肉还需发展。儿童运动部位发展的顺序是大肌肉运动到小肌肉运动再到精细肌肉运动，小班儿童手部小肌肉和精细肌肉的运动还较弱。

（2）儿童动作协调能力的个体差异性较大。这种差异有可能会导致儿童在遇到困难时丧失自信，有畏难情绪。

大大办法：小小手大本领

一、活动目标

（1）儿童愿意参与动手操作的活动，喜欢自己的事情自己做。

（2）儿童通过集体活动和日常生活活动，锻炼手部肌肉的发展。

二、活动建议

《3—6 岁儿童学习与发展指南》指出：要给儿童创造充分操作摆弄的条件

和机会，促进儿童手的动作灵活协调。儿童能用笔涂涂画画；能熟练地用勺子吃饭；能用剪刀沿直线剪，边线基本吻合。"小小手大本领"活动内容详见表 4-1-12。

表 4-1-12　"小小手大本领"活动内容

	活动	渗透建议
有机渗透	自由涂鸦	儿童通过自由涂鸦，提高手部肌肉的灵活程度和对手部肌肉的灵巧控制。
	给小动物喂食	儿童在用勺子给小动物喂食物的过程中锻炼手部小肌肉的发展。工具可以从勺子换成筷子，增加游戏的趣味性和难度。
	手指游戏：一家人	儿童在手指游戏中增加手部灵活程度和手眼协调能力

动作协调在中班保教活动中的渗透

动作协调能力是儿童在日常生活中从事游戏、运动等各项活动时不可或缺的一项基本能力。手是个体完成精细动作必不可少的器官，手部骨骼、肌肉、血管和神经等的相互协调是精细动作发展的生理基础。学前教育阶段手部动作的协调能力不仅为很多运动技能的发展奠定了基础，而且动作的良好发展可以为个体认知、情绪与社会性等多方面的发展提供有利条件。因此，在 4—5 岁期间加强儿童手部动作协调能力的培养，促进儿童动作协调发展尤为重要。

小小难题

（1）协调能力的差异性易造成情绪不安。儿童的动作能力发展出现障碍，不仅会影响儿童的生活自理能力，同时易使儿童丧失信心，降低儿童对相关活动的参与兴趣，造成情绪低落、不安。

（2）协调能力不足影响儿童的语言表达。儿童动作协调能力受到神经系统发育程度限制的同时，也对儿童神经系统的发育展现出了重要的推动作用，从而会促进儿童在语言能力、智力等方面的发展。

大大办法：能干的小手

一、活动目标

（1）锻炼手部小肌肉动作。
（2）促进儿童手的动作灵活协调发展。

二、活动建议

中班儿童手部大动作基本发展的前提下，越发趋于精细化，灵活协调要求更高，《3—6岁儿童学习与发展指南》指出：手的动作灵活协调是幼儿发展的目标之一，中班阶段孩子应能沿边线较直地画出简单图形，或能沿边线基本对齐地折纸；会用筷子吃饭；能沿轮廓线剪出由直线构成的简单图形，边线吻合。因此，在日常实践活动中，应通过对材料的改进、投放、游戏环节的充分利用来推进幼儿手部动作灵活协调发展，为幼儿全面发展助力。"能干的小手"活动内容见表4-1-13。

表4-1-13 "能干的小手"活动内容

	活动	渗透建议
有机渗透	装饰小动物的家	儿童自主选取材料，进行动物房子的装饰，教师指导能力欠缺儿童掌握团、搓、压等技能。
	废旧改造	感受到变废为宝、废旧物品利用的乐趣。同时提高儿童动手操作的能力，激发儿童对可回收再利用资源的探究欲望。
	盘条泥塑	儿童进行高白泥搓条活动，练习盘条组合，促进小肌肉的发展，提高动手操作能力。
	夹子取物	儿童自由尝试拿夹子夹东西，锻炼手部肌肉。
	小白兔盖新房	儿童和教师一起完成游戏，在游戏的过程中指导儿童手指做出相应动作，鼓励儿童创新动作

动作协调在大班保教活动中的准备

手部动作灵活协调，是儿童书写流畅的重要保障，是儿童适应小学学习的必备能力。儿童运动协调能力在不同的年龄阶段具有其发育敏感期，4—7

岁是儿童的运动整合期。教师要为即将进入小学的儿童创造条件和机会，通过各种形式发展儿童的精细动作。

小小难题

进入小学阶段，有的儿童易出现手部动作不协调的问题，如握笔姿势不正确、写字歪歪扭扭、书写不流畅等。手部动作不协调，还会影响手部肌肉群的发展，从而影响儿童的体育动作和日常生活自理能力等。在儿童园阶段锻炼儿童的动作协调能力有着至关重要的作用。

大大办法：能干的小手

一、活动目标

儿童手部动作协调，能使用简单的工具和材料。

二、活动过程

《3—6岁儿童学习与发展指南》指出：儿童能根据需要画出图形，线条基本平滑；能熟练使用筷子；能沿轮廓线剪出由曲线构成的简单图形，边线吻合且平滑；能使用简单的劳动工具或用具。教师要创造条件和机会，促进儿童手的动作灵活协调发展。

（一）创设可操作的环境

区角活动环境能为儿童提供自我学习、自我探索、自我发现的空间，这种相对宽松的活动氛围，能满足儿童发展的需要。教师可以在教室及周边廊道等地方创设具有可操作性的环境，投放相应的材料，让儿童在与环境和材料的相互作用中，主动探索与学习，锻炼手指的灵活性。

1. 创设丰富的游戏活动区

（1）创设美工区时，投放欣赏类、绘画类和手工类三类材料。

① 欣赏类材料：包括平面的图片、画册和立体的实物工艺品两类（见图4-1-27）。

图 4-1-27 欣赏类材料

②绘画类材料：包括纸和笔及其他用于绘画的工具和材料（见图 4-1-28）。

图 4-1-28 绘画类材料

③手工类材料：包括工具和材料（见图 4-1-29）。

图 4-1-29 手工类材料

（2）创设建构区时，投放成品材料和辅助材料。创设益智区时，投放成品玩具材料、自制玩具材料、自然材料、真实的材料等。创设语言区时，投放图书、自制图书、卡片、手偶、指偶、木偶、语言游戏材料等；创设生活区时，投放锻炼倒、舀、捏、扣、夹、挤、滴、插等技能的材料，以及毛巾、拖把、扫把、纳米泡沫等工具类材料。

2. 提供材料的原则

根据儿童的年龄发展特点，提供有趣的、具有可操作性的原材料和半成品，让儿童有更多机会参与材料制作。

3. 教师关注的要点

在环保、卫生且安全的前提下，提供有趣的材料；鼓励儿童自主选择材料；根据儿童的发展水平定期更换、补充游戏材料。

（二）开展有趣的美工活动

1. 绘画活动

（1）命题画。

① 选择儿童感兴趣的、与儿童生活经验相关的内容作为绘画的题材，如自然景物、日常用品、人物、动植物、交通工具等。

② 引导儿童详细完整地观察、理解物体的结构特征，采用涂染法和线描法来描绘物体；还可以通过系列课题帮助儿童掌握物体的造型。

③ 在物体画的基础上还可以设计有趣的情节，引导儿童根据主题情节的需要把与之有关的物体形象恰当地安排在画面上。

（2）意愿画。

① 给儿童一个宽松的创作环境。

② 通过提问、谈话的方式帮助儿童进行创作构思和表现。如假期结束儿童回到儿童园后，可以启发儿童思考"假期里做了什么？""什么事情是最有趣的？""和谁一起在什么地方做的？"引导儿童确定绘画主题。

③ 在儿童遇到困难时，及时提供技术上的帮助和提示。

（3）装饰画。

① 通过欣赏的形式帮助儿童理解装饰原理，如对称与均衡、对比与调和、连续与反复等图案装饰法则。

② 注意装饰画学习的循序渐进性，如图案花纹的学习可以从点开始，逐渐过渡到线和简易的几何图形。

③ 引导在掌握装饰规律和技法的前提下，充分发挥自己的主动性和创造性，逐步形成图案装饰的迁移能力。

以上为儿童园常见的三种绘画活动的实施要点，除了这些不同的要点外，还需注意以下两方面：

第一，为儿童提供具有表现力的、有助于儿童获得成功的绘画工具和材料，并引导他们学习其使用方法。

第二，提供游戏化的练习，注意绘画命题的兴趣性、操作过程的兴趣性以及绘画成果的可游戏性，培养儿童对绘画活动的兴趣。

2. 手工活动

（1）撕纸。

①创设富有浓厚撕纸艺术气息的视觉环境，激发儿童的撕纸兴趣。

②引导儿童掌握撕纸的基础方法，如沿线撕、目测撕等，制定适应儿童现有撕纸水平的教学策略，从随心所欲撕图形到具体要求撕图形。

③提供各色不同材质的纸及画笔、超轻泥、自然物等辅助材料，鼓励儿童将撕纸与添画或者粘贴活动结合起来。

（2）剪纸。

①创设情境或借助节日引发剪纸活动；选择一些来源于生活、适合儿童欣赏的剪纸作品，引导儿童仔细欣赏观察。

②提供剪刀、各类纸及辅助材料等，逐步引导儿童掌握独立剪纸的规律及方法。出示范例引导儿童自由讨论、分析思考折和剪的具体过程以及剪、挖时的注意点等。

③鼓励儿童根据自己的想象，运用撕剪、剪贴等多种结合形式大胆表现，还可以据自己的经验和理解为自己的作品添画上适当的背景和颜色。

（3）折纸。

①选择趣味性强、符合儿童年龄特点的折纸内容，层层递进。

②引导儿童理解与应用折叠符号，如点、线、面、对边折、对角折等，在熟练掌握折叠符号后采用图示分析、个别指导的方式引导儿童学看折纸步骤图。

③提供各色折纸及画笔、胶棒、剪刀等材料，鼓励儿童在原有基础上创意改编折纸。

④观察儿童对材料的运用情况、折纸方法的掌握情况，及时更换添置新的材料丰富儿童的折纸内容。

（4）泥工。

①创设有趣的情境，如"动物园""海底世界"等，激发儿童参与泥工活

动的兴趣。

②引导儿童掌握一定的捏泥技巧，如揉、搓、捏、按、装、插、压、黏合、剪等，并结合实际技巧运用情况进行有针对性的指导。

③提供陶泥和泥工板、湿抹布、泥工刀等工具以及模具、牙签等辅助材料，鼓励儿童发挥想象，大胆创作。

④提醒儿童保持桌面干净整洁，养成良好的操作习惯。

（5）废旧材料自制玩具。

①废旧材料自制玩具的产生往往来自儿童的兴趣。教师可以提出带有挑战性话语引起儿童的进一步关注，如"今天早上你是怎么到儿童园的？""我坐公交车来的。""那我们来做一辆公交车吧！"，激发儿童"我要创造"的欲望。

②引导儿童发现身边各种可利用的废旧材料，并收集、备用；教师也可以提供废旧材料，如矿泉水瓶、报纸、纸箱、鸡蛋拖、碎布头、毛线、画笔、胶水、剪刀等。

③引导儿童运用粘贴、剪贴、撕贴等方法进行大胆想象，创造新的物品，培养儿童的环保意识。

（三）设计好玩的游戏

除美工活动外，教师还可以设计好玩的游戏来锻炼儿童手眼协调能力，如编织、躲地雷、弹弹珠等。

第二节　生活准备

案例一　生活习惯

生活习惯在小班保教活动中的渗透

小班儿童在相对独立的学校生活中面临许多挑战，因为饮食、睡眠等日常生活环节都有不一样的规定，因此良好生活习惯的养成有助于儿童形成独立、自主的能力，从而为小学生活奠定良好的基础。

小小难题

小班儿童在家得到了充足的安全感,因此进入幼儿园后,由于缺乏父母的呵护和照顾,较难形成良好的生活习惯。

小班儿童的好奇心和模仿能力强,道德标准模糊,看到生活中的不良生活习惯易于模仿,从而形成不良的生活习惯。

大大办法:好习惯乖宝宝

一、活动目标

(1)在提醒下,儿童能够按时睡觉起床,并能坚持午睡。
(2)在提醒下,儿童能够每天早晚刷牙、饭前便后洗手。
(3)儿童能够不用脏手揉眼睛,连续看电视等不超过15分钟。

二、活动建议

《3—6岁儿童学习与发展指南》指出:让幼儿保持有规律的生活,养成良好的作息习惯和帮助幼儿养成良好的个人卫生习惯。"好习惯乖宝宝"活动内容见表4-2-1。

表4-2-1 "好习惯乖宝宝"活动内容

	活动	渗透建议
有机渗透	我愿意在幼儿园睡午觉	与儿童共同创设有提示性、舒适性、温馨的寝室环境,在午睡时间关注幼儿的午睡情况,培养良好的午睡习惯。
	一日作息	师生共构一日生活作息的内容,同时让家长了解幼儿园的一日作息时间,配合学校调整幼儿作息。
	走丢了怎么办	与儿童讨论"若走丢了应该怎么办?""我们可以寻求谁的帮助呢?""我们自己可以做些什么呢?"
	为什么要洗手	认识七步洗手法,学习具体步骤,师生共同认识盥洗室墙面七步洗手法步骤图。
	爱护眼睛	师生讨论"如何保护眼睛?"
	我会漱口	师生讨论预防蛀牙的好办法。在儿歌提示下,鼓励儿童饭后漱口。

生活习惯在中班保教活动中的渗透

拥有良好的行为习惯是考量幼儿身心健康的重要标志之一，其中养成良好的生活习惯更是促进幼儿健康成长的重要途径。幼儿处于规则和习惯养成的关键阶段，教师应将生活习惯养成贯穿于一日生活，使幼儿在参与的过程中得到认知和体验，养成良好的生活习惯。

小小难题

儿童早上入园时间晚，错过了早上在园的晨间体能活动和早操活动。
儿童早上不愿意起床，起床时间较晚，导致中午午睡睡不着。
在卫生习惯方面，有的儿童会把手放在嘴里。
儿童在进餐时常常只吃自己喜欢的食物，平时也喜欢喝饮料。

大大办法：我会做……

一、活动目标

（1）儿童能够每天按时睡觉和起床，并能坚持午睡。
（2）儿童能够每天早晚刷牙、饭前便后洗手，且方法基本正确。
（3）儿童知道保护眼睛，不在光线过强或过暗的地方看书，连续看电视等不超过20分钟。

二、活动建议

《3—6岁儿童学习与发展指南》指出：中班幼儿每天按时睡觉和起床，并能坚持午睡；知道保护眼睛，不在光线过强或过暗的地方看书，连续看电视不超过20分钟；每天早晚刷牙、饭前便后洗手，方法基本正确。"我会做……"活动内容见表4-2-2。

表 4-2-2 "我会做……"活动内容

	活动	渗透建议
有机渗透	我爱睡午觉	创设温馨的寝室环境，在午睡时间关注儿童的午睡情况，培养良好的午睡习惯。
	干净的小手	将七步洗手法通过图画方式呈现在盥洗室的墙面。洗手时提醒儿童把袖子挽起来，避免打湿。
	眼睛真明亮	将保护眼睛的方法通过图画的方式呈现在阅读区的墙面。上课使用电子设备时，请儿童保持合适的距离。

生活习惯在大班保教活动中的准备

良好的生活习惯和卫生习惯有利于儿童较快适应小学的作息和生活，有规律的生活能帮助孩子们学会管理时间，提高做事情的效率。引导孩子们合理地、有效地规划学习生活，在培养其计划性的同时，也能帮助孩子们更好地适应小学生活，做好幼小衔接准备。

小小难题

在日常的生活中我们经常发现这样一些现象，例如：儿童早上入园时间晚，错过了早上在园的晨间体能活动和早操活动；还有的儿童早上不愿意起床，起床时间较晚，导致中午午睡睡不着；在卫生习惯方面，有的儿童会有把手放在嘴里；还有部分儿童在进餐时，常常只吃自己喜欢的食物，平时喜欢喝饮料，导致儿童进入小学后较难适应小学的作息和生活。

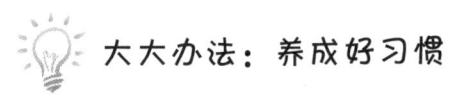

大大办法：养成好习惯

一、活动目标

（1）儿童能每天按时睡觉和起床。
（2）儿童能坚持每天早晚主动刷牙，饭前便后主动洗手，且方法正确。
（3）儿童了解食物的营养价值，养成不偏食、不挑食的好习惯。

二、活动框架

活动框架见图 4-2-1。

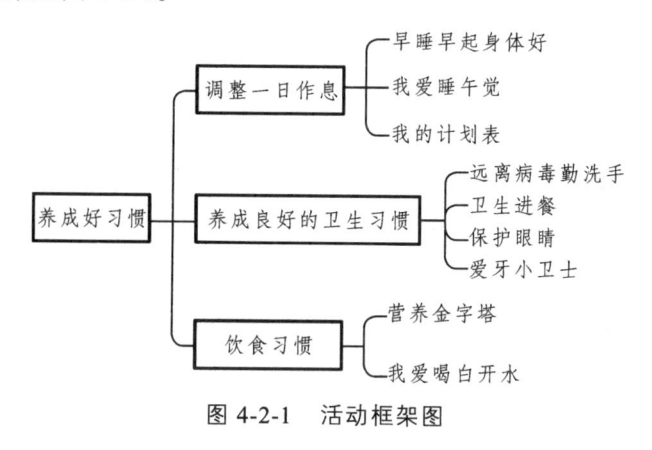

```
                    ┌─ 早睡早起身体好
         ┌ 调整一日作息 ─┼─ 我爱睡午觉
         │          └─ 我的计划表
         │
         │              ┌─ 远离病毒勤洗手
养成好习惯 ─┼ 养成良好的卫生习惯 ┼─ 卫生进餐
         │              ├─ 保护眼睛
         │              └─ 爱牙小卫士
         │
         └ 饮食习惯 ─┬─ 营养金字塔
                   └─ 我爱喝白开水
```

图 4-2-1　活动框架图

三、活动过程

《3—6岁儿童学习与发展指南》指出，儿童应具有良好的生活与卫生习惯，让儿童保持有规律的生活，养成良好的作息习惯、饮食习惯、个人卫生习惯。

（一）调整一日作息

活动一：早睡早起身体好

（1）谈话活动导入，分享生活经验。如："你早上什么时候起床？""晚上什么时候睡觉呢？"

（2）结合实例，开展讨论。教师出示实例图片，引发儿童思考："什么时间起床和睡觉对身体好？为什么？"

（3）音乐游戏介入，加深儿童印象。教师利用时钟带领儿童进行音乐游戏。

（4）在表演区提供游戏材料。投放时钟和游戏音乐，让儿童感受时间变化。

活动二：我爱睡午觉

（1）故事导入，激发儿童兴趣。儿童观看动画故事《淘气的小黄莺》，理解故事内容。引导儿童思考"为什么它没有得到大奖？""它现在的心情怎么样？"

（2）出示图片，感受变化。提供睡午觉和不睡午觉的人物图片，感受对身体的不同影响。引导儿童思考"这两个小朋友有什么不一样？""为什么会这样呢？"

（3）讨论睡午觉的重要性："不睡午觉我们的身体会变得怎么样？""睡午觉有什么好处呢？"

（4）讨论共构，实施策略。教师设置午睡打卡墙，儿童可直观感受午睡前后的状态差异，明白午睡对身体的好处。

（5）注意事项。面对入睡困难的儿童，进行正面引导，避免儿童形成心理压力。

活动三：我的计划表

（1）谈话引入，儿童分享。如："你们放学回家都会做些什么事？""晚上几点上床睡觉呢？""早晨几点起床？""起床后会做些什么事？"

（2）出示手偶，讲述故事。教师讲述《爱迟到的小鱼莎莎》，引起儿童思考："莎莎为什么会迟到呢？""她遇到了哪些事？"

（3）制定早睡早起的规划。儿童根据经验讨论，规划自己睡觉前和起床后的时间安排。如"睡觉前，起床后要做哪些事？""怎么样合理安排时间，保证早睡早起的状态？"

（4）经验分享，进行总结。儿童实施计划后，组织儿童分享计划前后的变化，进行总结。思考"有什么不一样？""为什么呢？"

（二）养成良好的卫生习惯

活动一：远离病毒勤洗手

（1）出示图片，引导儿童观察画面了解病毒无处不在。教师提问："有些病毒和细菌容易让人生病。那么，你们知道病毒细菌在哪里吗？你们看得见它们吗？"

（2）结合图片，帮助儿童知道洗手的重要性。教师提问引导儿童观察图片："他们在干什么？如果用脏脏的手去触摸会发生什么事？"

（3）观看视频、图片，掌握洗手的正确方法。先观看视频，然后结合图片，牢记七字洗手秘诀。

（4）观看图片，了解远离病毒的其他方法。教师引导儿童思考："还有什么办法可以让我们远离病毒呢？"

活动二：卫生进餐

（1）出示图片，讨论肚子疼的原因。教师提问："琪琪怎么了？她为什会捂着肚子？为什么会肚子疼？"

（2）播放动画视频《吃东西前洗手》，引导儿童知道吃东西前要洗手。教师提问："奇奇到底为什么会肚子疼呢？我们能一起来看看吧。奇奇的小手伸出来是什么样的？其他小朋友在洗手的时候，奇奇在做什么？奇奇是怎么吃东西的？结果怎么了？"

（3）出示组图"卫生进餐"，引导儿童了解其他卫生进餐的要求。教师提问："除了吃东西前要洗手，你还知道哪些吃东西时要注意的卫生呢？"

（4）引导儿童判断对错，巩固正确的卫生进餐要求。教师提问："图片上哪些小朋友的行为是正确的？哪些小朋友的行为是错误的？怎样做才是对的？"

活动三：保护眼睛

（1）鼓励儿童观察自己的眼睛，讨论眼睛的构成及作用。教师提问："看一看你的眼睛，圆圆的部分是什么？白色的部分是什么？我们的眼睛是用来做什么的？"

（2）播放视频《眼睛变红了》，引导儿童了解眼病发生的原因。教师提问："飞飞有一双漂亮的眼睛，可是最近他的眼睛生病了，这是怎么回事呢？一起来看看吧。""你觉得飞飞为什么会得红眼病？为什么其他小朋友也得了红眼病？"

（3）出示组图"保护眼睛"，鼓励儿童判断图中小朋友的做法是否正确，并了解保护眼睛的方法。教师提问："小朋友在做什么？他/她的做法是对的吗？为什么？"

活动四：爱牙小卫士

（1）播放动画视频《爱刷牙》，引导儿童初步理解蛀牙产生的原因。教师提问："皮皮为什么牙齿痛呢？蛀牙是怎么产生的呢？你有没有牙痛过？"

（2）讨论如何保护牙齿，启发儿童进一步思考。教师提问："蛀牙有什么危害？动画片里提到哪些预防蛀牙的方法呢？我们还能怎样预防蛀牙？"

（3）出示图片，帮助儿童学习正确的刷牙方法。教师鼓励儿童分享自己是如何刷牙的，引导儿童了解如何正确刷牙，即"门牙外侧，沿着牙缝上下轻轻刷。门牙内侧，牙刷放直，顺着牙缝竖着刷。磨牙内外侧及咀嚼面，来回刷"。

（4）鼓励儿童模仿教师的动作，练习正确刷牙。

（三）饮食习惯

活动一：营养金字塔

（1）讲述故事，导入活动内容。教师讲述故事《国王的"营养金字塔"》，引导儿童思考为什么"营养金字塔"会这么神奇。

（2）观察画页，了解合理的食物营养结构。教师提问："这个金字塔有几层？一共有几个房间？""每个房间都有哪些食物？最多的是什么？最少的是什么？""为什么金字塔上面的食物要多吃？下面的食物要少吃？"

（3）对照画面，自我评价饮食结构是否合理。引导儿童将自己平时喜爱吃的食物与营养金字塔进行对照观察，说一说是否符合营养搭配。

（4）结合实际，自己设计健康套餐。引导儿童设计一份营养搭配合理的套餐，互相交流自己食谱设计的意图。

活动二：按需喝水

（1）谈话导入，感知身体里的水。请小朋友摸一摸自己的身体，教师提问："你有什么感觉？我们身体里最多的是什么？"

（2）交流讨论，知道喝水的好处。教师提问："为什么要喝水？喝水有什么好处呢？"

（3）出示图片，身体缺水后的状态。教师提问："你们身体什么时候会缺水呢？你们平时都在什么时候喝水？"

（4）树立正确喝水理念。观赏动画《想喝水就去喝》，引导儿童明白渴了就去喝水。教师提问："我们应该什么时候去喝水呢？你是怎么知道的？"

（5）教师总结与拓展。教师总结喝水的好处，引导儿童回顾分享，播放课件《健康喝水歌》结束活动。

案例二 生活自理

生活自理在小班保教活动中渗透

小班儿童进入幼儿园是儿童从家庭走向社会的第一步，是儿童对于集体生活的初探，对于即将到来的集体生活，他们往往充满了期待，对于入园的积极适应会对将来入学奠定坚实的基础。

小小难题

每个儿童对于集体生活的适应都存在差异性,小班儿童正处于分离焦虑时期,儿童对于新集体还不太适应,甚至会感到恐惧和胆怯,这种恐惧如果处理不当会成为儿童处理自己与集体关系的负面情绪,从而不利于儿童融入幼儿园的一日生活,感受集体生活的乐趣。

大大办法:我愿意做……

一、活动目标

(1)让每一个儿童都能感受到被关注、理解、支持。
(2)通过活动培养儿童对新环境的安全感。

二、活动建议

《3—6岁儿童学习与发展指南》指出:在成人的帮助下较快地让儿童适应集体生活,注意观察儿童在新环境中的饮食、睡眠、游戏等方面的情况,采取相应的措施帮助他们尽快适应新环境,对儿童的生活好奇,喜欢上幼儿园。"我愿意做……"活动内容见表4-2-3。

表4-2-3 "我愿意做……"活动内容

	活动	渗透建议
有机渗透	口渴了喝什么	小班儿童应具备基本的生活自理能力,鼓励儿童做力所能及的事情,对儿童的尝试与努力给予肯定。
	自己吃饭	以儿歌形式进行小结,指导儿童如何正确进餐,鼓励儿童自主进餐。
	自己上厕所	与儿童共构上厕所的步骤和方法。
	自己穿衣服	在儿歌的提示下,帮助儿童了解穿衣顺序,在保证儿童健康的前提下,给予儿童操作的机会。
	叠被记	引导儿童关注正确叠被子的方法,共同解决叠被子遇到的问题。
	我和标记捉迷藏	运用游戏的方式,引导儿童根据标记对玩具等物品进行分类摆放。
	上幼儿园不迟到	与儿童共同探讨入园晚的问题,提出解决办法。
	音乐宝宝提醒我	选择适宜的音乐,提醒和暗示儿童,让儿童在不同环节中形成习惯。

生活自理在中班保教活动中的渗透

儿童应该能常喝白开水，知道按需如厕。能自己穿脱衣服、鞋袜、扣纽扣，能整理自己的物品。能在日常生活和游戏中感受时间，学会按时作息。

小小难题

家长包办代替，剥夺儿童生活自理的机会。

儿童物品随意放置，缺乏物品整理的意识。

儿童做事情不能按时做完，做事拖拉，缺乏守时概念。

大大办法：我会做……

一、活动目标

（1）能自己穿脱衣服、鞋袜、扣纽扣。

（2）能根据标识或提示有序整理收放物品。

（3）在音乐或教师的提醒下，及时完成任务。

二、活动建议

《3—6岁儿童学习与发展指南》指出：中班儿童能自己穿脱衣服、鞋袜、扣纽扣、洗手洗脸、擦鼻涕、擦屁股等，掌握生活自理的基本方法，能整理自己的物品。"我会做……"活动内容见表4-2-4。

表4-2-4　"我会做……"活动内容

	活动	渗透建议
有机渗透	蛀牙虫快走开	在适宜的墙面创设餐后环节示意图。适宜的位置提供便于儿童使用的口杯。利用餐后环节，关注个别儿童的漱口情况。
	流鼻涕了怎么办	在适宜的墙面创设擦鼻涕流程示意图。适宜的位置提供便于儿童使用的纸巾、镜子。在生活环节中关注儿童擦鼻涕的情况。

续表

	活动	渗透建议
有机渗透	整理衣物	创设能够存放收纳的材料或环境。在适宜的位置提供便于儿童存放衣物的篮筐。创设具有提示性的生活环境。在适宜的墙面上呈现步骤图，便于提醒儿童。
	生活事项自主一小时	师生共同总结实践经验，灵活制定个人时间规划表。儿童用图画、记录表形式制定属于自己的生活事项一小时规划表，感受合理安排时间的重要性。

生活自理在大班保教活动中的准备

儿童生活自理能力与个人生活管理、物品分类整理、时间观念有着密切关系，在儿童阶段习得基本的生活自理能力，有利于促进儿童身心健康、增强学习品质，提升适应集体生活的能力，从而促进儿童全面和谐发展。较强的生活自理能力有助于儿童做好入学后学习和生活的自我管理和服务，增强独立性和自信心。

小小难题

在日常的生活中，我们经常发现这样一些现象：家长不够耐心，追求效率，替儿童包办，剥夺儿童生活自理的机会；儿童物品随意放置，找不到自己的物品或忘记收拾材料，缺乏物品整理的意识；儿童做事情的过程中边玩边讲话，完成一件事情需要花很长的时间；儿童时常入园很晚，事情不能按时做完，做事拖拉，缺乏守时概念。

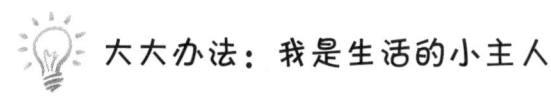

大大办法：我是生活的小主人

一、活动目标

（1）在集体生活中，能自己照顾自己，能按需喝水、如厕、增减衣服。
（2）坚持自己的事情自己做，能分类整理和保管好自己的物品。

（3）在日常生活和游戏中感受时间，学会按时作息，养成守时、不拖沓的好习惯。

二、活动框架

活动框架见图 4-2-2。

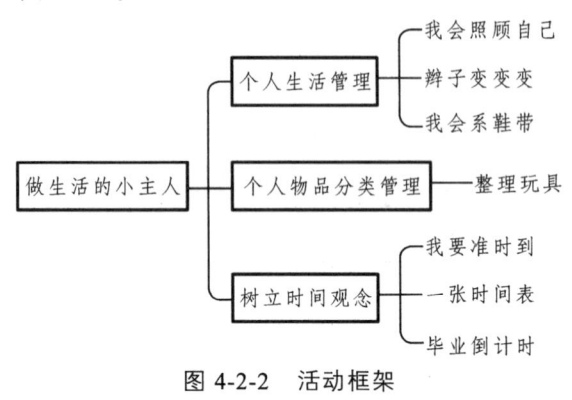

```
                           ┌─ 我会照顾自己
              ┌─ 个人生活管理 ─┼─ 辫子变变变
              │              └─ 我会系鞋带
做生活的小主人 ─┼─ 个人物品分类管理 ── 整理玩具
              │              ┌─ 我要准时到
              └─ 树立时间观念 ─┼─ 一张时间表
                           └─ 毕业倒计时
```

图 4-2-2　活动框架

三、活动建议

《3—6岁儿童学习与发展指南》指出：儿童应具有良好的生活与卫生习惯，保持有规律的生活，养成良好的作息习惯、饮食习惯、个人卫生习惯。

（一）个人生活管理

活动一：我会照顾自己

（1）问题导入，引出话题。教师提问："在儿童园，你会照顾自己吗？"

（2）谈话活动。讲述自身生活经历，分享生活经验。教师提问："哪些环节需要自己照顾自己？"

"你是怎么做的？""有没有诀窍呢？"

（3）说出困难，思考对策。教师提问："你觉得在哪些环节需要帮助？""有什么办法呢？"

（4）整理生活自理清单。师生共构，以绘画形式进行梳理。教师提问："冷了热了怎么办？""喝水喝多少？""怎样把手洗干净？"

（5）分享生活自理清单。在生活区创设经验分享墙面，鼓励儿童分享自己的技巧，相互学习。

活动二：辫子变变变

（1）实物导入，引起儿童兴趣。教师出示编好的各种辫子，激发儿童编辫子的欲望。教师提问："是怎么辫出来的呢？"

（2）尝试编辫子。提供不同的材料，儿童自主选择，尝试编辫子。例如：长条皱纹纸、毛线、布条、麻绳等。

（3）遇到困难，思考对策。教师观察，发现问题，与儿童及时对话，解决问题。教师提问："你遇到哪些困难？""可以怎么办呢？"

（4）分享经验，再次尝试编辫子。鼓励儿童分享自己的方法。教师提问："你是怎么编的呢？"

（5）展示儿童作品。

活动三：我会系鞋带

（1）谈话导入，引出主题："你会系鞋带吗？"

（2）展示本领，激发兴趣。个别儿童展示自己系鞋带的本领，儿童分享学习系鞋带的方法，激发儿童学习系鞋带的兴趣。

（3）尝试系鞋带。提供材料，让儿童尝试系鞋带。

（4）遇到困难，思考对策。教师观察，发现问题，与儿童及时对话，解决问题。教师提问："你遇到哪些困难？""可以怎么办呢？"

（5）创设环境。在生活区提供系鞋带的材料，并在墙面展示系鞋带图片。

（6）注意事项。活动前期，鼓励儿童通过不同的途径了解系鞋带的方法，并尝试学习。例如：同伴间相互学习、向教师和家长请教、看图示步骤图学习等。

（二）个人物品分类整理

活动一：整理玩具

（1）教师提问，引出话题："整理玩具，你们有什么好方法？"

（2）谈话活动，分享经验。活动中鼓励儿童分享整理玩具的方法，积累经验。活动时，儿童总结自己的思考。例如：玩具可以分类整理，还可以按照标记提示整理。

（3）记录方法。儿童用自己喜欢的方式记录整理玩具的方法。

（4）注意事项。每一个儿童园的材料和区域设定有所不同，讨论问题时应结合实际情况，决定整理玩具的方法，例如：按标记分类整理，儿童根据区角的功能，自己设计喜欢的玩具标记。

（三）时间观念

活动一：我要准时到

（1）用故事的形式导入活动，引出时钟："几只小动物约好了去逛商场，它们等了好久，可是小猪都没来，它们想要看看几点了，来到钟表店，可是谁都不认识。"

（2）观察并认识时钟，了解它们的运行关系和运行规律。教师提问："刚刚小动物们看了这么多的钟，你们发现有哪些一样的地方呢？"

（3）观察指针的方向变化，了解分针转一圈，时针的变化。教师提问："小熊看到了分针比时针转得快，你们知道是为什么吗？"

（4）出示图片，认识整点。教师提问："时钟上除了分针秒针，你们还看到了什么呢？那这个数字代表几点钟？"

（5）继续讲故事，让儿童明白要准时："小动物买好了时钟回家，可是小猪还没出来，它到底在干什么呢？原来是在家里睡懒觉呢！"

（6）儿童操作，巩固印象。教师提问："森林里其他小动物看见他们买的钟都很羡慕，可是他们不知道怎么看时间，小朋友们帮帮小动物，好吗？"

（7）延伸活动。在户外组织儿童进行"老狼老狼，几点了？"的游戏，丰富经验。

（8）注意事项。认识时间可以建立儿童的时间概念，是儿童生活中的重要一环，懂得时钟与人们生活的关系，知道生活中掌握时间的重要性，同时《小猪迟到了》这个故事，也告诉了儿童在我们的生活中要学会准时，遵守时间约定，建立健康规律的生活习惯，提高自我管理的能力。

附故事：

一天，森林的小动物们约好了一起出去玩，有小猫、小兔，还有小熊、小猪。小猫、小兔和小熊到了游乐场，小猪却迟迟没有出现，小兔说："那儿有一个钟表店，我们去看看几点了。"说完，几个好朋友就出发了，可是到了钟表店里谁也不认识时间，这下可怎么办呢？这时狐狸老板过来了，教会了小动物们认识时钟，小动物们高兴极了。直到这时，小猪都还没有来，几个小动物来到了小猪家里，原来它还在睡懒觉呢！小猪看着朋友们说："对不起，我迟到了。"

活动二：一张时间表

（1）出示教具，谈话引出课程表。教师提问："这是一张什么表？图片上都有什么活动？这个表记录了你们在幼儿园一天的生活，那你们见过小学的课程表吗？"

小结：每个小学生都有一张课程表，它是小学生学习的好帮手。

（2）引导儿童，学看课程表。教师提问："你能看懂这张课程表吗？它告诉了我们什么？课程表中的数字分别表示什么？看了课程表，你知道小学生一天要上几节课？都有哪些课？课程表有什么用？"

小结：课程表可以告诉小学生每天要上什么课和每节课的顺序，让大家做好准备。

（3）儿童操作，看课程表整理课本。教师提问："我们来学做小学生，今天是星期四，星期四的课表里需要带哪些课本？为什么有 7 节课却只带了 6 本书？"

（4）引导儿童根据老师的要求自主展示不同时间段的课本，如让儿童举起上午第 3 节课用到的课本。

活动三：毕业倒计时

（1）谈话导入，引出活动内容。教师提问："小朋友，倒计时是什么意思呢？"

（2）说一说生活中的倒计时。教师提问："在生活中有哪些事情是用倒计时的方法来做的呢？"十字路口的红绿灯，微波炉上的数字，火箭发射，洗衣机上的数字等。

（3）交流讨论我们的毕业倒计时。教师提问："你们 6 月 30 日就要毕业了，我们现在距离毕业有多少天？"教师列出日历图，计算出毕业倒数时间。

（4）制作倒计时牌。教师给小朋友准备材料，小朋友们根据自己的想法来做倒计时牌。

案例三 安全防护

安全防护在小班保教活动中的渗透

小班儿童从熟悉的家庭环境走向较为陌生的社会环境，面临着各种各样的挑战，首要的挑战便是自我保护。小班儿童的年龄较小，社会经验薄弱，安全防护意识淡薄，提高风险规避意识是为将来入学奠定重要的基础。

小小难题

小班儿童暂且缺乏集体生活的安全知识和经验，在活动中难以正确判断危险的事物和安全隐患，甚至会将个别危险的情境作为游戏，增加了受伤的风险。

小班儿童的能力和体力都十分有限，动作的灵敏性和协调性较弱，无法根据突发情况快速做出反应。

大大办法：学会自我保护

一、活动目标

（1）不吃陌生人给的东西，不跟陌生人走。
（2）在提醒下能注意安全，不做危险的事。
（3）在公共场所走失时，能向警察或有关人员说出自己和家长的名字、电话号码等简单信息。

二、活动建议

《3—6岁儿童学习与发展指南》指出：结合活动内容对幼儿进行安全教育，注重在活动中培养幼儿的自我保护能力。"学会自我保护"活动内容见表4-2-5。

表4-2-5　"学会自我保护"活动内容

	活动	渗透建议
有机渗透	不跟陌生人走	共构遇到陌生人如何自救。教师提问："没有家人在身边时遇到陌生人，怎么办？""与家人走散后怎么办？"
	运动安全我知道	带领儿童实地观察活动场地，一起参观活动场地，掌握活动时避免自己受伤的好办法。儿童动手绘画安全标识并张贴在游戏场地处。
	走丢了怎么办	与儿童讨论若走丢了应该怎么办。教师提问："我们可以寻求谁的帮助呢？""我们自己可以做些什么呢？"

安全防护在中班保教活动中的渗透

保证幼儿的身心健康是幼儿园的重要工作，中班幼儿处于安全意识的萌芽期，该阶段以游戏的方式，在情景中更利于幼儿习得更多的自我防护方法，提升幼儿自我保护的能力。

小小难题

中班幼儿安全防护和自我保护意识还未形成，安全意识薄弱，缺乏自我保护的方法和能力。

大大办法：提高安全意识，掌握安全方法

一、活动目标

（1）知道在公共场合不远离成人的视线单独活动。
（2）运动时能主动躲避危险。
（3）知道简单的求助方式。

二、活动建议

《3—6岁儿童学习与发展指南》指出：中班幼儿知道在公共场合不远离成人的视线单独活动；认识常见的安全标志，能遵守安全规则；运动时能主动躲避危险；知道简单的求助方式。"提高安全意识，掌握安全方法"活动内容见表4-2-6。

表4-2-6 "提高安全意识，掌握安全方法"活动内容

	活动	渗透建议
有机渗透	安全上下楼梯	在适宜的地面创设上下楼梯方向箭头或脚印贴纸等。
	走丢了怎么办	表演区提供服装，让儿童有机会根据情景表演。
	认识紧急电话	在校园门口张贴报警电话，园内各个消防通道张贴火警电话，加深儿童的认识和了解。模拟情景，让儿童在不同情况下模拟拨打求救电话。

安全防护在大班保教活动中的准备

安全意识需要一点一滴积累,从小培养儿童具有安全自我保护意识,较强的自我保护意识和能力,有助于儿童适应新环境,避免发生危险和伤害。在日常生活中,儿童要有自我保护的意识和能力,知道基本的安全知识,遇到危险会求助。

小小难题

在日常的生活中我们经常发现:儿童的认知水平较低,自我保护意识较弱,缺乏自我保护的能力和方法。不知道哪些事能做,哪些事不能做,且他们活泼好动,因此,极易发生意外伤害事故。所以,对儿童进行初步的安全知识教育,培养他们自我保护的意识和能力,指导儿童学会求救的方法极为重要。

大大办法:做个安全小卫士

一、活动目标

(1)能自觉遵守基本的安全规则和交通规则,有自我保护的意识。
(2)知道基本的安全知识,遇到危险会求助。

二、活动框架

活动框架见图 4-2-3。

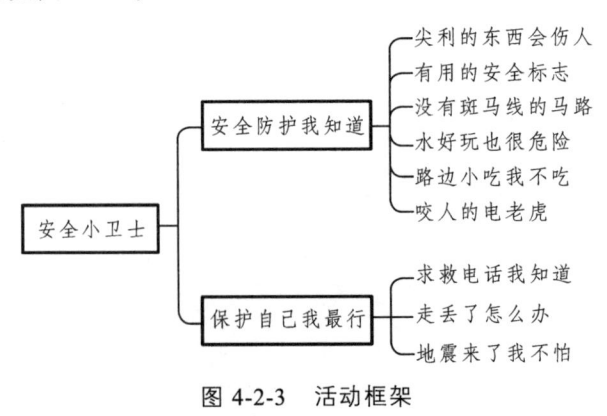

```
                    ┌─ 尖利的东西会伤人
                    ├─ 有用的安全标志
        ┌─安全防护我知道─┼─ 没有斑马线的马路
        │           ├─ 水好玩也很危险
        │           ├─ 路边小吃我不吃
安全小卫士─┤           └─ 咬人的电老虎
        │
        │           ┌─ 求救电话我知道
        └─保护自己我最行─┼─ 走丢了怎么办
                    └─ 地震来了我不怕
```

图 4-2-3　活动框架

三、活动过程

《3—6岁儿童学习与发展指南》指出：幼儿应具备基本的安全知识和自我保护能力，不跟陌生人走，知道常见的安全标志，能遵守基本的安全规则和交通规则。

（一）安全防护我知道

活动一：有用的安全标志

（1）参观各个场所，发现危险地方。教师带领幼儿参观教室、户外场地等场所，发现可能有危险的地方。

（2）观看标志，认识标志。教师提问："你在哪里见过这种安全标志？""它表示什么意思？"

（3）观察标志，总结特征。教师提问："这些安全标志有什么不同的地方？""不同的颜色和形状分别表示什么意思？"

（4）大胆创作，设计标志。教师提问："请为你刚才发现的可能有危险的地方设计标志。"

（5）展示标志，提高安全意识。教师提问："你的标志表示什么意思？""为什么要这样设计？"

（6）张贴标志。让儿童把设计的标志贴起来。

（7）注意事项。要在幼儿掌握不同形状、颜色的标志的含义之后再设计标志；教师应对儿童选出的可能发生危险地方予以尊重。

活动二：尖利的东西会伤人

（1）出示图片，引出主题。出示"受伤的小猴子"图片，儿童猜测小猴子受伤的原因，引出主题。教师提问："你觉得小猴子的手是被什么割破的？"

（2）出示各类物品，发现共同特征。教师出示各种各样的物品，请儿童找出哪些物品会伤人，发现共同特征。教师提问："这些东西哪些会伤人？""你为什么觉得它会伤人？""它们有什么一样的地方？"

（3）出示组图，判断正误。教师出示组图"我会使用尖利物品"，请儿童说出图中小朋友的做法是否正确。教师提问："图片上的小朋友在做什么？""你觉得他做得对吗？为什么？""应该怎样正确地使用这些尖利物品呢？"

（4）师生谈论，总结方法。说一说应该如何正确使用尖利物品。

活动三：没有斑马线的马路

（1）抛出故事，导入活动。抛出故事"马路上的斑马线"，引入主题。教师提问："动物们怎么过马路的？""斑马叔叔累了怎么办，你有什么好办法？"

（2）讲述故事，认识斑马线。教师提问："小猴子想出了什么好办法？""为什么叫斑马线？""有了斑马线马路上出现了什么情况？"

（3）讨论，了解斑马线的作用。教师提问："你在哪些地方见过斑马线？""为什么要走斑马线？""斑马有什么作用？"

（4）做游戏，加深理解。儿童玩"过马路"游戏，加深对斑马线重要性的理解。

（5）活动延伸。儿童根据故事进行情景剧表演。

（6）注意事项。

① 懂得交通规则很重要，交通安全教育要体现在日常活动中。

② 可以多用游戏的方式加深幼儿理解，让幼儿在体验中理解交通安全规则。

活动四：水好玩也危险

（1）提出问题，引出主题。教师提问："夏天到了，你喜欢玩水吗？""玩水时要注意什么事情？"

（2）聆听故事，了解落水原因。教师讲述故事"皮皮猴"，幼儿聆听，了解会落水的原因，知道应该怎么做。教师提问："皮皮猴为什么会落水？""大眼猫为什么没有下去救皮皮猴？""怎么做才能不掉到水里呢？"

（3）出示图片，认识不安全水域。教师提问："这些地方可以去吗？""为什么不能去？"

（4）总结游泳安全事项。教师提问："应该到哪里去游泳？""要和谁一起去游泳？""游泳要带什么工具？"

（5）活动延伸。幼儿根据故事进行情景剧表演。

（6）注意事项。

① 幼儿不一定认识每一种水域，教师应引导其认识并了解其危险性。

② 加强幼儿安全游泳意识的培养，知道应在儿童游泳区游泳且有大人陪伴。

活动五：路边小吃我不吃

（1）创设情境，导入活动。创设懒羊羊送小朋友礼物（糖葫芦、棉花糖）时忽然肚子疼的情境。教师提问："懒羊羊送你们糖葫芦、棉花糖你们想要吗？""为什么懒羊羊忽然肚子痛？"

（2）出示图片，认识路边小吃。教师提问："你觉得这些照片是在什么地方拍的？""这些人在做什么？""你觉得卫生吗？"

（3）播放图片，了解危害。教师提问："他们怎么了？""他们吃了什么才拉肚子？""除了路边摊的小吃不能吃，还有哪些食物是不能吃的？"

（4）图片展示，加深认识。教师提问："吃多了油炸、膨化食品和路边小吃，除了拉肚子，还有哪些危害？"

（5）注意事项。除了在幼儿园，幼儿在家里也要注意饮食均衡，健康饮食。要做好家园共育，家长也需引导幼儿健康饮食。

活动六：咬人的电老虎

（1）图片导入，根据已有经验讨论插座的作用。教师提问："图片上是什么？""两种插座有什么不同？""你知道插座是用来做什么的吗？"

（2）出示"用电危险"的组图，知道插座里藏着"咬人"的电，不能用手触摸。教师提问："图片中发生了什么事情？""你觉得用电危险吗？为什么？"

（3）播放《插座安全歌》，幼儿理解歌曲内容，培养幼儿安全用电意识。教师提问："可以碰或者摸插座吗？""移动的插座有长长的线，应该注意什么呢？"

（4）引导幼儿认识"有电危险"的标志。教师提问："这个标志你认识吗？""看到这个标志要怎么样？"

（5）活动延伸。鼓励幼儿寻找教室中的插座，并粘贴上"有电危险"的标志。教师提问："教室里也有很多插座，找找它们在哪里？"

（二）保护自己我最行

活动一：求救电话我知道

（1）谈话导入，引导儿童交流已知的电话号码。教师提问："你知道爸爸妈妈的手机号码吗？""当我们遇到危险时，可以拨打爸爸妈妈的电话，有一些特殊的电话号码，在紧急情况下可以帮助我们，你知道有哪些吗？"

（2）出示图片，引导儿童认识紧急求助电话号码并了解其用途。教师提问："这些号码和手机号码有什么不一样？""在什么情况下需要拨打这些电话号码？"

（3）出示图片，了解紧急救助电话的用途。教师提问："图中发生了什么事情？""可以请求谁帮助？""要拨打哪个救助电话？"

（4）学会拨打紧急救助电话的方法，并能完整阐述求救信息。教师提问："你知道怎么拨打救助电话吗？""电话拨通后，应该说什么呢？"

（5）活动延伸。儿童根据故事进行情景剧表演。

（6）注意事项。引导儿童知道不能随意拨打求救电话。

活动二：走丢了怎么办

（1）播放动画视频《走丢了怎么办》，帮助儿童知晓与大人走丢了该怎么办。教师提问："视频里小福是怎么跟爸爸走丢的？""他发现跟爸爸走丢以后，去找了谁求助？""叔叔是用什么办法帮助小福找到爸爸的？"

（2）回顾动画视频，鼓励儿童联系自己家人，思考如果和大人走丢了该怎么办。教师提问："如果你和大人走丢了，你会怎么办呢？""你记得你爸爸妈妈的电话号码吗？"

（3）准备数字卡片，组织儿童玩"打电话"的游戏，帮助幼儿记住自己父母的电话号码。教师将儿童分成两人一组，一名儿童向同伴介绍自己爸爸（妈妈）的电话号码，另一名儿童用数字卡片摆出同伴说出的电话号码。

活动三：地震来了我不怕

（1）谈话导入，引出活动内容。教师提问："如果发生地震了，我们该怎么办呢？"

（2）播放动画视频，引导儿童了解地震时在幼儿园的避险方法。教师提问："如果在儿童园发生地震了，我们要怎么保护自己呢？"

（3）播放动画视频，引导儿童了解地震安全疏散的规则。教师提问："地震停了，小朋友们是怎么做的呢？""为什么要待在空旷的地方呢？"

（4）出示图片，鼓励幼儿判断避险行为的正误。教师提问："地震来了，这些避险行为正确吗？""应该怎么做才对呢？"

（5）活动延伸。请孩子和爸爸妈妈一起寻找超市、商场、游乐场等场所地震时的安全区和安全出口，并拍照记录。活动结束后可以带领儿童进行一次消防演习。

案例四　参与劳动

参与劳动在小班保教活动中的渗透

鼓励小班儿童在集体中做力所能及的事，能够培养积极的学习品质，在劳动中提升学习技能，感受劳动成果的幸福感，在日常生活劳动、服务型劳动和生产性劳动中逐步形成热爱劳动的意识，为日后小学生活奠定良好的基础。

小小难题

小班儿童处于身体发展的初步阶段，手部精细动作欠发达，动手能力较弱，在完成劳动活动时有较多的困难，易受挫。

小班儿童在家中缺失家庭劳动的机会，同时缺乏集体劳动经验，自我中心意识较强，服务意识淡薄。

大大办法：我们很能干

一、活动目标

（1）喜欢承担一些小任务。
（2）愿意参与家务劳动，发展手部的动作。
（3）通过生活机会和角色游戏，体会身边的劳动者提供的便利和服务，懂得尊重和珍惜劳动成果。

二、活动建议

《3—6岁儿童学习与发展指南》指出：参与劳动有助于培养幼儿良好的劳动习惯，提高幼儿的自理能力和动手能力，增强自信心，培养初步的责任感。"我们很能干"活动内容见表4-2-7。

表 4-2-7 "我们很能干"活动内容

	活动	渗透建议
有机渗透	小小值日生	和儿童讨论班级值日生的职责，并用简单的图示记录下来。
	清洁高手	在教室内创设生活区，提供适宜儿童的清洁工具，如小扫帚、小拖把、小毛巾等，并鼓励儿童在家做家务。
	走丢了怎么办	与儿童讨论若走丢了应该怎么办，引导儿童思考"我们可以寻求谁的帮助呢？""我们自己可以做些什么呢？"

参与劳动在中班保教活动中的渗透

良好的习惯要从小养成，劳动教育同样也需要从小有意识地培养。中班幼儿也应当从一日生活中的小事做起，保持劳动教育的连续性，主动承担力所能及的事情，培养劳动意识和劳动习惯。

小小难题

家长包办代替，儿童没有参与劳动的机会。
儿童不愿参与劳动，缺乏劳动意识。
儿童不会劳动，缺乏基本的劳动技能。

大大办法：参与劳动

一、活动目标

（1）能主动承担值日生工作，完成分餐、清洁、整理等班级劳动。
（2）尝试按照自己的计划进行劳动。
（3）愿意参与劳动，体验与同伴共同劳动的乐趣。

二、活动建议

《3—6岁儿童学习与发展指南》指出：鼓励幼儿做力所能及的事情，对幼儿的尝试与努力给予肯定，不因做不好或做得慢而包办代替。"参与劳动"活动内容见表4-2-8。

表 4-2-8　"参与劳动"活动内容

	活动	渗透建议
有机渗透	大扫除	师生共构开展班级大扫除活动,引导儿童自主制定计划分工进行大扫除。关注儿童大扫除时的劳动情况并适时给予指导,利用餐前环节及时与儿童对话总结经验。
	值日生	师生讨论制定值日生轮值表,共构值日生的工作内容。关注儿童轮值的实际情况并及时对话,支持儿童用图画、记录表等方式来表征自己的想法。
	生活区作用大	创设有效的劳动环境,在生活区投放适宜儿童使用的拖把、扫把、抹布等清洁工具,便于儿童在生活环节遇到问题时能自主拿取工具进行清洁劳动。

参与劳动在大班保教活动中的准备

劳动教育是科学幼小衔接的重要组成部分。《幼儿园入学准备教育指导要点》明确指出"参与劳动"是生活准备方面的发展目标之一。参与劳动有助于培养良好的劳动习惯,提高生活自理能力和动手能力,增强自信心和责任感。鼓励儿童做能力所及的事情,注重儿童从生活中的每一件小事做起,在自我服务和劳动锻炼中,增强儿童自我服务意识,为儿童适应小学生活树立自信心。

小小难题

在日常生活中我们经常发现这样一些现象:有时家长不够耐心,追求效率,包办代替,剥夺儿童尝试参与劳动的机会;家长忽略了对儿童劳动方面的教育,缺乏对儿童劳动情感的培养,导致儿童不珍惜他人的劳动成果。

大大办法:学做生活的小主人

一、活动目标

(1)坚持自己的事情自己做,并能做一些力所能及的家务劳动。
(2)尝试制定劳动计划,能承担适当的劳动任务。

（3）能尊重身边的劳动者，珍惜劳动成果。

二、活动框架

活动框架见图 4-2-4。

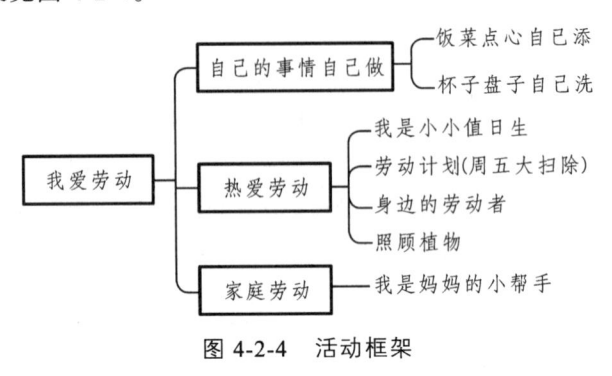

```
                    ┌─ 自己的事情自己做 ─┬─ 饭菜点心自己添
                    │                    └─ 杯子盘子自己洗
                    │
                    │                    ┌─ 我是小小值日生
        我爱劳动 ───┼─ 热爱劳动 ─────────┼─ 劳动计划(周五大扫除)
                    │                    ├─ 身边的劳动者
                    │                    └─ 照顾植物
                    │
                    └─ 家庭劳动 ──────── 我是妈妈的小帮手
```

图 4-2-4　活动框架

三、活动建议

《幼儿园入学准备教育指导要点》明确指出"参与劳动"是生活准备方面的发展目标之一。参与劳动有助于培养良好的劳动习惯，提高生活自理能力和动手能力，增强自信心和责任感。

（一）自己的事情自己做

活动一：饭菜点心自己添

（1）故事导入，引出话题。教师制作动物头饰，进行情景表演。教师提问："小熊是怎么吃饭的？他的坐姿正确吗？"

（2）教师引导，儿童讨论。教师提问："小兔子是怎么吃饭的？""小兔子吃完了谁去添的饭，怎么添的？""你会自己添饭吗？"

（3）儿童分享，交流感受。教师提问："你平时是怎么添饭的？""有什么方法可以不把饭撒出去？"

（4）创设生活区域。在班级为儿童创设生活区域，并提供丰富的材料。

活动二：杯子盘子自己洗

（1）故事导入，引出主题。教师讲述故事并提问"小兔子想自己清洗杯子和盘子，她会怎么做呢？"

（2）讲解洗杯子盘子的步骤，引导儿童了解如何清洗。教师提问："小兔子去问了谁？兔子妈妈是怎么说的？首先要做什么呢？"

（3）亲身体验，引导儿童尝试自己清洗杯子和盘子。教师提问："洗杯子盘子前我们要注意什么呢？你还记得步骤是什么吗？"

（4）讨论遇到的困难，交流经验。教师提问："在洗杯子和盘子的时候，你遇到了什么困难呢？你是怎么解决的？有什么好办法可以让杯子盘子洗干净吗？"

（二）热爱劳动

活动一：我是小小值日生

（1）谈话活动，引出"小小值日生"话题。教师提问："小朋友们，你们知道什么是值日生吗？""为什么要设置小小值日生呢？"

（2）儿童商量制定"值日生"的工作清单以及轮值表。教师提问："你当过值日生吗？值日生要干哪些事情呢？""这么多小朋友，怎么确定值日生的顺序呢？"

（3）儿童讨论当好"小小值日生"的方法。教师提问："你会怎样当小小值日生呢？""怎样能够当好小小值日生呢？"

（4）分享做"值日生"的感受。教师提问："帮助我们班级做了这些事情，你的心情是怎样的呢？"

活动二：劳动计划（大扫除）

（1）图片导入，引出主题。了解大扫除的含义。

（2）与幼儿讨论如何进行大扫除。教师提问："哪些地方需要大扫除？""大扫除可以带什么工具？"

（3）与幼儿确定大扫除时间。

（4）共同讨论，解决问题。教师提问："区域内人太多，太挤了怎么办？""毛巾水太多了怎么办？""一直会有人重复擦怎么办？""盒子太多，不好整理怎么办？"

（5）儿童进行小组计划、分工，进行第二次大扫除，并总结分享大扫除的方法。

（6）注意事项。定期让儿童大扫除，提高幼儿的责任意识。利用儿童在整理材料时遇到的问题，共同探讨幼儿有效整理和收纳的方法。

活动三：身边的劳动者

（1）出示图片，引出话题。儿童观看图片，说说图片内容。教师提问："你们从图片里看到了什么？""他们是什么人？"

（2）教师引导，儿童讨论。教师提问："你身边有这样的劳动者吗？""他们是谁？""他们在做什么工作？"

（3）儿童分享感受。教师提问："你们喜欢这些劳动者吗？""为什么喜欢他们呢？"

（4）向劳动者学习，完成劳动清单。幼儿说说自己可以做的劳动，并把它们制作成劳动清单，完成后在表格上记录下来。

（5）创设生活区域。在班级为儿童创设生活劳动区域，并提供丰富的劳动材料。

活动四：照顾植物

（1）观察法导入，引出活动主题。出示一盆叶子茂盛的植物和一盆叶子枯萎的植物，引导幼儿进行观察和比较。教师提问："它们看起来有什么不同？为什么会有这样的差异呢？"

（2）儿童自由讨论照顾植物的方法。教师提问："种植植物需要哪些东西呢？又应该怎样照顾它呢？"

（3）出示图片，总结照顾植物的好方法。出示照顾植物的图片，结合幼儿讨论的结果，总结出照顾植物的好方法。教师提问："什么时候给植物浇水？浇多少水？""植物长虫了怎么办？""出现了黄叶子怎么处理呢？"

（4）幼儿实践种植植物。为幼儿提供植物的种子和菜苗，幼儿进行植物种植活动。

（5）照顾植物，完成种植记录。出示种植记录本，鼓励幼儿观察植物的生长过程且记录。

（6）注意事项。可利用餐前、餐后的时间，带领幼儿到菜地观察植物的生长情况，并进行观察记录。

（二）家庭劳动

活动：家庭小帮手任务清单

（1）谈话活动，引入主题。提前让儿童记录妈妈每天做的事情，谈谈感受。教师提问："妈妈每天都做了哪些事情？""你觉得怎么样？"

（2）观看视频，了解家务劳动的内容。

（3）谈话活动：我帮妈妈做家务。教师提问："在家你能帮妈妈做什么事情呢？"

（4）儿童制定小帮手计划，并进行分享。

（5）延伸活动：我是老师的小帮手。培养儿童从小爱劳动，关心他人的美好情感。

第三节　社会准备

案例一　交往合作

交往合作在小班保教活动中的渗透

愿意交往是儿童良好社会性发展的重要条件，教师应帮助小班儿童创造更多同伴间交往的机会，引导儿童学习如何与同伴友好游戏。儿童在与同伴友好相处的过程中，尝试合作完成任务，以培养儿童解决问题的能力。

小小难题

1. 以自我中心为主

小班儿童会把自己放在最重要的位置，以自己的想法为主，从而忽略他人的想法和感受，不利于儿童与同伴之间的交往。

2. 表达能力不同

小班儿童在语言表达方面存在较为明显的个体差异，具体表现为有的儿童不能完整表达，逻辑性较差，不敢在集体活动中发言。

3. 缺乏沟通意识

小班儿童思维仍处于直觉行动期，他们不能先想好了再行动或表达，而是边做边想。在日常活动中，遇到问题缺乏沟通意识，会习惯性地使用肢体动作，容易与同伴发生矛盾或冲突。

大大办法：一起玩真开心

一、活动目标

（1）愿意与同伴一起游戏。
（2）想加入同伴的游戏时，能友好地提出请求。
（3）与同伴发生冲突时，能听从成人的引导。

二、活动建议

《3—6岁儿童学习与发展指南》指出：幼儿园应多为幼儿提供自由交往和游戏机会，鼓励他们自主选择、自由结伴开展活动；应多为幼儿提供需要大家齐心协力才能完成的活动，让幼儿在具体活动中体会合作的重要性，学习分工合作；经常和幼儿参加一些集体性的活动，支持幼儿和不同群体的同伴一起游戏，丰富其群体活动的经验。

1. 环境创设

营造环境及氛围，提供交往情景，结合儿童活动经验投放丰富多样的材料，支持儿童交往和游戏。

2. 玩具分享

学习想加入同伴游戏时，能友好地提出请求，鼓励儿童分享玩具，并谈一谈分享后的感受。

3. 建构游戏

营造愉快、融洽的游戏氛围，将解决问题的主动权还给儿童，使儿童在建构游戏中与同伴积极交流互动。

交往合作在中班保教活动中的渗透

儿童随着身心的不断发展，已有了与同伴交往的心理需求。儿童开始出现合作行为，合作的目的性和稳定性逐渐增强，但部分儿童在与同伴的交往与合作中经常出现一些问题，很少出现自发的合作行为，需要教师组织或分配小组共同活动或区角探索，儿童能为了共同的目标，积极参与共同完成任务。

小小难题

1. 以自我意识为主

随着年龄增长,儿童在心理上会逐渐形成自我意识,即他们能够像成年人一样,结合自身兴趣、需求来判断新事物、获取需求。但儿童以自我意识为主导的同时,缺少主动与他人情感的交流。部分儿童由于性格原因,无论是在学习还是在游戏中,与同伴相处时,更多的是以自我为中心。

2. 沟通能力的差异性

随着年龄增长,儿童思考能力也有所提升,但由于儿童心智水平有限,还未形成是非判断能力。部分儿童从他人的角度理解和思考问题的能力还非常欠缺。日常生活中,当所需物品与他人相同时,常常会出现争抢行为。

3. 缺乏合作意识

儿童在个性、认知、情感和情绪等方面的发展离不开儿童良好的合作意识和合作能力,但是多数儿童并不擅长与人合作。随着儿童身心各方面不断发展,教师要着重注意培养其合作意识与合作能力。

大大办法:大家一起玩

一、活动目标

(1)能与同伴友好相处,主动分享并结交新朋友。

(2)尝试与同伴合作完成任务,遇到困难协商解决,互相帮助。

(3)活动中愿意接受同伴的意见和建议。

二、活动建议

《3—6岁儿童学习与发展指南》明确指出,中班年龄段的幼儿会运用介绍自己、交换玩具等简单技巧加入同伴游戏;对大家都喜欢的东西能轮流、分享;活动时愿意接受同伴的意见和建议。因此,在幼儿园游戏、运动、生活、学习活动中,教师应当结合具体情境,引导幼儿学会分享,与同伴友好相处并互帮互助。同时,也应多为幼儿创设丰富的促进幼儿社会交往的活动,让幼儿在具体活动中体会交往合作的重要性。

1. 玩具漂流日

在游戏活动中体验分享的乐趣，养成关心、关爱他人的良好品德，学会分享、沟通、守信，并能收获友谊。

2. 创游活动

儿童感受到大家一起玩会更加快乐，游戏会更有趣。体验与小伙伴合作也是不错的选择，从而尝试合作。

3. 双人运球

体验双人合作的乐趣及重要性，游戏中遇到困难可以相互讨论解决，愿意接受同伴的意见和建议。

4. 合作力量大

儿童探索与同伴合作的方法，体验与他人合作获得的快乐。引导儿童学习与同伴合作，使儿童进一步理解合作的意义。

交往合作在大班保教活动中的准备

在幼小衔接阶段，儿童的人际交往能力对于其将来顺利融入小学，实现身份上的转变有着积极意义。良好的交往和合作能力有利于儿童进入小学后结交新朋友、认识新教师，逐步适应小学新的人际关系。儿童在与成人和同伴交往的过程中，不仅学习如何与他人友好相处，也在学习如何看待自己、对待他人，不断发展适应社会生活的能力。良好的社会性发展对儿童身心健康、学习适应能力等其他各方面的发展都具有重要影响。

小小难题

1. 以自我为中心

儿童往往是家庭中关爱的核心对象，被视为"掌上明珠"，这加深了儿童以自我为中心的意识，养成唯我独尊、自私等不良的行为习惯，从而阻碍儿童自主合作的愿望。

2. 缺乏正确的表达方式

儿童有加入同伴游戏的愿望，但是自己没有正确的办法，导致事与愿违，不仅会做出"伤害"其他儿童的行为，还可能会让自己更不受欢迎。

大大办法：我会交朋友

一、活动目标

（1）能和同伴友好相处，乐于结交新朋友。

（2）能与同伴分工合作共同完成任务，遇到困难互帮互助，发生冲突时尝试协商解决。

二、活动框架

活动框架见图 4-3-1。

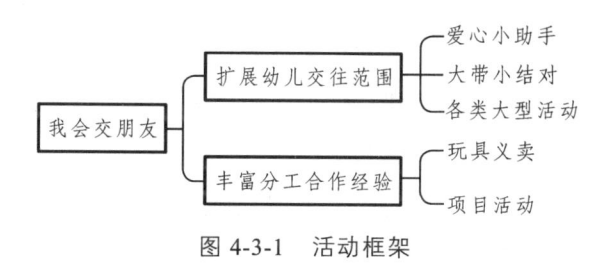

```
                        ┌── 爱心小助手
         ┌── 扩展幼儿交往范围 ──┼── 大带小结对
我会交朋友 ┤                    └── 各类大型活动
         │                    ┌── 玩具义卖
         └── 丰富分工合作经验 ──┤
                              └── 项目活动
```

图 4-3-1　活动框架

三、活动过程

《3—6 岁儿童学习与发展指南》明确指出，愿意与人交往，能与同伴友好相处的表现是社会领域中人际交往目标之一。该目标在大班年龄儿童的表现为：有自己的好朋友，也愿意结交新朋友；活动时能与同伴分工合作，遇到困难能一起克服；与同伴发生冲突时，能自己协商解决。成人应当鼓励幼儿与他人接触和交谈，鼓励幼儿参加小朋友的游戏，邀请小朋友到家里玩，感受有朋友一起玩的快乐；在幼儿与同伴发生矛盾冲突时，指导他尝试用协商、交换、轮流玩、合作等方式解决冲突。幼儿园应多为幼儿提供自由交往和游戏的机会，鼓励他们自主选择、自由结伴开展活动；提供需要大家齐心协力才能完成的活动，让幼儿在具体活动中体会合作的重要性，学习分工合作。

（一）扩展交往范围

活动一：爱心小助手

（1）师幼谈话，讨论如何帮助弟弟妹妹。以爱心小助手为话题，讨论："我们可以为弟弟妹妹做些什么事情？一个人完不成怎么办？弟弟妹妹不让你帮忙怎么办？"，了解儿童对活动的理解，引导儿童做好去帮助他人的准备，正确面对会出现的问题和困难。

（2）共构活动内容，绘画记录。与儿童共构可以进行的活动内容，明确具体可以做什么事情，什么时间、什么地方做，遇到困难如何解决，心情如何等，形成表格，鼓励幼儿每次活动后及时记录。如：晨接时主动帮忙弟弟妹妹分担重物；生活中带领弟弟妹妹帮忙擦拭桌面，分发餐具等；指导弟弟妹妹穿衣服、整理被子、收拾整理玩具等。

（3）总结交往的方式方法。活动中关注儿童的交往能力，活动后根据儿童在活动中的表现及时总结方法。

（4）拓展经验范围。利用家园互动，鼓励儿童在家庭、社会环境中接触更多不同性格的伙伴，遇到别人需要帮助的情况时，如马路上遇到行动不便的爷爷奶奶，儿童有意识地想要帮忙，家长这时需及时捕捉到这一信息，并引导性发问；遇到给环卫工人送水后害羞的情况时，家长应及时鼓励儿童。

活动二：大带小结对

（1）师幼谈话，清晰"大带小"结对活动目的。以"自己能为弟弟妹妹做什么？和弟弟妹妹一起游戏要注意什么？"等话题展开讨论，鼓励儿童表达自己的想法和需求，总结与比自己小的儿童交往的经验技巧。

（2）开展"大带小"结对活动。鼓励大班儿童和不同年龄阶段的儿童交往，多种形式开展结对活动，如"一对一""一对二""自由结伴"等，讨论好具体的结对帮扶形式，进行定时定点活动。

（3）总结活动经验。活动后，组织儿童就活动中出现问题进行讨论总结。邀请儿童分享自己在活动中的经验方法，如帮助弟弟妹妹折叠被子可以亲身示范、安抚弟弟妹妹的情绪可拥抱安抚等。

活动三：嵌入各类大型活动中

（1）创设开放性活动类型，提供交往的范围。开展以跨班级或跨年级为主的交往活动，如"一起露营吧""户外派对""运动会""跳蚤市场""爱心义卖""毕业派对"等，让儿童在游戏场景中自主习得与同伴交往，协商合作的能力。

（2）学会分工合作，体验合作的重要性。在活动前与儿童共构多种利于儿童合作的场景，讨论具体的分工合作，如运动会中"每个人都要参与，报什么项目更合适？""篮球比赛只需要8个人怎么办？""露营时需要做什么，怎么分工会更好？""如果有同伴没做好怎么办"等，明确如何合理分工合作，体验分工合作给活动带来的好处和团结协作的重要性。

（3）做好记录，分享经验。儿童可通过画图来记录遇到的问题和解决的方法，并与同伴分享经验。

（二）丰富分工合作的经验

活动一：玩具义卖

（1）多途径经验准备。利用家校合作，鼓励家长休息日带儿童参观商店、超市等，了解物品售卖需要的准备工作，并用绘画的方式记录下来。

（2）开展谈话活动，丰富儿童合作游戏经验。运用儿童收集的资料，讨论班级如何开展义卖活动，引导儿童以小组为单位开展义卖活动。并讨论"什么玩具适合用于义卖活动？怎样让自己小组的玩具卖得更好？小组需要准备什么东西？如何分工？"，帮助儿童明确活动形式，做好分工合作准备。

（3）分工合作开展游戏。儿童分工准备好义卖材料、招牌、价格标签后开展义卖活动。

（4）关注儿童活动。教师关注儿童活动情况，以图片或视频形式及时梳理儿童活动亮点。在活动中，儿童和同伴发生矛盾冲突时，教师应给与孩子空间，可以先让孩子自己去思考解决问题的办法，如果成功了，可以邀请儿童来分享总结自己的经验，教师及时给予肯定和鼓励，给儿童自己解决问题的信心。如果儿童不能自己处理好，教师应当及时给予儿童安慰、帮助，指导他们尝试用协商、交换、轮流玩、合作等方式解决冲突。

（5）总结经验。师幼利用图片、活动视频，总结如何分工会更快更好地将游戏开展下去，梳理遇到困难如何合作解决等。

活动二：项目活动

（1）谈话活动，明确项目活动概念。和儿童一起讨论，"项目活动是什么？你们想做什么项目？最后想做成什么样？如果你和同伴意见不同时有什么解决办法？你的活动需要什么材料？小组怎么分工？项目活动中遇到问题如何解决？每次需要怎么记录？今日的小组目标是什么？没有完成的原因是什么？"等，了解儿童对项目活动的认识理解。

（2）小组记录本。小组记录本是小组儿童用来记录小组任务、过程、讨论、每次完成情况的记录本。

（3）引导、实践项目活动内容。根据儿童年龄特点和兴趣需要，教师可适时引导儿童开展项目活动，明确项目活动的目标，讨论项目活动完成的方式方法、预设内容、每次的目标达成情况、截止时间、最终效果等。以此帮助儿童更好地理解自己在项目活动中所承担的任务、内容是什么，提升儿童自主规划时间的意识，培养儿童实践、合作、记录、表达的能力。

（4）总结经验。活动中关注儿童情况，活动后根据儿童在活动中的现象及时讨论总结经验，下一次如何调整，将抽象概念具体化、可视化、形象化，便于儿童明确自己需要完成的任务，并通过"小组记录""动手实践"来自我检验任务完成与否，升华项目活动最终的意义。

案例二 任务意识

任务意识在小班保教活动中的渗透

刚入园的儿童将面对很多全新的挑战，在幼儿园里教师将培养儿童的自理能力，以及独立自主完成力所能及的事情的意识。在儿童受挫时，教师既要保护其自尊心，又要引导儿童建立好自信。在幼儿园日常生活中，鼓励儿童尝试有一定难度的任务，让儿童经过努力收获成功，体验成就感。有助于培养儿童主动地承担任务，增强儿童的任务意识。

小小难题

1. 自尊心的萌发

小班的儿童开始注意别人对自己的评价，关注自己在集体中的行为和表现，处于自尊心萌发的阶段。当儿童的感受没有被及时关注时，他们会情绪低落，影响其建立任务意识。

2. 自信心的建立

自信心是激发儿童积极完成任务，克服困难的内驱力。每个儿童都有自己的长处与不足，他们的自信心建立程度不同。因此，在他人完成任务时，自己未能完成或很难坚持完成会影响儿童自信心的建立，会出现不敢做、畏难、不坚持的情况。

3. 自主选择的培养

刚入园的儿童会依赖他人，缺乏自主选择的能力，容易受他人影响，没有自己的想法，不能独立完成任务会增加儿童的挫败感。

大大办法：自己的事情自己做

一、活动目标

（1）能努力做好力所能及的事，不怕困难，有初步的责任感。
（2）愿意承担一些小任务，并从中增强任务意识。

二、活动建议

《3—6岁儿童学习与发展指南》明确指出，具有自尊、自信、自主的表现是人际交往子维度的目标之一。该目标在小班年龄段的表现为：主动承担任务，遇到困难能够坚持而不轻易求助。成人应当为幼儿提供表现自己长处和获得成功的机会，增强其自尊心和自信心。将任务意识融入日常生活中，帮助幼儿建立自信，初步培养任务意识。"自己的事情自己做"活动内容见表4-3-1。

表4-3-1 "自己的事情自己做"活动内容

	活动	渗透建议
有机渗透	送信游戏	给予儿童建立任务意识的机会，帮助儿童理解游戏的任务，及时鼓励肯定儿童。
	光盘行动	亮灯这个形式调动儿童的积极性，增加了儿童的光荣感和自豪感，潜移默化中培养任务意识。
	垃圾分类	鼓励儿童尝试有一定难度的任务，感受经过努力获得的成就感，增强儿童的任务意识。

任务意识在中班保教活动中的渗透

任务意识是责任心的具体表现，中班的儿童已初步具有任务意识，能明确知道哪些是自己要做的事情，愿意主动承担值日生的任务，能自己主动收拾玩具、整理床铺等，并能在完成任务的同时获得成就感。

小小难题

1. 缺乏主动性

观察发现，儿童在完成日常任务时依赖性较强，不愿意主动接受任务，而是被动接受或者需要在成人不断给予帮助和引导下才能完成任务。

2. 缺乏耐心性

儿童在完成任务的过程中无法长时间集中注意力，在完成任务的过程中需要教师不断地提醒和监督，缺乏持久力，不能贯彻到底。

3. 缺乏计划性

儿童在接受任务后不能进行思考并且有计划地实施任务，长此以往缺乏清晰的思考过程和高效的计划。

4. 缺乏责任感

儿童在完成任务时容易急于求成，加之无法持续思考和探索，缺乏完成任务的动力和决心。

大大办法：学做任务小达人

一、活动目标

（1）儿童能够通过自己的方式理解并且记录任务内容。
（2）愿意承担小任务，能够坚持有始有终完成任务，获得成就感。

二、活动建议

《3—6岁儿童学习与发展指南》指出：4-5岁幼儿喜欢承担一些小任务；敢于尝试有一定难度的活动和任务；主动承担任务，遇到困难能够坚持而不轻易求助。成人应当鼓励幼儿尝试有一定难度的任务，并注意调整难度，让他感受经过努力获得的成就感。"学做任务小达人"活动内容见表4-3-2。

表 4-3-2　"学做任务小达人"活动内容

	活动	渗透建议
有机渗透	小小邮递员	1. 让儿童通过游戏的方式完成送信的小任务，在趣味中形成对任务的初步理解。 2. 支持儿童自创送信的任务要求，提升儿童对任务的兴趣。
	小小值日生	1. 引导儿童梳理值日生需要做的事情，让儿童能够明确自己作为值日生的任务和职责。 2. 鼓励儿童按时按点完成值日生任务，培养儿童的自主性、自律性和任务意识。
	餐前表演	1. 支持儿童共同确定每日表演的节目数、绘制表演人员表等，共创表演任务，培养自主建立任务的意识。 2. 鼓励儿童将表演内容、表演形式、道具服装的准备设立成小任务，增加完成任务兴趣和自信，提高完成任务的能力。
	日常小任务	1. 鼓励儿童将任务转述给家长或自行准备，在提升语言表达能力的同时，儿童也能更明确自己的任务内容。 2. 将日用品的准备设立为小任务，让儿童在日常生活中也能轻松完成小任务，建立自信心和对完成任务的向往

任务意识在大班保教活动中的准备

对于即将上小学的儿童来说，树立一定的任务意识，能逐步摆脱对成人的依赖，帮助其在心理上将学习与玩耍区分开来。培养幼儿从小树立任务意识不仅是入学准备的重要内容，更是时代发展的需要，通过任务意识的培养可以使儿童习惯于听清成人的言语指令，完成教师布置的任务，这对于减少"入学不适应症"无疑是有很大益处的。引导儿童逐步具备任务意识和执行任务的能力，有助于儿童适应小学学习生活的要求，逐步做到独立完成各项学习任务。

小小难题

（1）自信不足，产生厌学。儿童缺乏任务意识表现在上课不会专心听讲，不会听教师的指令，对小学严格的纪律和学习任务感到漠然、胆怯、畏惧，有的甚至出现厌学情绪和行为。

（2）入学不适应。任务意识薄弱的儿童会依赖成人，不能将学习和自由玩耍分开，不能克服由于环境的改变而产生的入学不适应。

💡 大大办法：学做任务小能手

一、活动目标

（1）理解任务要求，能向家长清晰地转述并主动去做。
（2）能自觉、独立完成教师安排的任务。

二、活动框架

活动框架见图 4-3-2。

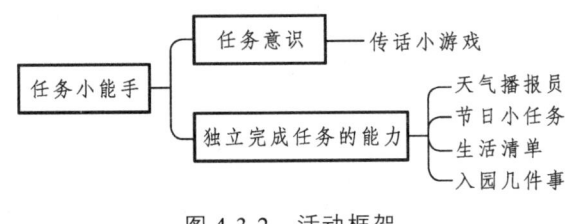

```
                  ┌── 任务意识 ──── 传话小游戏
                  │                ┌─ 天气播报员
任务小能手 ───────┤                ├─ 节日小任务
                  └── 独立完成任务的能力 ┤
                                   ├─ 生活清单
                                   └─ 入园几件事
```

图 4-3-2　活动框架

三、活动过程

幼儿园在组织活动时，可从学习、生活、游戏及运动入手，开展专项性或嵌入式活动，以强化幼儿任务意识，培养其独立完成任务的能力，为入学做好社会准备。

（一）强化任务意识

活动：传话小游戏

（1）选择传话话题。教师通过对儿童的仔细观察，选择近期班级儿童的关注热点，开展传话游戏活动，从而让儿童主动而充满热情地去执行任务。

（2）进行传话游戏。传话游戏以分组比赛的形式进行，传话内容富有趣味性、渐进性，贴近儿童生活实际，由简单到复杂，看哪一组儿童传话速度和准确性更高。

（3）总结传话经验。请多次获得胜利的小组向大家分享获胜的经验，如怎样才不传错话等。这其中，分享这件事儿本身也就成了一种任务。如：有儿童说道，第一位小朋友要认真听清楚教师说的话，再把话传给后一位儿童。要想获胜，游戏时每一位儿童都要认真听，听懂和说清楚，才能快速完成任务。

（二）培养独立完成任务的能力

"一日生活皆教育"，教师要把握好生活中的教育契机，尽可能为儿童提供独立完成任务的机会，培养独立完成任务的能力。因此，儿童在园一日生活中，可设置儿童园常规任务，如天气预报员、节日小任务、入园几件事等，让儿童在一日生活中做自己的主人。

活动一：天气播报员

（1）师幼谈话，讨论如何开展天气预报活动。以"怎样知道天气、温度""如何来做天气预报员"等为话题，和儿童共构活动，鼓励儿童想办法收集信息，并使用符号、绘画等将收集的信息进行记录。

（2）开展天气播报活动。班级儿童轮流进行每日"天气播报员"活动，担任天气播报员儿童需在播报前一天通过多种方式收集信息、了解基本的天气符号、认识温度等，根据当天的日期、温度、天气情况为大家进行当日天气播报。每月进行一次统计活动，分析本月天气情况。

（3）创设天气记录表。师幼共构每月天气记录表，讨论"表上需要记录什么？""什么时候记录？"。引导天气预报员播报后将当天情况在记录表上进行记录。

（4）及时总结做好天气预报员的方法。班级每月末组织儿童小结，用图示的方式表达自己是如何进行天气预报员活动的，梳理记住任务、完成任务的好方法，如何收集信息、如何记住自己的播报时间和记录时间等。

活动二：节日小任务

（1）利用节日教育活动机会，罗列儿童节日独立完成的任务事项。在母亲节、父亲节、重阳节等节日活动时，师幼开展谈话活动，讨论"如何爱家人""可以为家人做哪些事"等，形成节日任务清单，并讨论如何记住任务，用什么方式完成任务等。

（2）形成节日任务清单，儿童自选项目，管理并执行任务。师幼在教室布置"我为家人做件事"的节日活动建议卡，引导儿童自己制定自己的节日任务清单，独立完成，并进行自我评价。

（3）总结独立完成任务的经验，绘画表征分享。每次节日后师幼一同小结活动，分享记住任务、独完成任务、完成任务后的心情等，激励儿童独立完成任务。鼓励儿童将独立完成任务、管理自己任务的方式方法用绘画表征的方式进行记录，并展示分享。

活动三：生活清单表

（1）梳理清单。教师与儿童共同梳理一日生活中独立完成任务的清单内容，明确在游戏、生活、学习、运动活动中自己需要完成的任务，制作生活清单表。如，明确生活活动中需要尝试自己清洗口杯、整理折叠衣物、清扫桌面食物饭渣、整理收纳小书包；游戏活动中需要听懂并遵守游戏规则；运动结束后分类整理、收放器械……另外，教师可带领儿童围绕"值日生"是什么、做什么、如何安排值日生等问题进行讨论，加深儿童对值日生任务的了解。开展"整理小书包"活动，帮助儿童树立"我的书包我整理"的任务意识，帮助儿童掌握整理收纳的相关技巧。

（2）活动自评。儿童依据自己当日完成任务的情况，自行在清单记录表上打钩标记。

（3）总结评奖。教师可依据记录表上的标识，评选班级"任务小能手""每周之星"等，激发儿童独立完成任务的兴趣，培养儿童独立完成任务的能力。

活动四：入园几件事

（1）讨论入园事项，共构任务清单。师幼谈话，讨论"入园后自己可以做哪些事情"，明确入园几件事，讨论"怎样快速完成任务"，了解独立完成任务的方法。制作活动清单，并用儿童喜欢的方式表现。入园几件事：排队晨检、放置个人物品、如厕洗手、进班劳动等，采用儿童共构的方式和规则认真执行，独立完成晨间入园相关任务。

（2）绘画记录，装饰环境。鼓励儿童用绘画的方式呈现活动内容，装饰在班级环境中，帮助儿童明确活动流程，使儿童快速完成任务。

（3）教师关注指导。在"入园几件事"中教师要关注每位儿童每日完成任务的情况，是否主动、认真地做好每一件事，如是否依次排队晨检、正确放置个人物品、如厕并打肥皂洗手、进行积极劳动等。若发现问题，教师要做到鼓励做事行为，未做到的及时询问、了解原因；回溯做事现象，讨论做事的方法和做到的要求。让儿童明白自己不仅只是需要完成"入园几件事"

这些任务，更重要的是自己还需要认真完成。培养儿童完成任务的意识、态度和能力，明确自己的任务，同时也要将任务做好、做实、做细。

案例三 诚实守规

诚实守规在小班保教活动中的渗透

一个班级就是一个"小社会"。小班儿童正处于规则的萌芽期。每个儿童家庭养育方式有所不同，集体生活经验不足，融入集体生活具有一些阻碍。教师在日常生活中应结合社会生活实际，帮助儿童了解基本行为规则或其他游戏规则，体会规则的重要性。学习自觉遵守规则，小班儿童经常分不清想象和现实，成人不要误认为他们是在"说谎"。如发现儿童"说谎"时，要反思实际情况发生的背后原因，进行沟通引导。

小小难题

1. 小班儿童的规则意识

儿童的规则意识需要其在环境中养成，但小班儿童大部分集体生活经验不足，个别儿童无集体生活经验，容易影响儿童自身的发展成长。

2. 小班儿童的年龄特点

小班儿童正处于自我中心阶段，认为什么事情、想法都以自己为主，自己想要什么都应该得到满足。因此该年龄段的儿童刚进入新集体时，树立诚实守规意识有一定挑战性。

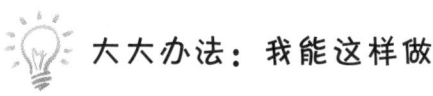

大大办法：我能这样做

一、活动目标

（1）在提醒下能够遵守游戏的规则，知道不随便拿别人的东西。
（2）能在教师的引导下将玩具整齐地放回位置上。
（3）萌发集体规则意识。

二、活动建议

《3—6岁儿童学习与发展指南》指出,能遵守游戏和公共场所的规则。知道不经允许不能拿别人的东西,借别人的东西要归还。在成人提醒下,爱护玩具和其他物品。"我能这样做"活动内容见表4-3-3。

表4-3-3 "我能这样做"活动内容

	活动	渗透建议
有机渗透	我会遵守规则	1. 结合已有社会生活经验,让儿童了解规则,遵守规则。 2. 利用情境表演和图书绘本,培养自觉遵守规则的意识,进一步体验规则。
	我会收玩具	结合班级实际情况让儿童用语言表达,师幼、幼幼达成一致约定,并按约定收拾整理玩具。
	我能按时来园	1. 进一步开展谈话活动,并树立榜样,激发儿童对集体的荣誉感、归属感。 2. 引导儿童从个体关注过渡到集体关注,萌发遵守集体规则的意识。

诚实守规在中班保教活动中的渗透

儿童在学习和生活中,具有一定的规则意识并自觉遵守规则,有利于儿童较快融入集体和同伴。教师可以经常组织儿童参与各种规则游戏,引导儿童遵守共同约定的规则,体验诚实守信的乐趣,培养儿童从小诚实待人的好品质。

小小难题

1. 个性的独特性

每个儿童的个性是不同的。在一日生活环节中潜移默化地逐步形成规则意识,每个儿童在自主选择、自由结伴的活动中,遵守规则的表现不同。

2. 社会化的差异性

儿童在完成事情的主动性、独立性以及执行能力方面受儿童年龄的特点、成人的引导的影响,儿童良好的社会性和个性品质没有得到充分的培养,使得儿童在完成任务时会有差异性。

大大办法：做个诚信小达人

一、活动目标

（1）感受规则的意义，并能基本遵守规则。
（2）知道诚实守信是良好的品质，要做诚实守信的人。

二、活动建议

《3—6岁儿童学习与发展指南》指出，遵守基本的行为规范是社会适应的子维度的目标之一。该目标在中班年龄段的表现为：在提醒下，能遵守规则；感受规则的意义，能基本遵守规则，知道接受了的任务要努力完成；能与同伴协商制定游戏规则。在学习和日常生活中，家长和儿童园都要开展具有一定规则的活动，引导幼儿在活动中自觉守规。能主动完成接受的任务时，成人也应及时表扬，加深幼儿自觉守规、诚实守信的意识，有利于幼儿赢得同伴、幼儿园教师的接纳和认可，较快融入新集体。"做个诚信小达人"活动内容见表4-3-4。

表4-3-4 "做个诚信小达人"活动内容

	活动	渗透建议
有机渗透	小小约定	1. 结合社会实际生活，调动儿童参与活动的积极性，逐步理解规则。 2. 儿童自由设计并制作班级规则牌。
	玩具旅行卡	1. 通过实际的操作，让儿童亲身体验到借玩具应该要怎么做，从而能认真地遵守借玩具的规则。 2. 教师与儿童共同设计"玩具旅行卡"。
	自制诚实守信书籍	教师与儿童共同绘制"诚信书"，鼓励儿童将日常生活中的诚信规则画出来，例如排队不插队、上学不迟到等。
	玩具值日生	1. 引导儿童梳理值日生需要做的事情，让儿童能够明确自己作为值日生的任务和职责。 2. 支持儿童选择不同方式收纳玩具，感受到在集体中"我"可以选择，玩具是共同完成收纳的

诚实守规在大班保教活动中的准备

诚实守信是中华民族的传统美德，是华夏文明五千年的历史沉淀，是当代社会主义核心价值观标准之一，是一个人在社会中能否立足的根本。儿童的规则意识及执行规则的能力是儿童学习、生活的基础与保证。幼儿期是培养儿童诚实守规的重要时期，在日常生活和活动中让儿童体验诚实守信的重要性，帮助儿童理解、遵守生活和学习的各项常规，有助于儿童入学后积极遵守学校的班规、校规，赢得同伴、教师的接纳和认可，较快融入新集体，对儿童身心健康、意志力、控制力的发展起着积极的作用。

小小难题

1. 规则意识薄弱

儿童规则意识薄弱，不利于规则意识的形成，会导致个别儿童出现差异性，比如好动、不能控制自己的行为，时常不遵守班级的常规，对班级和其他儿童都会产生不好的影响。

2. 有意或无意说谎

当儿童分不清想象和现实时，儿童的头脑经常会产生许多极其生动、逼真的事物，将想象当成现实，所以说谎。说谎也是儿童自我意识的结果，教师应及时了解孩子的心理并给予正确的引导。

3. 儿童的模仿

有的儿童产生不良行为，有可能是受了成年人的影响，这种潜移默化的影响会使儿童形成根深蒂固的恶习。

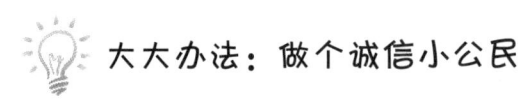

大大办法：做个诚信小公民

一、活动目标

（1）能遵守游戏和日常生活中的规则。
（2）知道要做诚实的人，说话算数。

二、活动框架

活动框架见图 4-3-3。

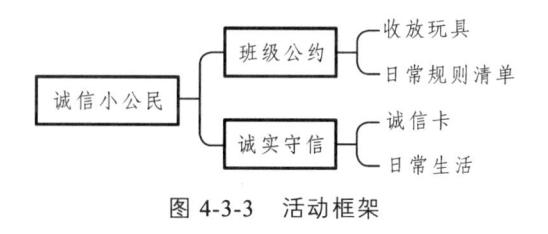

```
                    ┌── 班级公约 ──┬── 收放玩具
                    │              └── 日常规则清单
    诚信小公民 ──┤
                    │              ┌── 诚信卡
                    └── 诚实守信 ──┴── 日常生活
```

图 4-3-3　活动框架

三、活动过程

《3—6 岁儿童学习与发展指南》明确指出，能遵守基本的行为规范是社会适应子维度的目标之一。该目标在大班年龄段的表现为：理解规则的意义，能与同伴协商制定游戏和活动规则、做错了事敢于承认、不说谎。根据大班儿童即将进入小学的特殊需要，应围绕诚实守信、遵守规则等进入小学所需的关键素质，提出科学有效的途径和方法，实施有针对性的入学准备教育。

（一）班级公约

活动一：收放玩具

（1）谈话活动，明确收放玩具的规则。如："玩具乱了怎么办？你是怎样收拾整理玩具的？整理好的玩具应该怎么放？放在哪里？整理时我们要注意什么？"让儿童自行讨论、商量收拾整理玩具的基本规则，并和同伴达成一致约定。

（2）开展"看谁收得又快又好"比赛活动。班级儿童自行分组，共同商量比赛规则。比赛中用到的玩具由少到多，由简单到复杂，由混合到分类。

（3）总结快速收放玩具经验，比如：有儿童说"这个玩具我是按照颜色来整理的"，首先要和组员之间达成约定，商量好一人负责一种颜色的玩具归类。

活动二：日常规则清单

（1）谈话活动，明确规则。和儿童一起讨论，"在入园、喝牛奶、做早操、做游戏、如厕、进餐、离园时要遵守哪些规则？如何遵守规则？违反规则怎么办？没有遵守规则的原因是什么？"了解儿童对规则的认识理解。

（2）制作班级公约。班级公约是每一位儿童需要遵守的专属班级的规则。

（3）共构规则内容。根据儿童年龄特点，教师可与儿童共构规则内容，明确日常活动中需要遵守的规则，以此帮助儿童更好地理解自己需要遵守的规则内容是什么，提升儿童诚实守规的意识和能力。如"教室内轻声交谈、有序盥洗，用正确的洗手步骤洗手"等。共构过程中使儿童明确规则，且通过相互提醒、相互监督，强化规则意识。

（4）总结经验。活动中关注儿童情况，活动后及时讨论儿童在活动中的现象并总结经验。

（二）诚实守信

在日常生活和活动中，教师要做到言传身教、做好榜样教育，把握好生活中的教育契机，尽可能培养儿童诚实守信。因此，儿童在园一日生活中，可利用入园、饭前、睡前等时间为孩子讲述诚实守信的故事；在开展诚信小标兵、诚信卡的活动中亲身体验，感知诚信的良好品质。

活动一：诚信卡

（1）以"图书坏了"为契机展开讨论。与儿童一起讨论图书怎么了？它怎么会坏掉呢？可以怎么办呢？若儿童大胆承认图书是他自己弄坏的，教师可以告知儿童弄坏图书没关系，把图书修好就行。若儿童不愿意在集体面前承认，教师可以适当引导，如"可以悄悄告诉教师"，耐心了解原因，帮助儿童做到知错就改。

（2）制作班级诚信卡。为保护儿童的自尊心，可以在班级设置"班级诚信卡"。与儿童共构班级诚信卡的内容、时间、事件、如何解决，以及诚信卡什么时候使用，放在哪个地方等。

（3）经验总结。可以在月底或者学期末总结，围绕诚信本质，引导儿童正确看待自己的问题，认识到知错能改就是诚信的行为。

活动二：日常生活镶嵌类

（1）营造班级友爱氛围。教师可创设健康、快乐的环境、在班级开展诚信小标兵、制作诚信卡等活动、营造诚实守信的氛围，让儿童在活动中亲身体验，感知诚信的良好品质。

（2）课程活动支持。教师可利用饭前、睡前等时间为孩子讲述诚实守信的文学作品，让儿童了解何为诚信行为；在游戏过程中，观察儿童的诚信行为，对主动承认错误并改正的儿童及时给予鼓励；在学习过程中，对说话算数的儿童进行表扬。

（3）一日生活渗透。儿童在园一日生活中，教师应看到儿童在活动中的点滴，不因事小就忽略。将诚信教育与生活互相渗透、互相融合。

案例四　热爱集体

热爱集体在小班保教活动中的渗透

儿童离开家庭进入儿童园，怎样尽快适应并喜欢这个集体，适应集体的问题是必然的。在群体活动中去感受、了解自己是班级中的一员，从而进一步拥有初步的归属感，喜欢这个集体。为以后营造温暖的集体氛围奠定基础，教师需创造条件并给予儿童机会，支持、鼓励儿童积极参与。

小小难题

1. 适应的差异性

分离焦虑容易使儿童对新集体产生恐惧。这种恐惧处理不当会成为儿童处理自己与集体关系的负面情绪，导致每个儿童适应环境的能力出现差异性，对班级、儿童园产生恐惧不安的情绪，不愿上幼儿园。

2. 个性的独特性

每个儿童的个性没有完全相同的。在进入新环境、新集体时，个别儿童就会出现不愿意参与到群体活动中，或进入活动但呈游离状态等现象，导致儿童从适应集体生活到热爱集体生活较困难。

3. 认知的层次性

儿童的认知发展是具有层次的，并且前期经验不一样。教师对刚入园的儿童开展相关群体活动时，就需要仔细观察个体的差异。

大大办法：我爱上儿童园

一、活动目标

（1）对儿童园的群体活动感兴趣，感知集体意识。

（2）对儿童园的生活环境感到好奇，萌发喜欢上儿童园的情感，建立初步归属感。

二、活动建议

《3—6岁儿童学习与发展指南》指出，具有初步的归属感是热爱集体重要的核心目标。该目标在小班年龄段的表现为：知道和自己一起生活的家庭成员与自己的关系，体会到自己是家庭的一员。同时在小班社会领域的表现为：对群体生活有兴趣；对幼儿园的生活好奇、喜欢上儿童园。"我爱上儿童园"活动内容见表4-3-5。

表4-3-5 "我爱上儿童园"活动内容

	活动	渗透建议
有机渗透	取班级名字	1. 在群体活动中去感受我是集体的一员，喜欢自己的班级。 2. 支持儿童选择自己喜欢的名字，初步培养儿童的集体意识。
	参观幼儿园	1. 认识幼儿园的每一个地方，对儿童园的生活环境感到好奇。 2. 萌发喜欢上幼儿园的情感，建立初步归属感。
	我最喜欢幼儿园的××	1. 进一步展开话题"我最喜欢幼儿园的××"，并鼓励表达喜欢的原因。 2. 深入了解幼儿园，将儿童的好奇转变为兴趣，产生喜欢的情绪

热爱集体在中班保教活动中的渗透

4—5岁儿童已经具有基本的生活自理能力，可以鼓励儿童做力所能及的事情，并将这些事情做得更好。他们愿意承担力所能及的事，知道自己是集体中的一员，自己的行为影响着集体，为自己是集体中的一员自豪，有自我服务和为集体服务的意识。

小小难题

集体意识较弱。在集体生活中，常常有些孩子做事情只顾着自己，有些儿童由于常常请假连班里的小朋友都不认识，并常常单独行动，集体意识需要加强。

大大办法：了解我们的集体

一、活动目标

（1）喜爱自己的班级和幼儿园，并积极参加集体活动。
（2）能说出自己家乡的名称，知道当地有代表性的物产或景观。
（3）知道自己是中国人，在升国旗、奏国歌时能自动站好。

二、活动建议

《3—6岁儿童学习与发展指南》指出，对集体的热爱有助于儿童适应班级和学校的环境，初步建立对集体、家乡和祖国的归属感和认同感。培养集体荣誉感，喜欢自己所在的班级，积极参加集体活动。激发爱家乡、爱祖国的情感，了解家乡，了解民族。"了解我们的集体"活动内容见表4-3-6。

表4-3-6 "了解我们的集体"活动内容

	活动	渗透建议
有机渗透	集体生日会	鼓励儿童通过绘画表达自己心目中集体过生日的样子。尝试用自己的方式制作生日月表格，粘贴在班级生日墙上。自制礼物庆祝同伴生日，用画图的方式记录自己集体过生日的过程，加深对生日会的喜欢和对班集体的热爱。
	小小值日生	1. 师幼共创班级值日墙，贴上值日安排表，儿童绘画制作值日事项和自己的头像标识，帮助儿童更清楚地了解自己与同伴正在参与集体活动。 2. 班级儿童知道值日生正在为集体做事情，值日生则感觉自己是被集体认可、接纳和需要的，把自己与集体联系起来，愿意与班集体荣辱与共。
	家乡的建筑	1. 围绕"家乡"等话题展开自由讨论，从而了解家乡的标志性建筑，激发对家乡的喜爱之情。 2. 鼓励家长带领儿童利用节假日，一起实地参观家乡的标志性建筑并进行表征记录，加深对家乡的情感。 3. 参观活动结束后，鼓励儿童通过绘画、手工、建构等形式，自由创作家乡的地标性建筑，加深自己对家乡建筑物的了解与认知，进而激发爱家乡的情感。

续表

	活动	渗透建议
有机渗透	我和我的祖国	1. 讲述红色故事，重温革命历史。 2. 参加升旗活动，向儿童介绍国旗、国歌及观看升旗、奏国歌的礼仪。 3. 带领儿童参观名胜古迹、博物馆、文化场馆，感受本地历史文化

热爱集体在大班保教活动中的准备

幼儿园是个大集体，班级是个小集体，逐步引导对集体的热爱有助于儿童适应班级和学校的环境，初步建立对集体、家乡和祖国的归属感和认同感。

小小难题

（1）缺乏安全感。儿童在班级环境中感受不到被关爱、尊重等，就会感到紧张、烦躁，不能良好地促进其发展。

（2）归属感差异。在集体或同伴面前感受不到自己的作用，体验不到自己的价值，不愿主动做自己力所能及的事，也不愿意参与班级的各类活动，集体意识淡薄，会影响儿童快速适应新的集体生活，不利于集体意识的培养和归属感的建立。

大大办法：热爱集体

一、活动目标

（1）喜爱自己的班级和幼儿园。
（2）愿意为集体出主意、想办法、做事情。
（3）初步形成爱家乡、爱祖国的情感。

二、活动框架

活动框架见图 4-3-4。

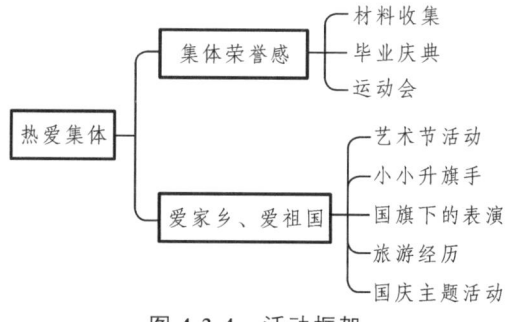

```
                          ┌─ 材料收集
              ┌─ 集体荣誉感 ─┼─ 毕业庆典
              │            └─ 运动会
     热爱集体 ─┤
              │              ┌─ 艺术节活动
              │              ├─ 小小升旗手
              └─ 爱家乡、爱祖国 ┼─ 国旗下的表演
                             ├─ 旅游经历
                             └─ 国庆主题活动
```

图 4-3-4　活动框架

三、活动过程

《3—6岁儿童学习与发展指南》指出，具有初步的归属感是社会适应的目标之一。该目标在小、中、大年龄段的表现分别为：知道和自己一起生活的家庭成员与自己的关系，体会到自己是家庭的一员；喜欢自己所在的幼儿园和班级，积极参加集体活动；愿意为集体做事，为集体的成绩感到高兴。成人应当亲切对待儿童、关心儿童，让他感到长辈的可亲、可近、可信赖，家庭和幼儿园是温暖的。幼儿园在组织活动时，可以从生活、学习、大型活动等方面入手。

（一）培养集体荣誉感

儿童集体荣誉感的培养是个长期的过程，不可能一蹴而就，在日常生活中，通过儿童自身的体验以及教师、家长良好的情感渲染方能形成。因此在组织活动时，力争所有活动有一定的联系，让儿童多次感知，吸引和鼓励儿童参加集体活动，萌发集体意识，获得积极、深刻的情感体验。

活动一：材料收集

（1）开展谈话活动。以班级开展"废旧物品站"为例，与儿童共构哪些物品可以带来儿童园进行废物利用。鼓励儿童清楚地表达生活中的废旧物品有哪些，并举例说明这些废旧物品可以如何变废为宝。让儿童心中有班级，事事为班级着想。

（2）绘画记录。用画图的方式记录自己需要收集的废旧材料，并用简单的符号标注此废旧材料可以做成什么样的物品。

（3）收集材料。儿童根据记录单的内容来收集废旧材料，收集的废旧材料要卫生、安全。

（4）分类整理。为了同伴取拿废旧物品能更加有序，儿童可将收集到的废旧物品分类整理。

活动二：毕业庆典

（1）前期了解。活动前期请儿童回家搜集毕业庆典相关的信息，对毕业庆典有初步的了解。

（2）讨论。教师组织引导儿童共同讨论"毕业庆典要做什么"，过程中鼓励儿童积极为班级活动想办法，最后将自己表达的内容用绘画的方式记录下来。

（3）调查统计。在儿童提出自己的想法后统计出想做什么活动。儿童能一起合作为班级活动制定简单的调查计划并执行，在执行的过程中遇到问题时愿意主动提出解决的方式并愿意为班级活动积极做准备，用图表或其他符号的方式记录。

（4）分组计划。鼓励儿童自主选择、自由结伴开展活动，与同伴商量具体怎么做，需要准备什么口号、准备什么道具、什么舞台背景等，儿童在活动过程中体验为集体协商、合作、克服困难的成就感。

（5）成果展示。儿童能用多种工具、材料制作舞台背景表达自己的感受和想象。儿童用自己喜欢的形式进行表演，积极参与到表演中，表演既能与他人相互配合，也能独立表现。

（6）活动小结：儿童通过同伴的努力，表演得到他人的认可与肯定，为班级争取到荣誉，体验为班级争光的愉悦情感。

活动三：运动会

（1）集体讨论。教师组织儿童开展运动会项目的集体讨论，鼓励儿童大胆表达自己的想法，为运动会出谋划策。

（2）确定项目。组织班级儿童对想要开展的运动项目所需器材及场地进行考察，共同商议确定适合的项目。

（3）制定规则，设计口号。鼓励儿童自由结伴，分工合作为各项活动制定规则，为班级设计口号，设计班级特色道具等，体验为集体做事的荣誉感。

（4）开展活动。儿童佩戴自己制作的班级特色道具，喊着嘹亮的口号，踏着整齐的步伐登场。在集体运动项目中，儿童相互配合，合作能力得到提升。口号声、助威加油声调动了儿童的积极性，儿童在为同伴呐喊加油的过程中也培养了集体荣誉感。

（5）家园合作。家长可陪伴儿童在家进行各项运动的准备练习，在园教师组织儿童进行团队运动项目合作练习，提高运动技能的同时增强儿童团队协作意识。

（二）激发爱家乡、爱祖国的情感

孩子是祖国的未来和希望，爱祖国爱家乡教育必须从儿童抓起，只有让孩子从小就把"祖国妈妈"铭刻在心里，才能使他们成长为热爱祖国，建设祖国的接班人。因此，在幼儿园活动中，应运用儿童喜闻乐见和能够理解的方式激发儿童爱家乡、爱祖国的情感。

活动一：艺术节活动

（1）前期了解。教师请儿童和家长一起，提前了解家乡当地的特色、美食等。可通过照片的形式保存记录了解到情况。

（2）谈话交流，讨论我的家乡。围绕"成都的特色是什么""成都有哪些好玩的地方""我知道的成都美食"等话题为契机，鼓励儿童自由与同伴展开讨论。进一步加深儿童对家乡成都的认识和了解。

（3）集体分享。依次请儿童上台介绍自己吃过的成都特色美食、去过的地方，激发儿童爱家乡的情感。

（4）共构活动形式。基于儿童的兴趣需要，和儿童共构艺术节活动，确定艺术节活动的内容和活动形式。

（5）总结分享感受。艺术节活动结束后，教师给予儿童充分表达的机会，请儿童分享自己的活动体验，让儿童为家乡感到骄傲和自豪，增强儿童对家乡的自豪感。

活动二：小小升旗手

（1）谈话活动，了解升旗仪式。观看天安门升国旗的视频，加深儿童对升国旗的印象。和儿童一起讨论"什么是升旗手？国旗是什么样的？为什么要升国旗？国旗象征着什么？"等，让儿童了解升旗仪式的主要目的，理解国旗的含义和象征，增强儿童的爱国观念，发扬爱国主义精神。

（2）争当小小升旗手。通过讨论，制定出一系列小小升旗手的标准并绘画下来，如升国旗时能像解放军一样站得好、能保护国旗、会唱国歌等，鼓励儿童积极参与小小升旗手的选拔活动，增强儿童的爱国情怀。

（3）练习升国旗。进场音乐响起升旗手要精神饱满、依次整齐地踏步走进场，保持国旗的整齐和高度。国旗象征着国家的尊严，要体现出对国旗的尊重。

（4）总结经验。活动中关注儿童的情况，活动后根据儿童在活动中的现象及时讨论总结经验。如升国旗时要面向国旗、要目视国旗缓缓上升，庄严而肃穆，国歌停止，国旗要正好升到最上方等。通过升国旗的一系列活动，让儿童感受到成为一名升旗手的骄傲和自豪，激发儿童浓浓的爱国情。

活动三：国旗下的表演

（1）开展谈话活动。观看阅兵仪式并进行引导，启发儿童热爱祖国的情感。如："你想怎么表达对祖国妈妈的爱？""你想表演什么来献给祖国妈妈？"，了解儿童表演的形式，鼓励儿童与同伴一起交流，鼓励儿童清楚表达自己关于表演的构思、想法、担心等。

（2）音乐准备。儿童自由讨论自己的音乐并做准备。

（3）绘画记录。用画图的方式记录商量的音乐、队形、场地等，并用画图的方式记录自己心中想要表演的形式，比如唱歌、跳舞、舞台剧、弹琴等。

（4）获得经验。在寻找解决办法的过程中，能够获得"我可以""我爱我的祖国""团结就是力量"等积极体验。

活动四：旅游经历

（1）自由谈话交流。教师引出谈话活动主题"我去过的地方"，让儿童回顾自己的出游经历，并自由与周围同伴交流。

（2）专题汇报分享。开展专题汇报活动，依次请儿童上台分享自己的旅游经历。内容包括：在什么时间？和谁？一起去了哪里？怎么去的？去做了些什么事情？看到了什么好看的风景名胜？听到了什么有趣的事情？吃到了什么特色美食？你的感受是什么？等，介绍时教师注意引导儿童清楚、完整、有条理、生动地介绍自己的旅游经历。

（3）家园合作共育。外出旅行是儿童感受祖国大好河山的重要机会。家长可根据实际情况定期带儿童外出，了解祖国各地的风土人情和特色美食。参观风景名胜时不仅只是拍照留念，还可为儿童进行相关介绍，如介绍重庆洪崖洞、广州小蛮腰的设计和结构等。游玩结束后，可与儿童进行交流，帮助他们梳理一天的旅行经历，并请儿童将自己的所见、所闻、所感记录在绘画本上。

活动五：国庆主题活动

（1）谈话活动，明确国庆节的意义。教师提问："你知道国庆节在什么时候吗？你有没有想过国庆节为什么叫国庆节？为什么我们要过国庆节？国庆节放假期间你是怎样度过的？你在这过程中学到了什么？有怎样的感受？"，了解儿童对"国庆"的认识与理解。

（2）共构国庆活动形式。根据儿童对国庆的已有认知，教师可与儿童共构庆祝国庆节的活动形式、准备事项、开展场地、参与过程等。在协商的过程中愿意主动出主意、想办法，内化国庆习俗，萌发爱国情怀。教师提问："国庆节是为了庆祝什么？你愿意以怎样的方式来庆祝呢？具体我们需要怎么做来表达我们对祖国妈妈的爱呢？我们需要提前准备些什么材料？表达自己热爱祖国的过程中需要注意些什么？"提问逐渐深入爱国内核，让儿童对祖国的热爱之情油然而生。

（3）总结经验。活动后根据儿童在活动中的表现及时总结经验。如：在唱国歌的过程中，多次出现记不住词的情况，教师可提前与儿童协商歌词的图谱表达形式。可以让儿童作图，制作歌词图谱，在升旗活动过程中引导儿童看着图谱歌唱。将抽象的词转化为熟悉的图普，使其形象化、具体化，便于儿童更好地识别符号，明白爱国深意。

（4）家园联系。活动开展前夕告知家长国庆主题活动的开展形式，提前储备儿童的爱国体验，可带儿童参观博物馆、科技馆等，帮助儿童感受家乡和祖国的发展变化，丰富儿童节假日外出旅行经历，游览风景名胜，感受人文风貌等，多与儿童沟通交流，让爱国之情内化于心，外化于行。

第四节　学习准备

案例一　好奇好问

好奇好问在小班保教活动中的渗透

好奇是儿童阶段的年龄特点，好奇心是儿童探究的动机基础和内在动力。小班儿童对周围世界充满浓厚的兴趣，对新鲜事物具有强烈的好奇心，通过看一看、听一听、摸一摸等方式探索事物其中的奥秘。

小小难题

（1）生活经验的匮乏。

对小班儿童来说，生活经验的匮乏导致他们对生活中许多的科学现象充满了兴趣和探究欲，却无法通过自己的已有经验来解释和破译。

（2）探索欲易失去。

由于小班儿童自身探究能力的不完善，好奇好问无法得到满足，探索欲很快就会失去。

大大办法：蔬菜趣多多

一、活动目标

（1）喜欢接触大自然，对周围的很多事物和现象感兴趣。

（2）能用多种感官或动作去探索物体，能在教师的引导下有目的地进行观察。

二、活动建议

《3—6岁儿童学习与发展指南》指出，儿童有着与生俱来的好奇心和探究欲望。好奇、好问、好探索是儿童的年龄特点。探究既是儿童科学学习的目标，也是儿童科学学习的途径。"蔬菜趣多多"活动内容见表4-4-1。

表4-4-1 "蔬菜趣多多"活动内容

	活动	渗透建议
有机渗透	寻找蔬菜	日常生活中，教师带领儿童走进班级种植区、幼儿园种植园地，寻找各类蔬菜，通过看一看、摸一摸，激发儿童对蔬菜的兴趣。
	蔬菜分享会	关注儿童对蔬菜感兴趣的话题，在集体教育活动中和儿童分享蔬菜的秘密，如蔬菜的名字、蔬菜生长的环境、蔬菜有哪些营养等。
	蔬菜的影子	1. 班级美工区提供蔬菜的截面，鼓励儿童用蔬菜截面蘸取不同的颜料，猜想会有哪些神奇的事情发生。 2. 班级科探区提供蔬菜图片及匹配的蔬菜图片的剪影，激发儿童在蔬菜配对操作活动中探究更多和蔬菜有关的内容。

好奇好问在中班保教活动中的渗透

在日常生活中,小班儿童容易对新鲜事物或事件产生好奇心,从而激发儿童学习新鲜事物的兴趣,好奇心越强接受新知识的速度就会越快。在好奇心的督促下儿童产生探索欲望,致使儿童学习时注意力更加集中。

小小难题

(1)认知水平有限。中班儿童认知水平有限,只能发现事物的表面联系,在探索过程中遇到较大阻碍时容易选择放弃。

(2)观察缺乏目的性。儿童观察的目的性较差,常常东张西望。

大大办法:我们的种植乐园

一、活动目标

(1)喜欢接触新事物,经常问一些与新事物有关的问题。
(2)常常动手动脑探索物体和材料,并乐在其中。
(3)有克服探索中遇到困难的勇气和信心,为寻求答案而不懈努力。

二、活动建议

《3—6岁儿童学习与发展指南》指出,好奇好问主要表现在儿童喜欢接触大自然和新鲜事物,在接触的过程中,儿童对感兴趣的问题通过直接感知、亲身体验和实际操作等方式寻求答案。"我们的种植乐园"活动内容见表4-4-2。

表4-4-2 "我们的种植乐园"活动内容

	活动	渗透建议
有机渗透	植物乐园	创设班级的种植区或种植地,幼儿自主选择植物带到幼儿园分享照顾,互相了解不同植物的相关信息,为儿童探索提供条件,引发幼儿好奇好问。
	播种乐趣多	引导班级儿童共构种植需要的工具和材料,通过不同的方式掌握不同种子的种植方法并实践操作,在种植的过程中观察发现,互相学习总结经验。

续表

有机渗透	活动	渗透建议
	植物的魔法	通过与植物相关的科学实验活动了解植物的基本构造，通过植物实验，如植物的再生功能、茎的输送作用等，激发幼儿探索欲，引发儿童好奇好问并为找到答案而不懈努力的行为

好奇好问在大班保教活动中的准备

好奇心是终身学习的原动力，是儿童探究的动机基础和内在动力，由于强烈的好奇心驱使，使得儿童能够保持探究的热情和积极性。中班年龄段儿童热衷于对自己接触和观察到的事物、现象提出问题，并且常常会"刨根问底"，这些行为表明他们有着积极主动的探究倾向，他们渴望通过这种方式获取更多的信息。因此呵护儿童的好奇心，尊重儿童好问的天性，有助于儿童对周围世界保持持续的探究欲望，使其不怕困难，积极主动地学习。

小小难题

（1）阅历较少，无法依靠自己的力量持续进行探究。大班儿童由于阅历相对较少，使得他们有时无法靠自己的力量持续连贯地进行问题的探究，导致好奇无法得到满足逐渐失去探究欲望。

（2）提出的问题未能得到及时回应，导致从主动逐渐走向被动。日常生活中成人对儿童的问题回应不及时，使儿童从积极主动的追问走向不想问、不愿问。

（3）缺乏探究精神。被动学习的儿童缺乏主动探究精神。

大大办法：尊重好奇 支持探究

一、活动目标

（1）儿童对身边的新事物感兴趣，有好奇心和探究欲。
（2）乐于动手动脑，在教师支持下愿意持续、深入进行探究。

二、活动框架

活动框架见图 4-4-1。

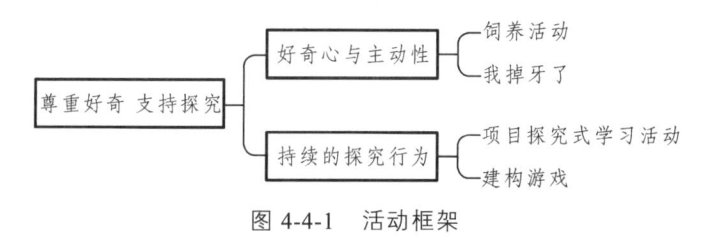

```
尊重好奇 支持探究 ┬─ 好奇心与主动性 ┬─ 饲养活动
                  │                  └─ 我掉牙了
                  └─ 持续的探究行为 ┬─ 项目探究式学习活动
                                    └─ 建构游戏
```

图 4-4-1　活动框架

三、活动过程

《3—6 岁儿童学习与发展指南》指出，成人要善于发现和保护儿童的好奇心，充分利用自然和实际生活机会，引导儿童通过观察、比较、操作、实验等方法，学习发现问题、分析问题和解决问题；帮助儿童不断积累经验，并运用于新的学习活动，形成受益终身的学习态度和能力。

（一）好奇心与主动性

活动一：饲养活动

（1）师幼谈话。以"在哪儿养动物？""为什么养这种小动物？""这种小动物喜欢什么样的环境？""谁来带？"等为话题，和儿童共构出班级饲养的小动物。

（2）设置饲养角，制定饲养计划表。确定好班级饲养的小动物后，采用和儿童共同探讨或请儿童自主查找等方式了解动物的生活习性，共构适合动物生存的饲养角。根据儿童对饲养活动的兴趣需要，师幼共同探讨饲养计划。明确饲养的时间、食物的准备、谁来喂养、喂食量、饲养区的打扫等，帮助儿童更清楚地认识和了解小动物。

（3）开展饲养活动。将饲养活动融入儿童的一日生活中，让儿童更好地去观察、认识、了解动物。饲养过程中，促进儿童不断去探索饲养方法，积累饲养经验。

（4）观察记录。鼓励儿童进行饲养活动后，将当天的观察及发现用绘画、表格、符号等方式进行记录。如饲养小蝌蚪：小蝌蚪发生了什么变化？为什么有些小蝌蚪长得慢？小蝌蚪先长出哪条腿？激发儿童的好奇心及探索欲，支持儿童在活动中积极主动寻找问题的答案。

（5）经验分享。请儿童将参与活动后获得的经验用绘画的形式记录并分享。饲养过程中，不仅提升了儿童的表征能力，丰富了儿童的饲养经验，同时满足了儿童对于小动物的好奇心以及饲养的探究欲。

活动二：我掉牙了

（1）追随儿童的兴趣捕捉话题。以"我的身体变化"展开讨论，捕捉儿童感兴趣的话题，如"我长高了""我长大了""我掉牙啦"。从儿童感兴趣的话题出发，选择适宜的主题活动。

（2）预设话题与生成话题相结合。以"我掉牙啦"为例。确定了"我掉牙啦"作为一个独立的主题开展活动，根据儿童对掉牙的兴趣点进行深入分析，找到次一级的主题要素，层层分级，形成主题网络图（详见图4-4-2）。

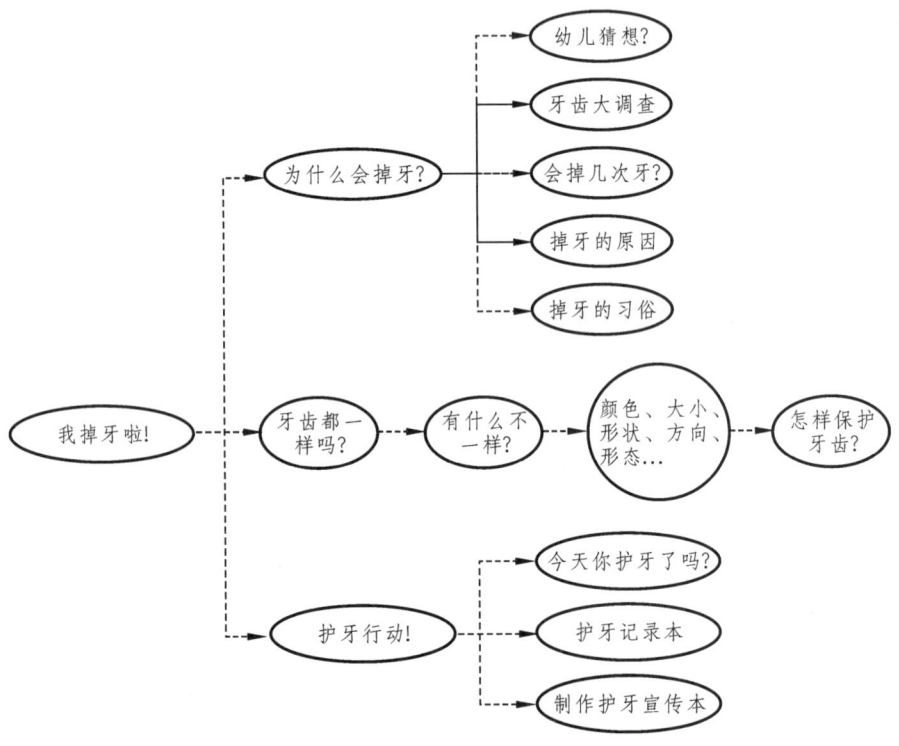

图4-4-2 "我掉牙啦"主题网络图

（3）鼓励儿童多路径探索。启发儿童活动探索的区域不应仅限于教室，而应走向更广阔的空间，"不同人群的牙齿大调查""绘本阅读中寻找答案""邀请家长配合上网查阅掉牙相关资料"鼓励儿童在活动中去体验、去尝试、去发现。

（4）绘画记录。鼓励儿童将活动过程进行记录，并形成班级自制图书进行分享。

（二）持续的探究行为

活动一：项目探究式学习活动

（1）谈话活动，明确项目社团活动概念。和儿童一起讨论："你觉得什么是项目社团活动？""你参加过哪些项目社团活动？""想开展哪些项目社团活动？"等，帮助儿童理解项目社团活动。项目社团活动是基于兴趣、自由发起、自愿参与、自主讨论，共同制定一个学习任务或计划，且由小组合作完成的活动。

（2）成立项目组，共构项目内容。儿童自愿选择合作伙伴和小组，自主商量感兴趣的项目计划或需要完成什么样的任务，如种植组种植物、街舞组创编一支街舞、科学实验小组完成一个科学小实验等，并用绘画的方式进行记录。

（3）支持儿童开展项目式探究活动。儿童在活动中可能会遇到很多问题，如同伴间意见不统一、材料准备不充分、没有具体的实施计划等，教师根据儿童当前需要解决的问题回应儿童，支持儿童发现问题、分析问题、解决问题。

（4）总结经验。教师关注儿童活动中的情况，活动后鼓励儿童分析在活动中出现的问题，总结用了哪些解决办法，下一次的活动需要做哪些准备等，并用绘画的形式进行记录，便于下一次活动更好地开展，吸引儿童在活动中深入探究。

活动二：建构游戏

（1）提供环境、材料支持。

（2）师幼谈话。以"修建什么？""使用哪些材料？""和谁一起修建"为话题，引发儿童积极思考修建的主体，丰富儿童头脑中修建造型的印象。

（3）制作设计图。鼓励儿童活动前用绘画的方式制作设计图，如我的房子、动物园、高架桥等，激发儿童参与建构游戏的兴趣。

（4）启发联想。当儿童延伸或扩展游戏内容有困难时，教师可用提问的方式帮助儿童持续性进行探究，如"有什么办法可以搭建比老师还高的房子？""你能想到哪些办法让房子更加稳固吗？""可以怎样改造让你修建的房子与众不同？"等，鼓励儿童积极深入地参与建构游戏、保持专注度、不断思考和反思。

（5）提供机会，分享交流。活动结束后，教师采用拍照分享、现场分享等方式邀请儿童对作品进行介绍，分享自己的修建经验。

案例二　学习习惯

学习习惯在小班保教活动中的渗透

刚入园的儿童年龄小、能力弱，生活、卫生方面的习惯还没有很好地形成。因此培养儿童的学习习惯，应从幼儿园一日活动入手，潜移默化地培养小班儿童的学习习惯。

小小难题

（1）还不能集中精力完成一件事情。小班的儿童年龄小，各方面能力都较弱，大多数儿童不能集中精力完成一件事情后再去做另外一件事情。

（2）易受外界干扰。注意力不稳定，易受到外部环境的干扰。

大大办法：我会做……

一、活动目标

（1）儿童分心时能在成人提醒下调整注意力。
（2）在成人的帮助下儿童能有计划地做事情。

二、活动建议

《3-6岁幼儿学习与发展指南》指出，重视儿童的学习品质。儿童在活动过程中表现出的积极态度和良好行为倾向是终身学习与发展所必需的宝贵品质。要帮助儿童逐步养成积极主动、认真专注、不怕困难、敢于探究和尝试、乐于想象和创造等良好学习品质。"我会做……"活动内容见表4-4-3。

表 4-4-3 "我会做……"活动内容

	活动	渗透建议
有机渗透	整理游戏材料	1. 每次游戏结束后，鼓励儿童将所有的游戏材料有序整理，每一种游戏材料分类放回属于它的"家"。 2. 游戏材料再检查。邀请儿童再次进行检查，看是否有未收放好的游戏材料。认真整理游戏材料的过程，就是培养儿童专注持续做好一件事情的过程。
	找一找物品在哪里	找一件玩具或制作一件手工作品，让幼儿找出玩具或者找到需要的手工材料，达到专注持续完成一件事的目的。
	午睡小计划	1. 午睡前。午睡前教师可以引导儿童进行以下准备工作：打开被子—脱鞋子—脱裤子—坐在床上用被子盖好腿后再脱衣服，避免因脱衣物时间过长而带来身体的不适。 2. 起床时。教师可以引导儿童进行以下起床计划：穿衣服—穿裤子—穿鞋子—叠被子。在教师的引导下，儿童从小养成做事情有计划的好习惯

学习习惯在中班保教活动中的渗透

中班儿童的表达能力、专注力等有了明显的提升，爱学习、会学习、爱动脑、会动脑，养成良好的学习习惯对这一时期的儿童来说至关重要。

小小难题

（1）有意注意不够稳定。中班儿童有意注意的时间还不够长且不够稳定，容易受到无关因素的干扰。

（2）做事情拖拉，缺乏计划性。

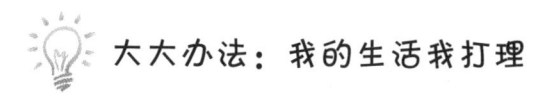

大大办法：我的生活我打理

一、活动目标

（1）儿童能够在一定的时间内，集中注意力完成某一件事情。

（2）逐渐学会自己按计划做事，尝试合理安排时间。

二、活动建议

《3—6岁儿童学习与发展指南》指出，鼓励和引导儿童学习做简单的计划和记录，并与他人交流分享。如和儿童共同制定调查计划，讨论调查对象、步骤和方法等，也可以和儿童一起设法用图画、箭头等标识呈现计划。"我的生活我打理"活动内容见表4-4-4。

表4-4-4 "我的生活我打理"活动内容

	活动	渗透建议
有机渗透	小小值日生	支持儿童共构值日生工作的内容，尝试让儿童自己打理自己的生活，在实践中合理规划时间，专注且有计划地做事。
	种植记录本	鼓励儿童每天观察和照顾动物或者是植物，并进行持续性的记录，记录的过程也是在培养儿童坚持做好一件事情的习惯。
	我的劳动计划	尝试将一些儿童力所能及的小劳动交给儿童自己安排，帮助幼儿合理地安排、规划时间，在完成自己计划的过程中建立时间观念。

学习习惯在大班保教活动中的准备

大班儿童正处在幼小衔接的关键阶段，而小学的学习方式与幼儿园的方式又有很大不同，因此养成良好的学习习惯，如专注力、坚持性、计划性、合作性等，有助于儿童入学后更好胜任新的学习任务，且受益终身。

小小难题

大班儿童表达能力较强，在日常生活中抢话、自顾自说等情况时常出现。部分儿童在日常生活中做事情不太会自主安排时间，喜欢拖延，缺乏条理性、计划性，在面对困难时容易脱口而出"我不会""我不玩了"，缺少坚持与专注。

大大办法：我能行

一、活动目标

（1）儿童能坚持专注地做完一件事，遇到困难不放弃。
（2）能够根据制定的计划做事情。

二、活动框架

活动框架见图 4-4-3。

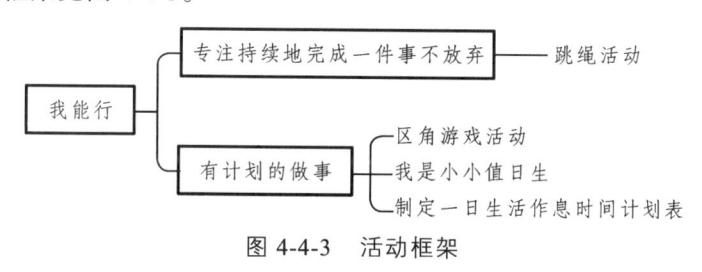

图 4-4-3 活动框架

三、活动过程

《3—6 岁儿童学习与发展指南》指出，成人鼓励和引导儿童一起制定计划，一起设法用图画、箭头等标识呈现计划；帮助儿童回顾自己的探究过程，讨论自己做了什么、怎么做的、结果与计划目标是否一致，分析一下原因以及下一步要怎样做等。

（一）专注持续地完成一件事

活动：跳绳

（1）关注个体。儿童进入大班后增加了跳绳活动，教师应多给儿童提供自主探索跳绳的机会，关注儿童在跳绳过程中的个人能力发展情况，鼓励并指导不会跳的儿童。

（2）师幼讨论，制定跳绳小目标。儿童在跳绳过程中可能会出现兴趣降低不愿跳绳的情况，教师可以带着儿童一起制定个人跳绳小目标，如连续跳多少次、跳绳有哪些新玩法，帮助儿童持续进行跳绳活动。

（3）分享跳绳经验。采用视频或者照片形式记录儿童跳绳过程，活动结束后可邀请儿童进行活动分享，如跳绳过程中遇到了哪些困难、有哪些办法可以使连续跳绳的时间更长等，帮助儿童解决在跳绳中遇到的困难，激励儿童持续参与跳绳活动的意愿。

（二）有计划地做事

活动一：区角游戏活动

（1）师幼谈话。以"计划今天玩什么""想要怎么玩"为话题，引导儿童计划自己的区角游戏时间。

（2）师幼互动。儿童根据自己的计划选择相应的材料进行游戏，教师观察儿童在游戏中遇到的问题和想要放弃游戏的想法，教师及时了解儿童当时的想法，如遇到什么困难了、哪里不会玩等。同时耐心等待儿童的回答，给予儿童独立思考的时间，如那怎么办呢、你有什么好办法可以解决等，根据儿童的回应和儿童进行个别交谈，帮助儿童解决当下的问题，使其愿意继续参与游戏。

（3）游戏后总结。活动结束后，以"今天玩了什么游戏？""游戏中遇到了什么困难？""怎么解决的？""还有什么其他的好办法？"等为话题，引导儿童进行活动分享，并鼓励、肯定儿童想办法解决各种困难的行为。

活动二：我是小小值日生

（1）师幼谈话，确定小组成员。教师营造轻松自由的讨论氛围，以"每天值日生需要多少小朋友呢？"为话题，师幼共同商议值日生小组的组员人数，鼓励儿童自主选择、自由结伴组队。

（2）师幼共构轮换顺序。以"哪一天做值日呢？"为话题，师幼协商小组的轮换顺序，如一组一天或一组一周。

（3）制定值日生的工作内容。教师抛出话题"值日生可以为班级做哪些事情？"引导儿童讨论并用绘画、图符等方式记录值日生的工作内容。

（4）师幼互动。在值日生工作开始前，以"今天准备做哪些工作？谁来做？"为话题，引导儿童计划自己的工作内容和小组分工完成任务。儿童在进行值日生工作时，教师观察儿童在值日生工作中有遇到的问题和不想做的情况，及时了解儿童当时的想法，如遇到什么困难、为什么不想做值日、与朋友为什么会发生矛盾等。根据儿童的回应和儿童进行个别交谈，帮助儿童解决当下的问题。

（5）绘画记录。儿童完成值日生工作后，鼓励儿童用绘画的形式将自己做的事情，或遇到的困难、解决问题的方式记录下来，并对照自己的计划和值日生的工作内容是否一致。

（6）分享经验，完善值日生工作内容。鼓励儿童分享自己的值日生工作感受，以"做值日生工作时遇到了哪些困难？""可以怎么调整？""值日生还可以做哪些事情？"等为话题进行分享，不断调整、完善值日生工作的内容，同时鼓励儿童有计划、有顺序、有分工地完成任务。

活动三：制定一日生活作息计划表

通过"计划早上几点起床、中午几点进餐、几点午睡、下午几点起床、晚上几点进餐、几点入睡"等问题，启发儿童思考和表达自己的计划。再提供一日作息时间计划表（见图 4-4-4），鼓励儿童用绘画的形式进行记录，以便更好地践行计划。

时间	做什么
🕐	
🕐	
🕐	
🕐	
🕐	
🕐	

图 4-4-4　一日作息时间计划

案例三　学习兴趣

学习兴趣在小班保教活动中的渗透

兴趣是最好的教师，让儿童喜欢学习、爱上学习，具备一定的学习能力比学到多少知识更重要。从小班开始有意识培养儿童的学习兴趣，有助于儿童逐步走向主动、持久、投入地学习。

小小难题

（1）兴趣点容易转移。

小班儿童对什么事情都充满了兴趣，但由于年龄小，兴趣点很容易被转移。

（2）兴趣持续时间不长。

小班儿童进入了一个新的"小社会"，周围的一切都容易引起他们的兴趣，但是因自身能力的不足，虽然感兴趣，持续时间不会太长。

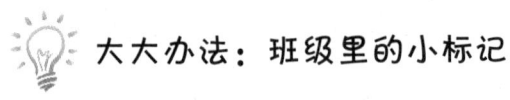

大大办法：班级里的小标记

一、活动目标

（1）儿童喜欢用涂涂画画的方式表达一定的意思。

（2）儿童能有意识地关注生活和图画书中的各种符号和标识，对符号和标识产生兴趣。

二、活动建议

《3—6岁儿童学习与发展指南》指出，儿童真正的探究始于对问题答案的追求，探究的过程实际上就是对感兴趣的问题通过直接感知、亲身体验和实际操作寻求答案的过程。"班级里的小标记"活动内容见表4-4-5。

表4-4-5 "班级里的小标记"活动内容

	活动	渗透建议
有机渗透	我的专属小标记	教师为每位儿童准备专属小标记，贴在小椅子、小桌子、床头、水杯格、擦手巾等地方，帮助儿童可以较快地记住自己的毛巾、水杯等放置的位置，以及能快速识别自己的椅子和座位。对应找标记的过程，也是激发儿童对图文符号产生持续兴趣的过程。
	班级区角小标记	班级的各个区角尝试用小标记来区分。如：用小猴子的卡通形象当作科探区的标记，因为小猴子代表聪明；表演区可以用小黄鹂的卡通形象来表示，因为小黄鹂代表唱歌好听。这样的方式不仅充满童趣，还可以使得区角更有代表性，并且小动物的特征也可以帮助幼儿理解在该区角里应该做什么事。后期也可以根据儿童的想法进行标记的调整。
	设计我的小标记	鼓励儿童尝试设计喜欢的图符作为自己所有物的小标记，从小班时期开始就有意识培养儿童的书写兴趣

学习兴趣在中班保教活动中的渗透

中班儿童学习的兴趣决定了学习的积极程度。学习兴趣是儿童对周围生活环境不断探索的前提和保障,即使感到疲倦和辛劳,也总是兴致勃勃,心情愉快,即使困难重重也不会丧气,而是会想办法克服。

小小难题

(1)面对不感兴趣的事物易失去耐心。中班儿童对自己感兴趣的、容易完成的内容就学得很有劲;遇到不感兴趣的、有难度的内容就容易立刻失去耐心,不愿继续深入下去。

(2)兴趣不稳定。中班儿童开始有自己的想法,但容易受同伴的影响,兴趣时强时弱。

大大办法:我的游戏我做主

一、活动目标

(1)面对困难不轻言放弃,有敢于面对和挑战困难的勇气和信心。
(2)能够对身边的人、事、物有一定程度的兴趣并大胆表达自己的想法。

二、活动建议

《3—6岁儿童学习与发展指南》指出,应为幼儿创设自由、宽松的语言交往环境,鼓励和支持幼儿与成人、同伴交流,让幼儿想说、敢说、喜欢说并能得到积极回应。"我的游戏我做主"活动内容见表4-4-6。

表4-4-6 "我的游戏我做主"活动内容

	活动	渗透建议
有机渗透	创意工坊	为儿童提供丰富多样的材料,支持幼儿大胆想象,做自己喜欢的作品,愿意分享自己的作品,满足幼儿参与活动的兴趣。
	迷宫大作战	为儿童提供不同类型的迷宫,如路线迷宫、连线迷宫、运笔迷宫、实体迷宫地图或立体迷宫等,在游戏的过程中感受坚持努力带来收获的喜悦,帮助儿童建立克服困难的勇气和信心,逐渐产生积极的学习兴趣。

续表

有机渗透	活动	渗透建议
	送你一朵小红花	在班级活动中设置"送你一朵小红花"环节，引导儿童互评，发现对方优点，教师根据儿童对话帮助儿童建立信心，并鼓励儿童积极面对与克服有困难或不感兴趣的事情，建立儿童积极向上的心态

学习兴趣在大班保教活动中的准备

兴趣是学习知识的最大动力，一个孩子如果对一种活动感兴趣，毫无疑问，他一定会学得主动、学得轻松、学得愉快。大班是幼小衔接的重要阶段，具有强烈的学习兴趣可以帮助儿童更好地融入小学生活。

小小难题

大班儿童容易将学习当作完成一个任务，觉得"学习没有意思，一点都不好玩"。部分儿童对阅读图书不感兴趣，有时会听到儿童说"不想看书""我对看书不感兴趣"。

大大办法：激发兴趣　解决问题

一、活动目标

（1）儿童对大自然和身边的事物有广泛的兴趣，愿意用图画、符号等方式记录自己的想法和发现。

（2）喜欢阅读，乐于和他人一起看书讲故事，遇到问题经常通过图书寻找答案。

二、活动框架

活动框架见图 4-4-5。

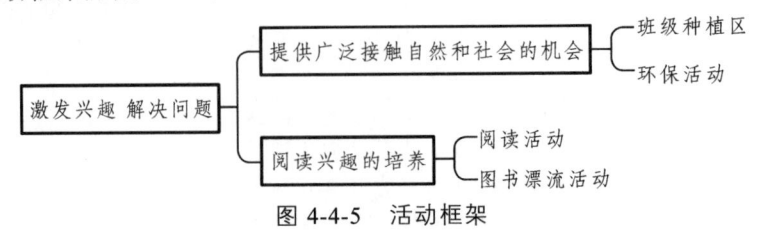

图 4-4-5　活动框架

三、活动过程

《3—6岁儿童学习与发展指南》指出,应为儿童创设自由、宽松的语言交往环境,鼓励和支持儿童与成人、同伴交流,让幼儿想说、敢说、喜欢说并能得到积极回应。为幼儿提供丰富、适宜的低幼读物,经常和儿童一起看图书、讲故事,丰富其语言表达能力,培养阅读兴趣和良好的阅读习惯,进一步拓展学习经验。

(一)提供广泛接触自然和社会的机会

活动一:班级种植区

(1)创设班级种植区。创设班级自然角,为儿童提供能够进行观察比较的东西,让他们积极地参与和探索。比如按照植物的特点,提供阔叶类、花卉类、针叶类、耐旱类、喜水类、爬藤类等植物。同时,还要考虑到儿童的需求,为儿童提供多种参与的机会。比如:给儿童提供各种植物的种子,让儿童自由选择并种植;指导儿童自己设计制作小标牌,进行观察记录;引导儿童对废旧材料进行加工创造,把它们变成有用、精美、新奇的种植容器等。

(2)实验与记录。根据大班儿童的年龄特点,教师可考虑创设更具实验性和探索性的种植区。如引导儿童在水培植物里滴上几滴红色的颜料,让儿童观察植物的变化。或将种植的两种相同的植物做不同的处理,一个在自然环境中生长,一个盖上不透明的盖子不见阳光,让儿童在一段时间后对比其变化,并进行记录。通过这些实验,让儿童知道植物生长需要水、阳光和空气等。

活动二:环保活动

(1)播放图片,抛出话题。教师播放随处乱扔垃圾的图片,抛出话题"假如我们的身边到处都是垃圾",引起儿童的思考和对垃圾的关注。

(2)垃圾的去处。教师以"垃圾从哪里来?""垃圾又会去向哪里?""我们身边有哪些垃圾?"等为话题,引发儿童关注生活中垃圾的种类。

(3)制作垃圾问卷调查记录表。师幼共同制作垃圾问卷调查记录表,记录身边产生的垃圾类别以及各类垃圾的去处。儿童根据自己的调查进行记录,与同伴进行分享交流,丰富自身的认知经验。

(4)总结经验。以"每一类垃圾应如何处理"为话题,鼓励儿童分享自己的调查发现,引发儿童对垃圾分类的思考。

(5)活动延伸。将垃圾分类材料投放到科学益智区,满足儿童对垃圾分类的游戏需要。在班级中制作各种垃圾分类标记，培养班级儿童垃圾分类的意识，养成垃圾分类放置的好习惯。

（二）阅读兴趣的培养

活动一：阅读活动

（1）创设图书区。教师根据班级儿童发展需要，创设图书区，如在相对安静的地方创设班级图书区，营造符合班级儿童阅读的环境氛围，并提供一定数量、符合儿童年龄特点、富有童趣的图画书，为儿童提供更多自主阅读的机会。

（2）讲故事活动。鼓励儿童在图书区选择自己喜欢的图书进行阅读，在阅读过程中，教师可以引导儿童依据画面线索讲述故事，大胆推测、想象故事情节的发展，改编故事部分情节或续编故事结尾。

（3）故事表演。教师关注儿童在班级图书区活动时感兴趣的图书，和儿童一起讨论故事人物、故事内容、需要的道具等，鼓励儿童用故事表演方式进行分享。

活动二：图书漂流活动

（1）图书漂流倡议。教师发出图书漂流倡议，请儿童从家里带一本自己喜欢且有趣的图书到儿童园进行分享。

（2）师幼讨论。教师抛出话题"怎样开展图书漂流活动？"，引导儿童自主讨论活动开展的形式，并用绘画方式进行记录，最终选出一种方式开展图书漂流活动，如好朋友之间漂流、班级漂流等。

（3）活动建议。开展图书漂流活动前，教师应引导儿童讨论"如何保护图书""图书漂流活动中的注意事项"等话题，帮助儿童建立爱书护书的意识。

案例四 学习能力

学习能力在小班保教活动中的渗透

小班儿童处在各方面都刚刚开始发展的阶段，学习能力的培养有助于儿童更快地适应集体生活。提升儿童的基础学习能力，有助于在进入小学后适应不同学科新知识、新技能的学习，更加主动、持久、投入地学习。

小小难题

（1）缺乏完整表达自己的想法和观点的能力。小班儿童因身心发展的局限性，部分儿童还不能够完整表达自己的想法和观点。

（2）倾听习惯较差。注意时间短，缺乏听完别人说话的耐心。

大大办法：我想说

一、活动目标

（1）愿意表达自己的需要和想法，必要时能配以手势动作。
（2）喜欢跟读韵律感强的儿歌、童谣。

二、活动建议

《3—6岁儿童学习与发展指南》指出，幼儿的语言能力是在交流和运用的过程中发展起来的。应为幼儿创设自由、宽松的语言交往环境，鼓励和支持幼儿与成人、同伴交流，让幼儿想说、敢说、喜欢说并能得到积极回应。"我想说"活动内容见表4-4-7。

表4-4-7　"我想说"活动内容

	活动	渗透建议
有机渗透	绘本故事分享	投放丰富的、适合小班幼儿的低龄读物，如《小蝌蚪找妈妈》《胡萝卜火箭》《我的幼儿园》等，经常和儿童一起谈论感兴趣的话题，一起看图书、讲故事。利用餐前活动给儿童播放故事音频。教师和儿童交流时，注意结合情景使用丰富的语言，便于儿童理解。
	手指谣	利用一日生活过渡环节开展手指游戏，如《手指变变变》《小老鼠上灯台》《幸福拍手歌》等，体验手指小游戏带来乐趣的同时，为儿童创造更多想说、愿意说的机会。
	指偶表演	儿童利用指偶进行故事表演，通过看、听、说、表演促进儿童想要说、愿意说

学习能力在中班保教活动中的渗透

中班时期是儿童学习和吸收新事物的发展期,通过与同伴、环境的互动,激发幼儿学习的主动性,为未来的发展打下良好的基础。

小小难题

(1)缺乏倾听的耐心。中班儿童在倾听过程中较缺乏耐心,有时因急于表达自己的想法而随意打断同伴的发言。

(2)表达时易出现思路不清晰的情况。虽然中班儿童在表达能力上较小班有所提升,但是还不能清楚、完整地表述观点和想法,让同伴明白自己想要表达的意思存在一定困难。

大大办法:请听我说

一、活动目标

(1)认真地倾听他人谈话,不随意打断,养成良好的倾听习惯。
(2)通过游戏增强倾听能力,并将听到的内容清楚表达。

二、活动建议

《3—6岁儿童学习与发展指南》指出,幼儿的语言学习需要相应的社会经验支持,应通过多种活动扩展幼儿的生活经验,丰富语言的内容,增强理解和表达能力。"请听我说"活动内容详见表4-4-8。

表4-4-8 "请听我说"活动内容

	活动	渗透建议
有机渗透	你说我猜	1. 教师观察和了解幼儿日常生活中经常接触、了解的动物、食物、游戏材料,选择适合班级幼儿表现的主题,开展"你说我猜"游戏。 2. 游戏结束后,可请猜中率最高的幼儿分享经验,如怎么说才能让同伴更明白。幼儿在分享中更加明白说清楚一件事情的重要性。

续表

有机渗透	活动	渗透建议
	天气播报员	和儿童共构"天气播报站",利用餐前时间开展天气播报活动,帮助儿童在播报过程中越来越清晰地表达自己的观点。
	故事分享会	利用餐前环节、午睡环节,给儿童提供讲故事、听故事的机会

学习能力在大班保教活动中的准备

学习能力对于儿童的成长至关重要,它可以帮助儿童不断提高自己的认知,不断适应社会与环境的变化。当儿童具有浓厚的学习兴趣和基础学习能力时,会有助于他们入学后适应不同学科新知识、新技能的学习,进而更加主动、持久、投入地学习,形成良性发展。

小小难题

(1)缺乏观点归类的意识。大班儿童对于生活中遇到的、发生的事物都有很多自己独特的看法,但缺乏将观点归类整理的意识。

(2)急于表达自我观点,缺少对同伴的聆听。大班儿童急于表达自我,缺少对身边同伴声音的倾听。有时他们一面积极地吸收新信息,一面又因为信息过多自己无法厘清而感到困惑,缺少将获取的信息转化为自己内在的学习能力。

大大办法:我可以

一、活动目标

(1)在集体情境中能认真听并能听懂他人说话,有疑问时能主动提问。
(2)能说出图画书的主要情节,并有自己的理解和想法。
(3)能在教师指导下,尝试运用数数、排序、简单的统计和测量等数学方法解决日常生活中的问题。

二、活动框架

活动框架见图4-4-6。

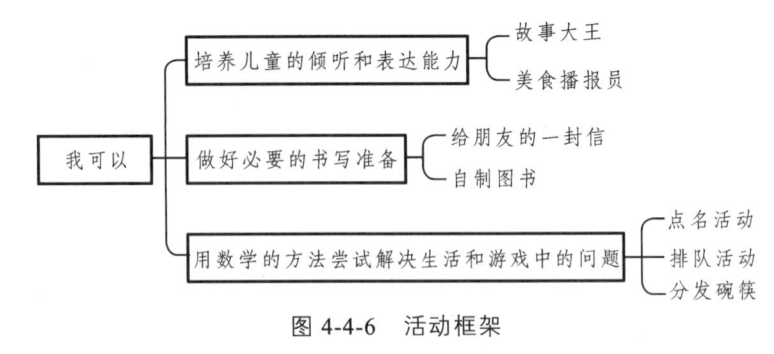

```
                    ┌─ 培养儿童的倾听和表达能力 ─┬─ 故事大王
                    │                            └─ 美食播报员
         ┌─ 我可以 ─┼─ 做好必要的书写准备 ─┬─ 给朋友的一封信
                    │                      └─ 自制图书
                    │                                          ┌─ 点名活动
                    └─ 用数学的方法尝试解决生活和游戏中的问题 ─┼─ 排队活动
                                                                └─ 分发碗筷
```

图 4-4-6　活动框架

三、活动过程

《3—6岁儿童学习与发展指南》指出，儿童期是语言发展，特别是口语发展的重要时期。儿童语言的发展贯穿各个领域，也对其他领域的学习与发展有着重要的影响。儿童在运用语言进行交流的同时，也在发展着人际交往能力、理解他人和判断交往情境的能力、组织自己思想的能力。

（一）培养儿童的倾听和表达能力

活动一：故事大王

（1）讨论故事大王开展形式。教师抛出话题"你心目中的故事大王活动是什么样的？"，从儿童的观点和想法中，捕捉儿童感兴趣的活动开展形式。

（2）故事前期准备。鼓励儿童自主准备自己喜欢的或是想要分享的故事。

（3）开展故事大王活动。儿童根据前期商定好的讲述顺序依次讲述。活动开始前，师幼共同讨论活动规则，比如听故事的小观众要做什么、讲故事的小朋友怎么讲等，帮助儿童建立倾听和表达习惯。

（4）颁奖活动。儿童的讲述能力和倾听习惯会存在差异性，教师可以根据儿童实际情况，从不同角度为每位儿童颁发活动小奖状，比如"最受欢迎故事奖""认真倾听奖"等。活动既提升了儿童的表达能力，也培养了孩子良好的倾听习惯。

活动二：美食播报员

（1）师幼共构美食播报话题。教师以"你们觉得美食播报可以播报些什么内容呢？""为什么要播报这些？""这些内容信息从哪里知道呢？""播报员谁来当？所有人都参加该怎么安排？"等为话题与儿童展开详细讨论，共同明晰内容与准备方法。

（2）儿童按照商定的顺序进行美食播报。儿童播报结束后，可以共同讨论"今天的播报内容大家都听清楚了吗？""你觉得我们的播报员播报得怎么样？""有哪些地方是我们可以学习的？""哪些是还可以更有进步的？你有什么好的建议？"。

（3）自主绘制菜谱，丰富播报材料。除播报当天菜谱外，儿童还可根据自己的意愿绘制菜谱进行辅助播报，增加播报趣味性。如果儿童不太清楚或者不够发散，可以适当建议儿童播报当天进餐菜谱，包括早点、午餐、午点和晚餐的内容或食物的营养价值，同时结合天气播报，介绍当天的日期和天气。菜谱可以提前发送给家长，请家长参与配合。

（二）做好必要的书写准备

活动一：给朋友的一封信

（1）观察信。教师出示一封信，抛出话题"这封信是谁写给谁的？你是怎么知道的？""信上写了些什么呢？你从哪里看出来的？"鼓励儿童仔细观察信中的图画、符号，理解这些图画、符号的意义。

（2）写信。激发幼儿写信欲望，以"如果给你的好朋友写封信，你想跟他说什么"为谈论话题，请儿童先进行口头表达，然后鼓励儿童尝试用书写的方式进行记录。

（3）交流分享，体验收信。儿童之间互相送信、读信，说一说写信、读信、收信的感受。

活动二：自制图书

（1）故事续编。教师提供故事场景片段或一幅故事场景图，抛出话题"你们觉得接下来会发生什么？"激励儿童进行故事续编，并用绘画方式进行记录。

（2）自编故事。支持儿童自编故事，并为自编的故事配上图画，制成图画书。

（3）自制图书。教师将儿童的故事绘画梳理成册，请儿童绘制封面，成为自制图书，并投放在班级图书区。

（三）用数学的方法尝试解决生活和游戏中的问题

活动一：点名活动

（1）开展谈话活动。以"有什么样的方法可以知道今天来了多少小朋友？"

为话题进行讨论，鼓励儿童说出自己对于统计人数的想法，引导儿童使用数学中的点数方法来解决问题。

（2）绘画记录。以"怎么数？"为话题，鼓励儿童说出多样点数的方法（如：儿童站成一排、分成男生和女生、儿童报数等），并用绘画的方式将想法进行记录，并将相同的办法进行分类。

（3）实践验证。教师引导儿童将想到的办法一一进行实践验证，找到快速准确地统计班级儿童人数的办法。

活动二：排队活动

（1）师幼讨论。教师抛出讨论话题"有什么方法可以快速从矮到高进行排队？"引发幼儿自主探索各种从矮到高排队的方法，并分享自己的探索发现。

（2）提供身高测量表，儿童了解测量表的使用。教师提问"测量表上面这些短短长长的横线代表什么意思呢？"，引导儿童发现横线代表刻度，知道这些长短不一的横线代表着厘米数。教师抛出话题"超过一条短线，代表长高1厘米，超过一条长线，代表长高多少厘米呢？"，儿童通过点数的方式，了解超过一条长线代表长高5厘米。

（3）绘画记录。儿童使用身高测量表进行身高的测量，并在测量表旁记录自己的高度。

（4）总结经验。儿童发现身高测量表上的数字越大，代表着长得越高。

（5）实践验证。分小组进行按高矮排队活动。

活动三：分发碗筷

（1）师幼讨论。教师抛出话题"在分发碗筷的过程中遇到了哪些困难？"，引发幼儿回想自己在分发碗筷过程中遇到的困难。

（2）经验分享。以"有什么办法可以快速、准确地分发碗筷？"为切入口，引发儿童思考在分发碗筷过程中的各种好方法，并用绘画的方式记录。

（3）实践验证，总结经验。鼓励儿童将记录的各种方法一一进行验证，在实践中找到适合的方法，教师根据儿童总结出的实践经验，引导幼儿发现分发碗筷的规律，如"先发盘子再发筷子""一个人一双筷子，两只筷子为一双，有几个小朋友就发几双"等。

结　语

　　本书的编撰是编写团队的一次探索与尝试，这是一个积极向上的一线教师团队，我们从问题出发，呈现总结出来的经验。本书面向小学和幼儿园的管理者、教师、教研机构等，重点展现了有效科学衔接的实操做法和具体案例，希望它能够为您提供工作参考和思考的方向。

　　本书的顺利出版也离不开一路以来的支持者和帮助者，感谢锦江区教育局吴海乐（曾任局长）、锦江区教育局副局长杨岚、小学教育科科长魏晓敏、锦江区教育科学研究院院长蒋晓明等领导的支持与关心，感谢锦江区教育科学研究院学前教育教研员向艳老师的专业支撑，感谢四川师范大学刘冲副教授、《四川教育》副主编王建强、成都市教育科学研究院副院长谭文丽、幼小教育研究所所长张碧荣、幼小教育研究所刘敏对我们在实践探索过程中的鼓励与建议，感谢锦江区教育局小教科伏梦瑶老师和四川师范大学研究生夏歆怡同学对于本书校稿修订工作的帮助和支持。

　　希望本书能够起到抛砖引玉的作用，开启一扇幼小衔接的研究之门。本书如有不当之处，敬请各位读者朋友批评指正！

编　者

2023 年 9 月

参考文献

[1] 罗蓉. 幼小衔接现状与有效对策探究[J]. 成才之路，2023（05）：101-104.

[2] 蔡迎旗. 学前教育概论[M]. 武汉：华中师范大学出版社，2006.

[3] 刘海红，王宇，王瑾. 基于不同理论视角下的幼小衔接研究探析[J]. 新课程研究（下旬刊），2015，03：43-44.

[4] 刘源，程伟，董吉贺. 我国幼小衔接教育政策的演变与反思——基于对1949—2019年相关政策文本的分析[J]. 学前教育研究，2021（01）：67-84.

[5] 田甜. 日本幼小衔接课程建设及其启示[J]. 教学与管理，2023（08）：72-76.

[6] 王小英，邓宏，曹书楷. 日本幼小衔接的新举措[J]. 比较教育研究，2013，35（02）：22-27.

[7] 薛永钰. 幼小衔接视角下小学一年级新生学习适应性研究[D]. 徐州：江苏师范大学，2018.

[8] 孟之涵. 幼儿参加"幼小衔接课程"的现状、问题及对策研究[D]. 保定：河北大学，2022.

[9] 赵彩侠. 以科学保教促幼儿园内涵提升：幼儿园"小学化"专项治理工作综述[N]. 中国教育报，2020-01-19（1）.

[10] 刘源，程伟，董吉贺. 我国幼小衔接教育政策的演变与反思——基于对1949～2019年相关政策文本的分析[J]. 学前教育研究，2021（01）：67-84.

[11] 秦振飚. 幼小衔接课程的调查研究[D]. 桂林：广西师范大学，2005.

[12] 孟之涵. 幼儿参加"幼小衔接课程"的现状、问题及对策研究[D]. 保定：河北大学，2022.

[13] 杨晓萍，伍叶琴. 教育的张力：基于幼小课程衔接的视角[J]. 学前教育研究，2007，（07-08）：21-23.

[14] 罗成. 遵义市幼小衔接课程的现状调查[D]. 贵阳：贵州师范大学，2016.

[15] 李小培. 呼和浩特市幼小衔接课程设计现状及问题对策研究[D]. 呼和浩特：内蒙古师范大学，2012.

[16] 崔吉晓. 幼小衔接视角下的语言教学的研究[D]. 上海：华东师范大学，2012.

[17] 张怡冰. 幼儿园幼小衔接中语言教学策略分析[C]//广东省教师继续教育学会. 广东省教师继续教育学会第六届教学研讨会论文集（三）. 广东省教师继续教育学会第六届教学研讨会论文集（三），2023：1014-1018.

[18] 单德侠. 如何从语言教学上做好幼小衔接工作[J]. 读写算，2020（02）：194.

[19] 罗中会. 浅谈幼儿课堂教学中幼小衔接的策略探究[J]. 科学咨询（教育科研），2020（06）：193.

[20] 赵婷婷. 幼儿园大班幼小衔接教学中的策略探究[J]. 新课程，2021（27）：195.

[21] 李芬芬. 幼儿园教学中幼小衔接策略探讨[J]. 当代家庭教育，2022（23）：74-77.

[22] 何馨. 幼小衔接视角下一年级识字教学现状研究[D]. 沈阳：沈阳师范大学，2021.

[23] 蒲彩红. 幼小衔接视角下小学一年级识字教学现状与对策研究[D]. 成都：四川师范大学，2022.

[24] 胡和霞，曾素林，曾玉珠. 基于幼小衔接的小学语文教学：意蕴、问题及改进[J]. 林区教学，2023（02）：121-124.

[25] 胡雨欢. 幼小衔接阶段语文教学的实践与策略的研究[D]. 广州：广州大学，2018.

[26] 祖娜. 幼小数学教学衔接的问题与对策研究[J]. 小学生（下旬刊），2017（08）：90.

[27] 王柳理. 基于幼小衔接视角下小学一年级数学教学策略[J]. 天津教育，2022（16）：156-158.

[28] 张美娜. 小学一年级班级管理问题及其对策研究[D]. 长春：东北师范大学，2014.

[29] 张英. 幼小衔接视角下小学一年级班级管理问题及对策研究[D]. 长沙：湖南师范大学，2016.

[30] 张绍香. 幼小衔接视域下小学一年级班级管理现状个案研究[D]. 兰州：西北师范大学，2019.

[31] 孙爱莲. 基于幼小衔接的小学一年级班级管理[C]//吉林市东方智慧教育咨询服务有限公司. 全国智慧型教师培养体系建构模式学术会议一等奖论文集. 全国智慧型教师培养体系建构模式学术会议一等奖论文集，

2016：1960-1963.

[32] 王静. 家校合作下如何应对幼小衔接[C]//中国国际科技促进会国际院士联合体工作委员会. 2023 年教育理论与实践科研学术研究论坛论文集（三）.[出版者不详]，2023：53-55.

[33] 赵建萍. 幼小衔接中的家校合作共育策略刍议[J]. 成才之路，2022(31)：137-140.

[34] 郭玲，周敏军."双减"背景下幼小衔接家校社合作的困境与突破[C]//中国国际科技促进会国际院士联合体工作委员会. 教学方法创新与实践科研学术探究论文集（二）.2022：61-63.

[35] 朱丽华. 探析幼小衔接中的家校合作共育策略[J]. 当代家庭教育，2021（30）：45-46.

[36] 赖卓华. 幼小衔接视角下的家、园、校合作共育模式探索——以广州市海珠区儿童入学准备工作为例[J]. 教育观察，2020，9（28）：22-24.